メディアスポーツ20世紀

スポーツの世紀を築いたのは、スポーツかメディアか

黒田 勇

関西大学出版部

【本書は関西大学研究成果出版補助金規程による刊行】

「メディア スポーツ 20世紀」 目次

黒田 勇

序章

大阪市南部の住吉神社近くをコースとするマラソン大会があった。その時、沿道の観客に対して毎日新聞社の旗が配られた。小学生たちが争ってその旗を受け取り、ランナーが通過するときやみくもに振っていた。二〇世紀半ばの記憶である。

I

本書は、タイトルの通り、二〇世紀の身体とスポーツ、そしてメディアの関わりについて考察することを目的としている。二〇世紀とはいえ、本書の大半は二〇世紀の初頭に展開された新聞事業にかかわっている。さらに、新聞事業としてスポーツ大会の開催、後援をしつつ発展した大阪毎日新聞のスポーツ事業を中心としている。その新聞事業とは別に二〇世紀前半、メディアが日本人の身体と健康に大きくかかわった「イベント」としてラジオ体操を取り上げる。

本書はひとつの研究課題を掘り下げて明らかにするものではなく、関連した領域の論集となっているが、全体としては、日本近代の日本人の身体とメディアの物語だと考えてもらいたい。

1 「なんば」からの脱却

日本人は江戸時代まで、右なら右の手足が同時に出す歩き方をしていたことはよく知られている。その歩き方を「なんば」という。「なんば」とは、「一般的には稲作農耕民の作業形態から自然発生的に生まれた歩行作法」だとされているようだ(1)。

『身体の零度』(講談社メチエ、一九九六年)で日本人の身体を論じた三浦雅士によれば、このなんばこそが日本人の本来の歩き方であり、農耕文化にとって合理的な身体所作・身体技法であるという(2)。大地に向かっての労働、とりわけ力いっぱいの作業のときの動作を思いおこせば理解できよう。体は半身になっていることがわかる。つまり、なんばはかつての日本社会では当然の身体技法であったという。そして、それは相撲の力士の半身の体勢、柔道や剣道の「構え」も同様であり、歌舞伎などの伝統芸能の所作に現在でも残っている。これについては、日本だけでなく、ヨーロッパの農民もかつては同じであったという説もある。

日本の場合、このなんばからの脱却は、まず明治期、西洋兵器を使用する近代的軍隊のための兵士の身体づくりから始まった。幕末以来、日本の農民たちを近代的西洋的軍隊の兵士とするには、大きな困難があったことはよく知られている。たとえば軍隊の行進にしても、隊を組んで行進することは困難を極め、いわゆる「なんば歩き」を徴兵された兵士たちがしてしまうというような事例が多くあったという。近代的軍隊にとって規律ある、命令に従順な歩行への変更は、まさに「身体の近代化」を象徴するものであろう。

もちろん、日本人の身体技法の特殊性がなんばだけにあったわけではないが、そこに象徴される前近代性・土着性を背負った身体は近代的な工業生産、軍事行動、団体行動にふさわしい身体へと矯正されるべきものであった。

2 プロジェクトとしての身体

日本に限らず、近代的軍隊にとって規律ある、命令に従順な身体をつくることはもっとも基本的な課題であった。そして、軍隊による強靭かつ従順な身体づくりは、もう一つの近代制度である学校において請け負われることになったが、日本の場合、それは明治維新以降、急速かつ徹底すべき課題として立ち現れたのである。それは、自らの身体の「客観化」であった。

森有礼は、「体軀ノ鍛練ハ古来我邦最モ欠ケル所ニシテ、今日ニ至リ世人尚未夕其須要至重ナルヲ覚サルニ似タリ、抑モ一人一己ノ体軀健強ヲ保ツハ即全国富国ヲ致スノ大基礎[3]」という考えに基つき、兵式体操を学校教育にとりいれた。

もちろん、森有礼は日本の子どもたちが健強な兵士になることだけを願っていたわけではないだろう。おそらく富国、つまり産業を支える強靭な労働力にも重きがあったのだろう。しかしどちらにしろ、日本における身体の矯正とは、西洋的な身体と身体技法の獲得を意味していた。近代化過程において、日本人の身体はつねに欧米との比較においてとらえられ、そして、身体の西洋化が軍隊と学校における重要課題でありつづけたといっていいだろう。

本書においては、この時期までの詳細の議論には触れていない。他の研究を踏まえれば、西洋列強へのキャッチアップの可能性を感じた日露戦争後の世論の一方で、西洋に比べて身体の貧弱さを指導者たちは自覚することとなり、さらに、それはスポーツという数量化され、客観化された記録による競争によってますます明らかとなる。国家という立場からすれば、この時期、体育の一環としての「競技」に関心を深めていく時代であった。

学校教育における体操教育に話を戻せば、のちに述べるように創始期でもあり輸入期でもある一八八〇年代から様々な思想が輸入・展開されていったが、二〇世紀初頭にスウェーデン体操が川瀬元九郎らに

よって紹介されて以降、より「合理的な」体操教育が追求されるようになったという。(4)

さらに、一九一九（大正二）年一月に公布された「学校体操教授要目」によって、小学校の体操教育にもスウェーデン式体操が導入されることになった。この新しい学校体操普及の動きのなかで重要なはたらきをしたのが櫻井恒次郎だった。彼は九州大学医学部の解剖学者であったが、その知識を生かしながら「合理的体操」を考案し、一九一四（大正三）年に本格的な講演をし、その後一九一七年以降、全国各地で普及のための講演会・講習会を開いている。(5)櫻井の体操は基本的にはスウェーデン式体操であり、それを解剖学的な見地から意味づけ、その教授法が講習の中心であったという。そして、彼の体操論は大正期の学校体操のあり方に一定の影響を与えたと評価されている。彼もまた、研究者の立場から「日本国民の身体に対し合理的に働きかけようとした人物であった。

こうして日本近代は、日本人の身体を働きかける対象としてとらえる、まさにプロジェクトとして身体をとらえようとした時代であった。

3　プロジェクトとしての健康

本書のもう一つの関心は、「養生」「健康」「衛生」に関しての身体の「鍛錬」「陶冶」にかかわる歴史である。

学校教育における「体操」科目は、身体の強化、身体技法の矯正として、近代的国民を形成していく過程であったが、それは、伝統的な「修養」行為と合流しつつ「健康」努力として学校外にあふれ出る。日本の身体と西洋の身体がぶつかり合う。この健康への努力、達成価値としての「健康」これについては、第一の新聞、そして鉄道も含めて展開される。

健康への努力とはスポーツとは同一のものではないにしても全く別のプロジェクトではない。日本の場合は、学校内でも、外部でもそれは一体となって推進された。
したがって、新聞社がスポーツ大会を主催、後援する場合にも、「身体の強健」のため「健康のため」という意義づけが並列されていた。

その中で、当時の総合文化産業となった新聞社が珍しくも関わらなかったのが「ラジオ体操」である。欧米の保険事業を参考にしつつ誕生した「国民保健体操（ラヂオ体操）」は、新しいメディアへの期待を詰め込んだ体操であった。そして、このラジオ体操の創案と普及には、それ以前の体育とスポーツの理論化なり制度化なりと発展に携わった人々も深く関わっている。ただ、そのモダンで合理的であると喧伝されたラジオ体操もまた、日本の伝統的な修養観とそれに基づく「早起き会」などの行事を土台に作られたものである。要は、日本人の身体において「健康」という価値を表現しようとしたプロジェクト、それがラジオ体操であった。

本書では、第四章の「ラジオ体操」において、この近代的身体と健康の問題が中心的に語られるが、他の章の「マラソン」や「登山」にも通底したテーマである。

Ⅱ

1　メディアスポーツの誕生

本書は、タイトルの通り、二〇世紀のスポーツとメディアの関わりについて考察することを目的としている。二〇世紀とはいえ、本書の大半は二〇世紀の初頭に展開された新聞事業にかかわっている。さらに、新聞事業としてスポーツ大会の開催、後援をしつつ発展した大阪毎日新聞のスポーツ事業を中心としている。

しかし、民間で盛んにおこなわれていた相撲を除けば、ほぼすべての「スポーツ」は学校教育を通して輸入、「体育」として普及されたものである。近代化、西洋化のエージェントが学校、とりわけ高等教育機関であったのだから当然といえば当然であろう。とはいえ、すべてが「教育」の目的のために存在していたわけではない。教育機関としての様々な「言い訳」のもとに展開される必要があったものの、その内実、それは「楽しみ」「娯楽」としての側面も大いにあった。というのも、学校内での「鍛錬」の一つとしての「遠足＝長距離走」が学校内の「娯楽」でもあり、「運動会」に発展し、それが地域社会の娯楽にもなっていく。そこにエリートたちの「演者」と庶民の「観衆」が成立することになる。

この両者の分離と成立には、新聞が大きくかかわることになる。「プロジェクトとしての身体」という言葉を改めて使えば、自らの身体への働きかけという達成努力が、読者や観衆の読む娯楽や見る娯楽として成立していく過程、メディアの側からいえば、それらが「事業」として成立していく過程が二〇世紀初頭に進行する。

2　大阪毎日新聞によるスポーツ事業

『毎日新聞社史』にしたがえば、「本来『新聞社の事業』というのは本務の『新聞発行』は含まない。新聞のイメージを高め、人々に新聞の名を知らしめ、親近感を抱かせるなど、本業である新聞の発行を助け、また販売を促進することを目標にする」とその目的を明らかにしている(6)。

すでに、よく知られているように、日清戦争、日露戦争における戦争報道への関心もあり、新聞の発行部数はこの時期から急速に拡大し始め、新聞社間の競争も激しくなる。もともと大阪朝日新聞（大朝）に遅れて出発した大阪毎日新聞（大毎）ではあるが、まさに「販売を促進する」ために熱心に「事業」に取り組んでいく。

大毎の「五十年史」には、「日露戦争の終るころから、本社は戦後國民の旺盛な意氣に副ふやうな社會的または競技的の事業を行うたが、わが國においては概ね空前の事業に属したから、非常な人氣を博し、それが各地に傳播して一つの流行となり、その余勢は今日におよんでゐる」[7]と、一九三二年の創刊後五十年にして、大阪と東京での朝毎のし烈な販売競争の中で「事業」を総括している。

さらに、大毎で長く働き、一九三六（昭和一一）年から社長も務めた奥村信太郎は、第二次大戦後になって以下のように回顧している。

> 鳴物入りの催ほし物ではやし立てると共に、他方ではスポーツに目をつけて、これに力瘤を入れ出したことは、流石に大毎の幹部であつた。何となれば催ほし物だけでは、餘りに低劣に過ぎるから、スポーツによつて青年學生層の人氣をひきつけようといふのだ。大毎とスポーツといふことは一般の世評となり、これまでスポーツに無關心であつた大朝は又しても澁面を作らざるを得なくなつた。催ほし物とスポーツ、この二つで大朝を攻めたてたのである。
>
> 日本のスポーツを今日あらしめたのは、まことに大毎の努力であるといつても過言ではない。（中略）大毎が日本のスポーツを育成し、次第に他の各新聞社がこれに追随して、今日の發展を見るに至つたもので、日本のスポーツと新聞社との關係は不可分のものである。[8]

当事者であった奥村が回想するように、「催し物だけでは、あまりに低劣に過ぎるから」スポーツ事業に乗り出したのかどうかは定かではないが、大毎はスポーツ事業として、まず一九〇一（明治三四）年一二月、堺大浜で五〇マイル長距離健脚競走を催し、一〇万人の観衆を集めた。年史ではさらに、「一九〇五（明治三八）年八月には海上一〇マイル長距離競泳（大阪築港—御影魚崎間）を開催、紙面で大々的に報じた。この競泳は水泳熱を促進して学校その他に優秀選手をつくる機運をつくり、わが社は翌〇六年、浜寺と阪神打出海岸に海水浴場を開設、海泳練習所を設けた。〇八年には全国中学校庭球大会を主催、中学校レベルでのスポーツの全国大会として最初のものとなった。また〇九年三月、神戸東遊園地―大阪・西成大橋間で日本最初のマラソン大会を主催した」[9]とする。

大阪毎日新聞による二〇世紀初頭のスポーツ事業、とりわけマラソンを中心とした陸上競技大会の開催についての努力は、第一章と第二章で詳しく述べるが、さらに、社史に従えば、一九一〇年代から二〇年代にかけて多くのスポーツ関連事業を展開している。年表的に列挙すれば、以下のようになる。

一九一二(大正元)年四月、大阪・十三大橋―箕面間で日本初のクロスカントリーレース主催。

一九一三年一〇月、豊中運動場で国際オリンピックの標語「健全なる精神は健全なる身体に宿る」を掲げて第一回「日本オリンピック大会」主催。

一九一五年七月、第一回全国中等学校競泳大会(大阪市運動プール)。

一九一七年八月、実業団庭球大会を浜寺公園で開催。

一九一八年一月、第一回日本フートボール大会(のちの全国中等学校ラグビー大会)開催。豊中でサッカーとラグビーを併せ行う。

一九一九年八月、一ツ橋コートで「毎日庭球選手権大会」(東日庭球トーナメント)(一九一一年三月、大阪毎日新聞と東京日日新聞社は合併)

一九一九年一一月、全国学生相撲選手権大会、全国中等学校相撲選手権大会開始。

一九二〇年五月、初の実業団チームである大毎野球団を結成。

六月、大阪本社に事業部、東日に事業課を新設し、主催のスポーツや講演会・映写会関係を統括。

一九二一年一〇月、「全日本庭球選手権大会」を豊中コートで開始。

一九二四年四月、全国選抜中等学校野球大会が名古屋八事の山本球場で八校参加のもとに開催。一九二五年七月、本社後援で槇有恒らがカナディアンロッキーのアルバータ山に登山。

ライバル朝日新聞社との販売競争の中で、とりわけ一九一〇年代から二〇年代へと、朝日新聞に先行しながら、各種スポーツ関連事業に熱心に取り組んでいる。この時期、各学校においてスポーツ競技への関心が高まり、様々な競技団体が生まれ、社会にスポーツが普及していく時代ではあったが、メディアはその流れに乗りつつ、スポーツ事業を推進し、それがまた社会のスポーツへの関心を高めていく循環となっていった。

3 先行研究からのインスピレーション

上記の大阪毎日新聞が主催した競技会を含め、日本におけるスポーツの歴史についてはこれまでに多くの研究の蓄積がある。まずは、身体そのものから体操、体育教育、そしてスポーツについても多くの研究がなされ、スポーツ大会、競技会が新聞社の主催や後援の下で開催されてきた事実についてはすでに明らかにされている。ただし、メディアの側からの研究、メディア史の立場からの研究は多くはない。過去の代表的な研究から出発したい。

上記の毎日新聞の事業も含め、関西の新聞とスポーツのかかわりについて最初に触れたのは津金澤聰廣編『近代日本のメディア・イベント』（同文舘出版、一九九六年）であろう。その中でも、津金澤聰廣「大阪毎日新聞社の「事業活動」と地域生活・文化」という論考で、新聞事業の「先駆的」な取り組みを明らかにしている。

一九〇七（明治四〇）年には、軽気球の実演や模擬「古代戦闘」大会、一九〇八年には海上相撲大会、花火大会、盆踊り、一九〇九年には、学生相撲大会、学術講演会、ヨット競技会、飛行船の実演等々と枚挙にいとまがない。毎年人気の高かったのは仕掛け花火大会であり、また、公園内の施設建設では各種スポーツ施設のほか、文化施設として一九〇八（明治四一）年春竣工の浜寺公会堂（南海直営）の存在も注目される。この公会堂は、浜寺の地域住民の社交の場でもあり、同時にその小ホールでは大毎主催の活動写真や講演会、演芸会などが開かれ、新聞社、電鉄、地域住民三者のメディア・イベントを軸とするタイアップ方式の先駆的モデルの役割を果たした。

すなわち、大毎は、南海電鉄とのタイアップで浜寺海水浴場および浜寺海泳練習所（のちの水練学校）の開発、整備をはじめとして、新たな大都市近郊リゾートとして浜寺公園地域の全面的な開発を推進し、しかも各種メディア・イベントを配置することで快適な沿線郊外の形成に成功したといえる。このことは、その後の大毎、大朝と箕面電車（のちの阪急電鉄）とのタイアップによる沿線郊外開発の先駆的モデルとなった(10)。

上記の津金澤の論考は、新聞事業と鉄道事業の関連を初めて俎上に載せた点での功績は大きい。一方、同書所収の有山輝雄「全国優勝野球大会の形成と展開」においては、大阪朝日新聞と野球に焦点を当て、初めて「甲子園野球」をメディア史の中に位置づけて分析している。有山は、一高野球の「変容」と、その中で生まれた教育としての野球の理想の促進という建前と甲子園野球が大阪朝日の販売促進のための事業という本音の二層構造について、草創期に限定して明らかにした(11)。さらに、有山はその後『甲子園野球と日本人』（吉川弘文館、一九九七年）として、全面展開している。その中で、大阪朝日新聞が企画した「全国中等学校優勝野球大会」について、「この最初の企画思い付きの段階から、中学野球の指導者としての高校生、沿線開発を図る私鉄、マスメディアとして発展しつつある新聞社という三つの要素が登場してきていることに注目する必要がある。この三つの要素の組み合わせになって、中学生の野球試合は、マスメディアイベントとして仕立てられた」[12]と論じている。

新聞と私鉄の関係についての有山の指摘は「甲子園野球」に限らない。先の津金澤の論考では、スポーツ事業について詳しくは展開していないが、相撲や水泳のスペースとしての浜寺と、そこに観衆を運ぶ南海鉄道の役割について考察している。本書は彼らの研究が出発点となっている。本書のキーワードの一つは「私鉄」と「郊外」である。スポーツイベントには、会場としての空間が必要であり、それは郊外に求められ、私鉄によって観衆は運ばれた。逆に言えば、郊外開発の一つとしてスポーツのスペースが考えられた点もあった。そして、鉄道（私鉄）と新聞社は、スポーツ事業、郊外開発について、密接に連携しながらその事業を展開していく。第一章と補論で、その連携の経過を明らかにする。第三章とその補論は、電鉄の側に焦点を当て、スポーツや郊外余暇生活の発展に新聞とどのように連携したのかを明らかにする。

ところで、津金澤は、先の分析で「メディア・イベント」という語を使用している。「メディア・イベント」とは、ダヤーンとカッツによる『メディア・イベント』[13]によって知られるようになった概念だが、ダヤーンとカッツは、テレビによる生放送を前提として分析を進めている。ただ、吉見俊哉は「メディア・イベント」[14]を「新聞社、放送局など企業としてのマス・メディアによって企画され、演出されていくイベント」として使用している。さらに、前記のように「新聞事業」という用語も一般化しているが、事業主体の行為という意味合いでは「新聞事業」、そしてその結果として社会的なインパクトを持ったイベントの現象全体をさす場合に「メディア・イベント」とするのが津金澤の用法であり、本書でもこの用法を踏襲したい。

第一章で描く「日本初のマラソン」も第二章の「極東オリンピック」も、大阪毎日新聞が新聞事業として進めたスポーツイベントについて論じたものであるが、次第に他のアクターたちの参入することで、メディア・イベント的な様相を表していく経過を明らかにする。さらに、第四章の「ラジオ体操」はメディアによる一時的なイベントではないが、メディアを利用した継続的なイベントとしてその影響の広がりを考えれば、メディア・イベントとして論じてもいいだろう。

そして、第五章の「マナスル登頂」はテレビ時代前夜ではあったが、ダヤーンとカッツのいうメディア・イベント的な要素を多く含むものとして論じたい。

注

(1) 稲垣正浩『身体論――スポーツ学的アプローチ』叢文社、二〇〇四年、一二六頁
(2) 三浦雅士『身体の零度』講談社メチエ、一九九六年、一二六～一六八頁
(3) 三橋修『翔べない身体』三省堂、一九八二年、一五九頁より再引用。
(4) 今村嘉雄『日本体育史』不昧堂出版、一九七〇年、四五七頁
(5) 木下秀明『体操の近代日本史』不昧堂出版、二〇一五年、一〇七頁
(6) 毎日新聞百年史刊行委員会『毎日新聞百年史一八七二→一九七二』毎日新聞社、一九七二年
(7) 大阪毎日新聞社編『大阪毎日新聞五十年史』一九三二年、一八〇頁
(8) 奥村信太郎『新聞に終始して』文芸春秋新社、一九四八年、二五～二七頁
(9) 毎日新聞一三〇年史刊行委員会『「毎日」の三世紀　新聞が見つめた激流　一三〇年（別巻）』毎日新聞社、二〇〇二年、一二二頁
(10) 津金澤聰廣「大阪毎日新聞社の『事業活動』と地域生活・文化」（津金澤聰廣編『近代日本のメディア・イベント』同文館、一九九六年所収）二二五頁
(11) 有山輝雄「全国優勝野球大会の展開と新聞」同前書所収
(12) 有山輝雄『甲子園野球と日本人――メディアの作ったイベント――』吉川弘文館、一九九七年、七一頁
(13) ダニエル・ダヤーン／エリユ・カッツ（浅見克彦訳）『メディア・イベント』青弓社、一九九六年
(14) 吉見俊也『メディア時代の文化社会学』新曜社、一九九四年、一五六～一五七頁

＊本書では、第二次世界大戦以前の文献や新聞記事を引用するが、現代から見れば、とりわけ他民族に対する偏見に満ちた表現や蔑称が登場する。当然、本書はそうした偏見や差別に批判的な立場から書かれているが、当時の意識を批判的に理解するためにもそのような表現をそのまま引用している。

第一章　新聞事業としてのマラソン大会の誕生

――明治後期の大阪毎日新聞のスポーツ事業を中心に――

はじめに

日本におけるメディアスポーツの源流を探ると、いくつかの流れがある。一つには、相撲への新聞の関与による相撲の近代的発展。もう一つは学校教育で展開された「長距離徒歩競争」の報道と、その後、新聞社がそれを発展させ大会を主催していくもの。さらに三つ目として、野球の報道と、その後の新聞社による大会やスポーツ団体の組織化がある。

これらのなかでも、本章では、新聞社による長距離競走に焦点を当てながら、二〇世紀初頭、明治末期のメディアスポーツの誕生と成長の特質を明らかにしたい。

仮説としては次のように考えられる。明治中期に整備された中等教育、高等教育では教育的な実践として内部的に「長距離競走」が行われていた。それらを、いわばエリートたちの「競争的遊戯」に対する好奇心と報道ネタとしての関心から新聞社が取り上げた。これは、スポーツを実践するエリート内部での興味を喚起するばかりでなく、次第に「立身出世」(1)の制度的手段としての学校教育への関心と憧れが強まる状況の下で、学校外部の人々の興味も喚起した。これは、スポーツを実践するエリートと、スポーツを見たり読んだりする庶民という二極構造を生みだし、その様相は、「スペクテイタースポーツの誕生」といえるものである。

この時期、新聞がますますスポーツ大会の主催に熱心になっていくことで、新聞社主導のスポーツは、独自の文化領域として独立していく。その中で新聞は発行部数を増加させ、電鉄は郊外にスポーツの空間を用意していく。こうしたメディアスポーツの誕生と成長過程が明治の後期から大正初期にかけて、とりわけ大阪（阪神間）においてダイナミックに展開する。

以上のようなプロセスを明らかにしようというのが本章の狙いである。

第一節　メディアスポーツの誕生

1　山口高等学校遠足会

「この時期は相撲報道が大半であり、他のスポーツは競技会の告知や結果にとどまった[2]」と綿貫が指摘するように、明治中期のスポーツに関する新聞報道の中心は相撲であったが、もう一つの流れが長距離走の報道である。その一つに日本の近代スポーツ史にも位置付けられている「山口高等学校長途競走」の報道がある[3]。この長距離競走は一八九九（明治三二）年二月に官立山口高等学校が実施したもので、この時期には後に述べるように、中等・高等学校において、「健脚」や「遠足」という名称での長距離競走会が盛んにおこなわれていた。しかし、この山口高等学校の「長途競走」を防長新聞が詳しく報道したことが、長距離競走の「報道の嚆矢」とされることになる。さらに、この「長途競走」は東京の時事新報が続いて報道し、ジャパンタイムズも後に続いていることも興味深い[4]。

この大会を考察した渡辺一男によれば、山口高等学校の長距離競走は一八九九年二月一一日紀元節を記念して、「運動部陸上遠足会」と称して一一マイル（約一七キロメートル）の距離で実施されたという。ただ、このイベントが一地方のイベントに終わらなかったのは、上記の報道のほか、続いて東京の『中学世界』と『運動界』という雑誌にも掲載されていったことである。

当時創刊されたばかりの『中学世界』は、中等教育が「立身出世」の手段として目標の一つとなった明治中期に、そうした中等教育にあこがれる人たちや実際の中学生たちに大きな影響力をもった教養雑誌であったという(5)。また、一八九七年七月にスポーツ雑誌の草分けとして創刊された『運動界』も、当時の中等教育、高等教育の世界へのあこがれを象徴するスポーツ大会やその評論を掲載する雑誌であった。以下『中学世界』に掲載された「遠足会」の記事である。

図１　「山口高等学校の競走隊」
（『中学世界』第2巻第8号、1899（明治32）年第2巻第4号）

二月に入りて先ず全国運動家の注意をよび起したる出来事は、山口高等学校学生が十一哩半という破天荒の長途競走を試みたる事之なり。この未曽有の壮挙は実は同月十五日を以て山口宮市天神間約十一哩半の距離に行はれ、午前九時二十七分三十秒合図委員の号令に由り、幾多の健児は一時に同校運動場西端なる出発線を離れぬ。何がさて十一哩半という長程なれば中には途中にて廃止するものもあらんと思いしに、なかなかさる意気地無しもなく、自転車に乗りたる二人の監督者の間を韋駄天の如く走り続け、抜きつ抜かれつ、疾駆せしが、遂に十時五十分中村隆祐氏先着第一として、拍手喝采裡に決勝線に入る。続いて高島、中山、夏秋の面々相前後して到着せり。今一着より十着迄の成績表を掲ぐれば左の如し。

（中略）

当日の優勝者の桂冠を獲たる第一着中村隆祐氏の如きは途上、しばしば停足して後方を顧み、或は悠々と路道を探るなど之が為め少くも七八分を費せりと云えば、氏が実速力は一時間十五分内外なりしならんと思はる。而して競程の途中の鯖山トンネル、勝坂、佐波河等の障害物ありしにもかかわらず、僅々一時間十四五分位の間に到着せる氏が駿足は誠に驚嘆の外なし。之をかの長脚活歩我れに超絶せる外人間の競走レコードに参商するに、毫も遜色なきのみか、優に彼が第一人者と比肩すべきを見るなり。(6)

おそらくは山口高等学校の現役学生か関係者が投稿した記事であるが、上記の記事でも、「自転車に乗りたる二人の監督者の間を韋駄天の如く走り続け、抜きつ抜かれつ、疾駆せしが、遂に十時五十分中村隆祐氏先着第一として、拍手喝采裡に決勝線に入る…」というような「血沸き肉躍る」競技の進行の描写は、全国の中学生、あるいは中等・高等教育にあこがれていた人々に、高等教育の世界と、そこでスポーツをする学生たちの姿がリアルに伝わり、ますますその世界へのあこがれを増大させたことは想像に難くない。

従来の体育史研究を見ても、明治三〇年代には多くの中等・高等教育機関で「遠足」や「健脚」等の言葉で長距離走が行われていたことが示されている。(7) とりわけ、教員を養成する高等師範学校（後の東京高等師範学校）は一八九八（明治三一）年二月にクラス対抗で「健脚競走」を初めて実施し、その後も「遠足会」という名称で長距離競走を行い、同校の恒例行事として定着していったという。(8)

こうした学校体育の流れの中に、山口高等学校の遠足会もあった。改めて記すが、この時期、全国各地の中学校、高等教育機関で、人知れず長距離競走大会を実施したところはあるかもしれない。しかし、山口高等学校の当事者たちが先の新聞や雑誌に投稿することで、一地方ではなく、全国にその存在を知らしめることができたし、また中・高等教育と、そこで行われるスポーツ、とりわけ長距離走への関心が生まれつつある中で、その記事は陸上競技、スポーツへの関心をさらに高める働きをしたのである。

2　不忍池長距離競走

そうした山口高等学校遠足会の報道への直接の反応の例として渡辺が挙げるのは、第一高等学校の反応である。山口高等学校のイベントから三か月後の五月一三日に、第一高等学校は、山口高等学校の「遠足会」を明確に意識したうえで、上野・不忍池周囲を一三周する長距離走を企てている。そして、このイベントもまた、時事新報をはじめ各地の新聞、雑誌に報道され、さらに注目を集めることとなった。

そして、おそらく、このイベントが時事新報による「不忍池長距離競走大会」に直接つながったと思われる。一九〇一（明治三四）年一一月に開催されたこの不忍池長距離競走大会について詳細に考察した松浪稔は次のように位置付けている。「この大会は、自社主催によるスポーツイベントを自社紙面を通じて大々的に報道したという意味で、この『長距離競走大会』を日本における最初のメディア・スポーツイベントとして位置づけることが可能[9]」だとする。この後、時事新報を凌駕してスポーツ事業を進める大阪毎日新聞が一九〇一（明治三四）年一二月、堺大浜で「五十マイル徒歩競走」を開催したのは、その一か月後である。「『毎日新聞百年史』によれば、「まだ小規模のものであったが、新聞社が自らスポーツ大会を主催したのはこれが最初である[10]」としたが、時期については「不忍池競走」が一か月早い開催である。

さて、時事新報は次のような開催告知を掲載する。

時事新報が十数年来力を体育の奨励に致したるは世人の兼てより熟知する通りにして、世間の風潮も何時しか時事新報の所見に一致し、今や全国至る処に陸上運動、端艇競漕、各種の運動競技盛に行はるるに至りたるは甚だ喜ぶ可き次第なれども、元来運動競技の効能は単に一時の娯楽に止まる可きものに非ず。其最も重要なる目的は国民全体の体力を健全にし、随て其精神を活発にして有形無形諸般の事業発達に資すること是れなり。現在各種の運動競技は果たして此目的を達して遺憾なきやと云ふに、競技時間の短き為自ら一時に体力を興奮せしめて目前の勝敗を争ふの一方に偏し易く、耐久力養成に至りては到底これを現在各種の運動競技に期するを得ず。

［…中略…］

時間の競走は以て健脚の実力を発揮するに足らざるが故に殊更らに時間を長くしたるものにして、之を目して健脚の耐久力養成法と云ふも可なり。依て本社は其例に倣ひ広く世間の健脚者を募集して同様の長距離競走を実行せしめんと欲し、先づ大体に於ては西洋の実例を其儘輸入するに決定したれども、我国にては曾て前例なき事なれば慎重の上にも慎重を加へて種々考量の末、競走時間を余りに長くし万万一、競走者の健康を害するが如き事あらんは甚だ面白からずとの考よりして、西洋の実例よりも大に其時間を短縮し競走施行当日の午前六時より午後六時まで全十二時間となし其他の箇条は左記の通りに定めたり。十二時間の疾行なれば人力車夫の輩などは平日実際に之を行ひつつあるものも少なからず。苟も競走に加はるの勇ある健脚者ならんには毫も健康を存するのは掛念なく其競走に耐ふるならん。今回の試験幸に其功を奏して全国第一等の健脚者を発見し本社の懸賞金を贈与すると共に、時事新報紙上に其勝利を博したる顚末を表彰して我国の運動競技方法に耐久力比較の一生面を開くを得ば本社の本懐とする所なり(11)。

（「時事新報」一九〇一年一一月一日）

開催目的は、「国民全体の体力を健全にし随て其精神を活発にして有形無形諸般の事業発達に資する」ことであるが、現在の各種の運動競技は、「一時に体力を興奮せしめて目前の勝敗を争ふの一方に偏し易く耐久力養成」はできない。したがって、「耐久力の養成」のために「長距離競走」を開催するというものである。

時事新報は、この大会の開催企画連載の途中に、茨城県の水戸中学の学内の長距離走にも賞金を出して報道している。[12]このことからも、この不忍池畔の大会が一高の大会から急にヒントを得たものではなく、当時の「長距離競走ブーム」の中の企画でもあったことがうかがわれる。

そして、これまでのスポーツ報道とは全く異なるのは、大会開催までに応募者一〇〇余名の中から体格検査において一五人の選手を選抜し、連日選手の練習風景や談話記事を掲載し、当日の競技の模様も挿絵を入れて詳細な記事とすることで大会の盛り上げを試みたことである。

例えば、この選手たちのなかには木下東作[13]がいた。木下東作は、先の一高の競走にも出場し優勝していたが、この時には医科大学生となっており、その学歴の希少性からも、この大会の注目の一人であった。この大会前の彼の練習時の談話がつぎのように掲載されている。

話す程の事なし（木下東作）

私は未だ別に練習は致しません。此間も池ノ端へ参りましたが、道の悪いので帰つて来ました。何れ其内又行く積りです。尤も時々大学の運動場で何分間に何程位の距離を歩む事が出来るやを試験した事はありますが、お話し申す程のことはありません。何れ追々練習を始める心得ですが、肝要の学科に迫はれて居るので、思ふ様に出来ないのは困まつたものです。

（「時事新報」一九〇一年一一月三日）

彼の談話は、高等教育を受ける学生であり勉学に忙しいということが表現され、他の出場者との違いが強調されている。木下東作は、新聞社にとって読者の注目を集める「個人化」の象徴的な存在であり、新聞が作り出す「スター選手」のさきがけといえるものでもあっただろう。残念ながら木下はこの大会では途中棄権しているが、その後に大阪医専教授を経て毎日新聞に入り、メディアにかかわりつつスポーツを先導していくことになる。まさに戦前期のメディアスポーツの象徴的人物となっていく。

ただ、練習談話については彼だけを取り上げたわけではなく、他の郵便配達人や人力車夫の練習談話も取り上げ、大会の盛り上げを図っている。先の告知記事にも、「人力車夫の輩などには平日実際に之を行ひつつあるものも少なからず」などとあるように、彼ら「職業人」を排除するよりはむしろ歓迎している。この点では、のちに述べるように「職業人」を排除するアマチュアリズムや、「エリート学生＝選手」と「観衆」との分離によってスポーツ事業を推進するという意識はまだ生まれていない。

結局、優勝者は茨城県の人力車夫、安藤初太郎であったが、当初の目標である一二時間で七〇マイルを走破することはできなかった。時事新報はその成果について次のように主張している。

> 今度本社にて催したる十二時間の長距離競争の結果は既に紙上に詳報したる如くにして其成績が予定の七十哩に達せざりしは聊か遺憾なりしかども、当日の盛況は申す迄もなく世間一般の人気は一方ならずして、或は早くも第二回の競争を申込むものあるが如き。此計画が幾分か体育奨励の目的を達したるの効あるは我輩の満足する所なり。［…中略…］其成績が少しく予期の哩数に達せざりしは遺憾なるに似たれども、是れは自から種々の事情を存したるが為にして一概に日本人の体力が西洋人に及ばざるの証拠なりと速了す可らず。
>
> （「時事新報」一九〇一年十二月一三日）

このように、想定した記録が出ず、大会が競技面で大きい成果を得たとは言い難いが、論説では、「幾分か体育奨励の目的を達したる」と自賛した総括を行っている。もちろん、この大会が当時どれほどの「体育奨励」の影響力を持ったかどうかは不明だが、「萬朝報」が大会直後に直後に大会と主催の時事新報を批判し[14]、また次に述べる大阪毎日新聞の反応を見れば、同業の新聞社を刺激したことは確かであった。ちなみに、記事では「第二回の競走を申込むものあるが如き」とあるが、第二回は開催されることなく終わった。

第二節　大阪毎日新聞の南海鉄道の連携

1　堺大浜の長距離競走大会

「不忍池」の大会に遅れてわずか一か月後の一二月一五日に、大阪では大阪毎日新聞が堺大浜でいわゆる「五十マイル徒歩競走」（紙面では「長距離競走大会」）を開催する。[15] この大会開催の社告を十一月二六日に掲載しているが、時事新報社の「長距離競走」に遅れた悔しさがにじみ出た社告となっている。

東京の時事新報は本月九日不忍池畔において十二時間七十哩以上の長距離健脚競走會を催ほしたり。然るに廣言を吐いてその募りに應じたる十餘名の競争者中一人としてその實を顕はしたるものなく、世人をして東京人の柔弱爲すなきを笑はしめたり。我關西には素よりこれ位の脚力を有するもの多々なるべきは我社の信じて疑はざるところなるをもつて、今回同社の聲に倣ひ來る十二月十五日（雨天順延）をもつて同社の健脚會を堺大濱舊臺場跡に開き大に關西強健の男士冀（ねがう）くは來りて我社の試に應じ平生の所養を發揮せられよ。[16]

（「大阪毎日新聞」一九〇一年十一月二六日）

このように、時事新報主催の大会は期待通りの成績を収めなかったことを伝え、「東京人に比べ、関西の方がより優秀だと信じている」などと言いつつ、時事新報の企画を皮肉っている。この社告は大会の二十日前に出されているが、大会の規模等を考えると、準備はそれ以前数か月前からなされていたものと思われる。したがって、準備の途中に「時事新報」に先を越されることとなり、その悔しさが右記のような皮肉に満ちた社告となったのであろうが、大阪毎日新聞は、陸軍や大阪の病院と連携しつつ、事前審査で医学的な「身体検査」も実施するなど、長距離競走を科学的に把握しつつ読者の注目を集める工夫をしていた。「百三十年史」においても、「関西ナショナリズムと賞金の相乗効果で、大会事務局には翌日から出場申し込みが殺到、その数は締め切りまでに六五三人にのぼった[17]」と、その娯楽性への訴えを強調している。

さらに、直前の記事においても、単に大会そのものと出場選手の情報だけでなく、「応援」「観客」を意識した記事を掲載することで読者を巻き込むことも考えていた。例えば大会前日の下記の記事もその一つで、「不忍池」と比較しつつ、ファン（贔屓の人々）の行動を取り上げることで「人気の旺盛」なことを強調している。

お百度詣り

時事新報社不忍池畔に催せし長距離競争の當日、上野大麓館の下女は其抱車夫の必勝を守らせ給へと同地の辨天にお百度を踏みしとして云う談ありしが、今度我社の催には關西人士の意氣込實に天を衝くの有様にて時事新報の時に比するべきにあらず。必ず予定以上の里數を踏破しる關東男子の膽を破りたきものと思はぬものもなく、分けて贔屓の人々中には平常は迷信とて排斥するお神籤を取り、お百度を踏む等余所目には笑止なことをなして喜悲する位なれば亦以て人氣の旺盛なるを卜すべきなり

（「大阪毎日新聞」一九〇一年十二月一四日）

このように、大会前に、競技そのものの報道ばかりでなく周辺の様子を「雑感」として掲載し、イベント全体の社会的な反響を報道する方法もこの大会で確立した。もちろん、時事新報でも「競走場外の光景」といった見出しで観客の動向などに触れてはいたが、堺大浜のイベントについては、その競技と競技

者だけでなく、それを見守る観客やその他イベントの全体像を報道する姿勢が明確になったことである。これについては、「百二十年史」にも、「大毎はこのイベントでスポーツ報道初の本記と雑感の書き分けを行い、兎耳子が達者な筆で雑感（「長距離競走評判記」）をまとめ、本記だけではうかがい知ることのできない選手と観衆の表情にスポットをあてた」としている。「雑感」の例として、

▼荒木梅松は「手頃の棒に風呂敷包をくくりたるをかたげて、セツセッと駆る」。見物はそれを見て「郵便屋さん、しっかり行きなはれ！。荷物が重かったら預けときんかい」

▼吉岡は「時々機を見て疾風の如く駈け出す」。見物は「思わずワッとトキの声を上げ『エライゾ、エライゾ、アンマリ駈けて草臥れちゃ駄目だぜ』と心配する。とたんに吉岡はピタリッと急調を止めて相変らずスタスタの足拍子に」戻る。見物一同「ナアールほど巧いものだなあ」

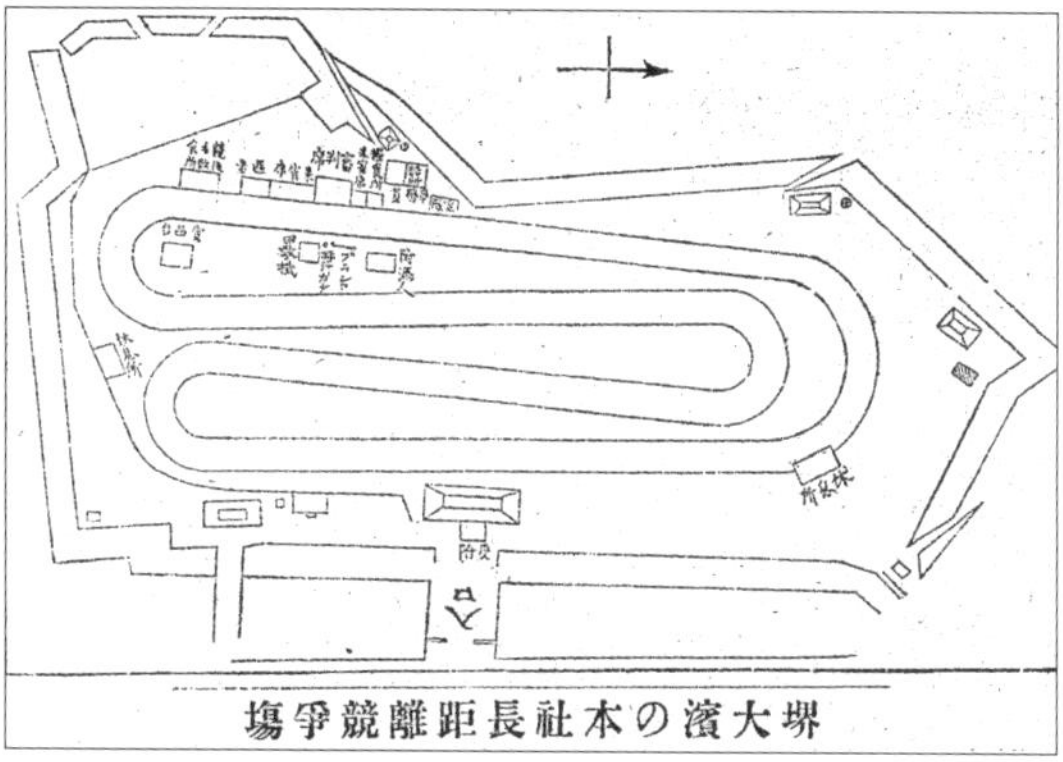

図２　堺大浜の会場図
（「大阪毎日新聞」1901年12月14日）

といった記事を挙げている。そのうえで、「『大毎』に社会部と名のつく日本最初の部が誕生したのはこの年の二月。その社会部の『兎の耳』を持つ記者がとらえた明治の観客の姿は、底抜けに明るくおおらか」だったと回顧している(18)。

このように、主催者自らが、競技そのものの魅力だけではなく見物人の賑わい等イベント全体の盛況を演出し伝えていくという、スポーツイベント事業の定型をこの大会で生み出したといえ

るだろう。

さて、この大会は堺の大浜台場跡地を利用し、図2のような一周約〇・五マイルの仮設コースが設定された。そして、大会当日は午前八時にスタートし、午後四時までに五〇マイル以上を走破することを予想した八時間のタイムレースであった。当日、最終的に予選を経た二〇人が選抜されて走り、最終的には、一一二周五六マイルを走破した村瀬百蔵が金時計と賞金五〇円を獲得した。そして、二〇人中五人が目標の一〇〇周五〇マイル以上を走破している。ちなみに、村瀬百蔵は二六歳で、岡山県で桶屋を営み、先の「不忍池長距離走」の優勝者と同様に人力車夫もしていた。

2　南海鉄道との連携

一か月前に開催された時事新報社の大会とのもう一つの相違点は、鉄道との連携である。前日には、南海鉄道[18]・関西鉄道が当日の往復割引切符を販売するという記事と両鉄道の広告（図3）を掲載し、大会翌々日の十七日の記事では、以下のように観客を運んだ南海鉄道と難波駅の盛況ぶりが描かれている。

長距離競走會當實は殊に天氣晴快にして観覧者に取りては尤も好適の日和たれば朝來出掛たるもの夥しく、難波驛に於ては午前十時頃より乗客順次詰掛け、二ヶ所に臨時出札所を設け絶へず切符を發売せしと此度新案せし切符収容箱を出札者が肩に掛け驛前廣場にて立売をなさしめたる等治ねく切符の發売に努め、一方各列車は二十輛若くは十八輛の連結となし遺憾なく是が輸送を了せしも、午後一時頃より三時迄の間に於ける乗客の群衆は一層甚敷切符立売者のみにても約三千餘枚の切符を發売せり。午後競走會終了、數萬の乗客午後四時頃より一時に堺驛に寄駆け來り、同驛に於ても豫て期したる事なれば充分其用意をなし置きたると保護の爲め出張ありし警官の注意行居たるとに依り、さすがに停車場の内外に山なす乗客は頗る規律正しく數行の列をなし、改札口より吾妻橋際迄の長蛇形を形造りしかば、同社にては豫て計畫し居りたる堺難波間十五分毎に十一回の列車を運転せしめ、各列車共満載し漸く六時三十分發列車迄にて無事輸送し盡せり、斯つ雑沓を窮めしにも不拘列車は總て定時運転をなし輸送等些の支障を見ざりし、尚當日乗降人院吸収入金は左の如しと

乗降人員　三万四千二百〇七人、収入金　四千〇三圓六十二銭

（「大阪毎日新聞」一九〇一年一二月一七日）

以上のように、堺難波間を一五分ごとに一一回にわたりピストン輸送して観客をさばき、かつ定時運転ができたと、イベントの成功を南海鉄道とともに誇っている。

そして「長距離競走大会」の記事は一二月一九日まで続く。しかし皮肉にも一二月一八日に、大会期間中に選手や関係者が宿泊していた大阪市内中の島の「大阪倶楽部ホテル」が火事で焼失し、一九日付では一段目に「長距離競走余談」、二段目に「大阪倶楽部の焼失」との記事が掲載され、ホテル焼失記事の続報に紙面を奪われたのか、二〇日以降の「社会面」には「長距離競走」の続報はなくなっている。

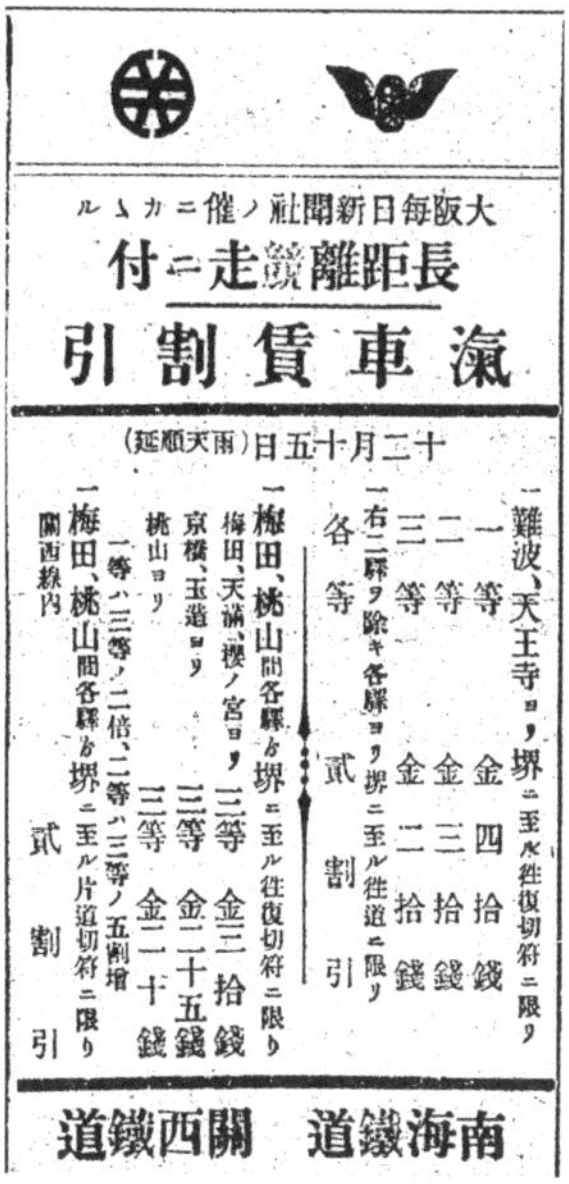
大阪毎日新聞社ノ催ニカヽル
長距離競走ニ付
滊車賃割引
十二月十五日（雨天順延）
一難波、天王寺ヨリ堺ニ至ル往復切符ニ限リ
一等　金四拾錢
二等　金三拾錢
三等　金二拾錢
一右二驛ヲ除キ各驛ヨリ堺ニ至ル往道ニ限リ
各等　貳割引
一梅田、桃山間各驛ヨリ堺ニ至ル往復切符ニ限リ
梅田、天満、櫻ノ宮ヨリ　三等　金三拾錢
京橋、玉造ヨリ　三等　金二十五錢
桃山ヨリ　三等　金二十錢
一等ハ三等ノ二倍、二等ハ三等ノ五割増
一梅田、桃山間各驛ヨリ堺ニ至ル片道切符ニ限リ
關西線内　貳割引
南海鐵道　關西鐵道

図３「大阪毎日新聞」
（1901年12月15日）

時事新報は、「長距離走」の後続の事業として、「富士山長距離走」（一九一三（大正二）年七月二五日）などいくつかのスポーツ大会を企画したものの、継続的な開催には至らなかったが、一方の大阪毎日新聞は、スポーツにかかわるイベントを立て続けに開催していく。序章でも紹介したように一九〇五（明治三八）年八月には海上一〇マイル長距離競泳（大阪築港―御影魚崎間）を開催、翌一九〇六年浜寺と阪神打出海岸に海水浴場を開設、一九〇八年には全国中学校庭球大会を浜寺で主催、そして翌一九〇九年三月、次節で述

べる神戸東遊園地―大阪・西成大橋間で日本最初のマラソン大会を主催することになる。

これらの大会や事業は、すべて鉄道との連携によって「郊外」で開催されたものである。一九〇一年一二月の堺大浜でのイベントは、南海鉄道などがあってこそ開催できた。そして、一九〇五年八月の海上一〇マイル長距離競泳も、同年五月の阪神電鉄[20]の開業を受けて開催されたものである。さらに、次節で述べる日本初の「阪神マラソン」も、阪神電鉄がなければ開催は難しかった。この大会の反響の大きさによって、大阪毎日新聞はますます電鉄との連携を深めてのスポーツイベントの開催を模索するようになる。

第三節　日本におけるマラソンの誕生

1　大阪毎日新聞によるオリンピックの「発見」

二〇一九年、NHK大河ドラマ『いだてん』でマラソンが取り上げられることで、二〇世紀初頭の陸上競技の状況が一般にも知られることとなったが、日本において「オリンピック」なり「マラソン」なりがいつ頃知られるようになったのか。木村毅の回顧によれば、「第一回のアテネ・オリンピックを報じた『少年世界』（明治二九年）に『競走はマラソンよりこの円戯場まで四十キロメートルの間を走るなり』とあって、この名前は早く伝わっているのだが、しかし日本で行う長距離競走に『マラソン』の名を冠するというハイカラな知恵はなかなか出なかった[21]」とする。一八九五（明治二八）年に巖谷小波を主筆に迎え創刊されこの『少年世界』には、西洋世界の文物が取り上げられていたが、その中で、一八九六年には「オリンピック」が初めて紹介されていたことになる。

そして、新聞でマラソンやオリンピックが初めてとりあげられたのは一九〇八年のロンドンオリンピックである。東京日日新聞が「倫敦路透電報」として大会期間中にロンドンからの記事を掲載している。

オリンピック競技（廿六日着）オリンピック競技會第一の呼物マラトン競走は其距離ウインゾル城より競技場に至る二十六哩にして競走者は五十七名なりき第一着は伊太利人ドランドなりしが疲労のため他の援助を受けて競技場に入りたりと理由に據り第二着の米人ヘース一等賞を得たり以下の入賞者はヘッフエロン（南阿）フオーアショウ（米國）の二人なり御臨場の皇后陛下の思召によりドランドに對し特殊の賞杯を下賜せらるゝこととなりたり

（「東京日日新聞」一九〇八（明治四十一）年七月二七日）

要は、イタリアのドラント選手が他者のサポートを受けて失格したため、アメリカのヘース選手が優勝となったが、その後にドラントには王室から特別賞が出たという記事である。しかし、果たして日本の読者にはどの程度理解できたであろうか。以上のように、「オリンピツク競技會」とは何かという解説もない記事であり、マラソンはともかく、オリンピックについて読者にどれだけの認知を得たのかは不明である。そして、大会から一か月半後に新聞を通してオリンピックの概要を最初に知ったのは、当時大阪毎日新聞の通信部長、相嶋勘次郎による次の記事だとされている。(22)

七月二十四日（金曜日）有名なるウキンゾル宮殿の前方より英佛同盟博覧會場内なるスタデュアムに至る間に催されたる二十六哩四分の一の長距離徒歩競走は英、米、佛、獨、伊、露、墺、加奈陀、和蘭、瑞典、丁抹、希臘、南阿弗利加、濠洲、ボヘミヤ、白耳義等白人種十六ヶ國の選手五十七人の勇敢なる精神と訓練ある体力の如何に強健なるものなるやを十二分に発揮したる近世運動会の花であつて斯る種類の出来事としては實に特筆大書すべきものゝ一である。倫敦の諸大新聞が此十數日間満腔の熱心を傾倒して書き立てたのも無理ならぬ次第で、タイムス紙上に此勝敗の結果に関する論説を見たのも決して偶然ではないのである。

此二十六哩競走に先だち博覧會場内には大運動場を築造せられ、去十三日よりオリンピック、ゲームの催しがあつて各國の選手雲の如く集り、或は競走、或は水泳、或は幅飛び、或は高飛び、障碍物競走と凡そ個人の運動（ボート、ベースボール等團体的のもの、外）は何から何まで毎日盛んに行はれて居たのである。これ勿論世界的のもので、これに依て世界に於ける運動のレコードは極まるのである。尤も世界大運動會の催されたのは今回が五回目で博覧會其他の催しがあつて世界各人種の集り來る便宜のある時に特に催すものなることは前前回を米のセントルイに於て開かれたるにて明かであるが、今度は運動を励まし、体育を奨め勇敢なる精神の養成を奨励せらるゝ思召しを以て英國皇帝親しく御臨場盛んに開會の式を擧げさせられたので倫敦に於ては近來自分は運動論者で世間の非難にも何にも御構ひなくドシドシ運動を奨励する一人であるから、是非此光景を見て置きたいと思つて十七日であつたが博覧會に行つた序でに入場して見ると、入場料が一志から一志六片、二志六片、五志、七志と云ふ様な譯で上等の桟敷は日本の三圓五十銭も取られるのだから、運動會の見物料としては決して廉ではないのである。然るに六萬の席、否後に記する二十六哩競走の日には優に十萬の人を入場せしめたと云ふ宏大なる運動場に四五萬の人が詰め掛けて居たのには聊か肝を奪はれたのである。運動場は回向院や、南地の大相撲場所の完全にして、且つ大なるものと思へば善いのであるが、一方に千二百メートルや八百メートル競走などを遣つて居る其サークルの中に又種々の運動も続行されて居るので水泳の池なども此圏内にあるのだが、此圏内がいはば相撲の土俵であるのだから其大は想像し得らるゝであろう。偖此相撲の土俵に見立てつべき大運動場は六十萬圓を費して建築したもので三十六萬四千餘方尺の面積を保ち鉄骨の桟敷で囲はれてあるので、桟敷は下方から段々になつて腰掛が並んで居ると矢張相撲の桟敷と同様だから一番外側の、そして一番上な桟敷から見たならば運動場は見えずして中段頃の婦人の帽子が見えるであらう。

（「大阪毎日新聞」一九〇八（明治四十一）年九月七日）

少々長い引用となったが、大阪毎日新聞のこの記事は、五回にわたってマラソンとオリンピックの魅力を伝える特集記事の一回目の記事である。この記事は、当時英国に滞在中であった相嶋がロンドン大会の二か月後に「マラソン競争」と題して書いたものであり、記事の中心はマラソンを紹介することであった。前記の記事では、オリンピックを「世界大運動会」と表現し、ロンドン大会の概要や会場の様子を説明しているが、スタジアムを相撲場に例えているのは当時の日本には観客席のある競技場は存在しなかったというスポーツ状況を反映しているだろう。ちなみに、この記事の中で第四回のロンドン大会を「五回目」と記し、一九〇四年のセントルイスを「前々回」としているのは、一九〇六年にオリンピックの「中間大会」がアテネで開催されているからで、現在のIOCの記録からは正式の大会ではないとして削除されているものである。(23)

この記事の後の四回の連載で、マラソン発祥の歴史やレース当日の経過を詳しく解説、さらに観客の熱狂ぶりや死闘のゴールの様子などを伝え、そのうえで、このオリンピックへの日本の参加について連載の最後に訴えている。

歐米人の中には日露戦争に於ける日本の強行軍の記事等を見て千二百メートルか八百メートルでは足の長い西洋人が勝つだらうから二十哩以上となれば日本人が勝つであらうと信ずるものがある位である、然るに今度躰の小さい伊太利人が勝つたのでます〳〵そんなことを云ふ人が多くなった、兎に角世界一等國の伍伴に列せんとするには軍艦の數ばかりではいかぬ此の次には日本も彼の運動同盟に加はり選手を送る様にしたいものである。

（「大阪毎日新聞」一九〇八（明治四十一）年九月一二日）

当時の国際社会における日本の認知度などを考えれば、上記の「そんなことを云ふ人が多くなった」という部分は相嶋の創作、あるいは彼の気持ちの表現であったと思われる。

さて、これらの記事が、翌年開催される「阪神マラソン」を想定した記事であるのか、それとも、この記事によって企画が始まったのか、そもそも相嶋が派遣されたのは、その準備を兼ねてのものだったのかは確認できない。ただ、相嶋は大阪毎日の海外派遣員の第一号として欧米を視察中であり、マラソン以外の競技について関心がなかったのかは不明であるが、この一連の記事はほぼマラソン競技の経過に終始し、半年後に日本初の「マラソン大会」を大阪毎日新聞が開催することになる。(24)

この記事がその後のオリンピック参加への動機づけになったかどうかも明確ではないが、国際社会への進出、西洋との競争と、持久力の鍛錬、スポーツのスペクタクル性、こうした当時個別に展開されていたものが「マラソン」という語に収斂して、具体的なオリンピックというイベントが「目標」として可視化された時期であったと言えよう。

2　日本初のマラソン開催

大阪毎日新聞は、一九〇九（明治四二）年二月一九日、日本初の「マラソン大会」として、「マラソン大競走　阪神間二十哩長距離競走」の開催の社告（図4）を掲載する。日本における陸上競技史上記念すべき初の「マラソン大会」の大会告知である。そして翌日の紙面から大会当日まで、先のロンドン五輪のマラソンの意義から始め、連日大会を盛り上げる特集記事を掲載していく。

マラソン競争たる列國各その代表選手を開催地に出して交々之を舉行し國際的大競争としてその一勝一敗は世界の耳目を聳動すると共にマラソンの一語青年者をして渾身の血を踊らしめつゝあり、（中略）吾帝國民の勇武や絶倫、聲名既に宇内を厭するものありと雖も恨むらくは未だ嘗て欺かる國際的大遊技に一人

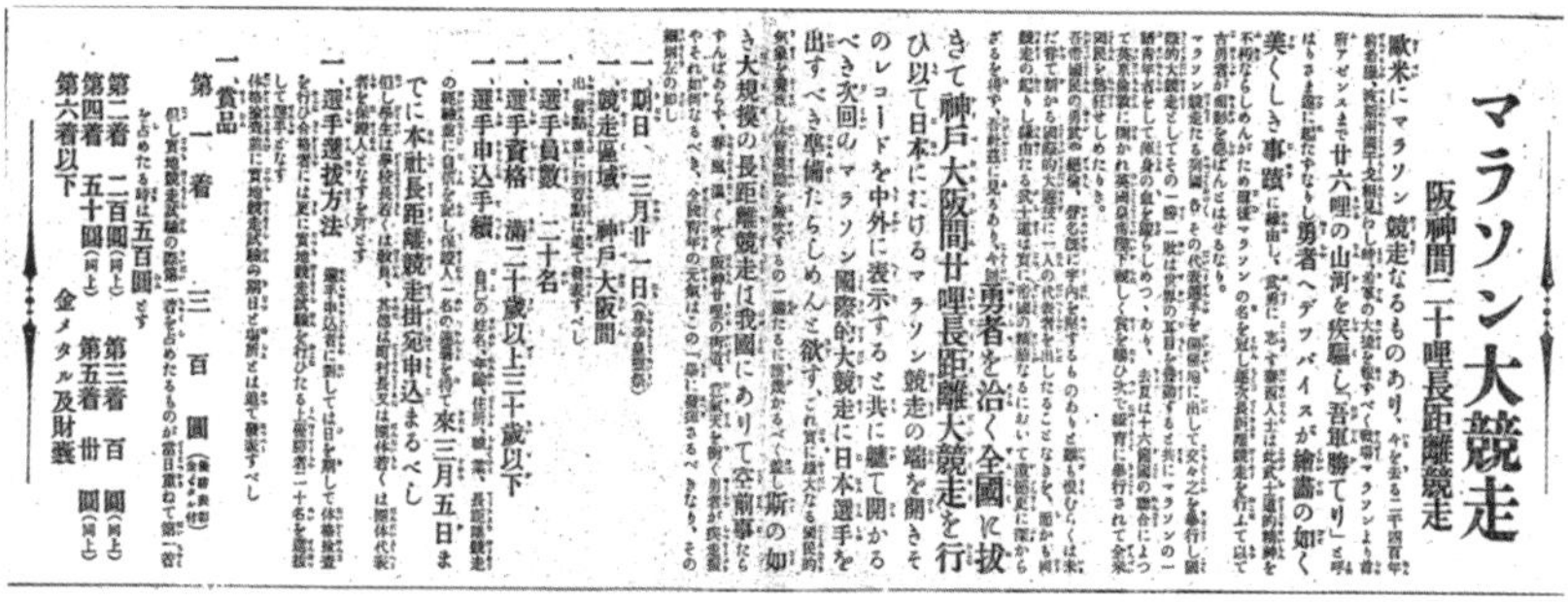

マラソン大競走
阪神間二十哩長距離競走

歐米にマラソン競走なるものあり、……「吾軍勝てり」と呼……勇者へデッパイスが絶端の如く美くしき事蹟に……

……今回勇者を洽く全國に抜きて神戸大阪間廿哩長距離大競走を行ひ以て日本におけるマラソン競走の端を開きそのレコードを中外に表示すると共に聽て開かるべき次回のマラソン國際的大競走に日本選手を出すべき準備たらしめんと欲す、……斯の如き大規模の長距離競走は我國にありて空前事たら……

一、期日　三月廿一日
一、競走區域　神戸大阪間
一、選手員數　二十名
一、選手資格　滿二十歳以上三十歳以下
一、選手申込手續　……本社長距離競走掛宛申込まるべし
一、選手選抜方法
一、賞品
第一着　三百圓
第二着　二百圓（同上）　第三着　百圓（同上）
第四着　五十圓（同上）　第五着　卅圓（同上）
第六着以下　金メタル及財嚢

図４　「マラソン大競走」社告
（「大阪毎日新聞」1909年2月19日）

の代表者を出したることなきを（中略）今回勇者を洽く全國に抜きて神戸大阪間廿哩長距離大競走を行ひ以て日本におけるマラソン競争の端を開きそのレコードを中外に表示すると共に聽て開かるべき次回のマラソン國際的大競走に日本選手を出すべき準備たらしめんと欲す。

（「大阪毎日新聞」一九〇九年二月一九日）

上記の社告では、国家の国際的な競争とスポーツを結び付け、マラソン開催への注目を煽っている。したがって大阪毎日新聞社が主催した二つの長距離走、堺・大浜の長距離競走大会（一九〇一年）とこの「阪神マラソン」（一九〇九年）の大会報道から、二〇世紀初頭の日本の帝国主義的政策が新聞事業に反映していたと論じる研究もある。野口によれば日露戦争前後より、野球や長距離競走が国際交流を進め、国際スポーツ界へ日本が進出する端緒を開いたが、それらを主催した新聞は、自ら主催するマラソン大会の意義に当時の帝国主義的政策を反映させていたというものだ[25]。

文面上は確かに、「吾帝國民の勇武や絶倫…」といった語句が躍り、日清、日露戦争を経て、「西洋列強」と日本を比較する言説が増大した時代を反映したものではあるだろう。一連の長距離競走大会は、もちろん偶然にこの時期に集中したわけではない。

野口の議論に加え、第一節で紹介した渡邊や松波らが指摘するよう

に、この時期、西洋人の体力にキャッチアップすることが意識された時代である。近代化／西洋化の初期段階で社会制度の西洋化のために多くの近代的テクノロジーと制度を輸入した日本であるが、一九世紀末、明治後期には国民の身体の劣悪さが可視化されてきた時代であった。その象徴ともいえる画像が「義和団の乱」（一九〇〇年）への西洋列強とともに干渉した際の日本兵の身体であったであろう（図５）。

図５　義和団の乱への各国派遣兵

　国民の身体にかかわる政策、とりわけ学校体育においては、森有礼の兵式体操にはじまり、「強い兵隊」を作るという大前提があった。その一方で、明治期には様々な教育思想の流入から、身体の陶冶についての議論は教育学のレベルで盛んにおこなわれていたという。ところが、体育史の今村嘉男によれば、日清、日露戦争を経た当時の教育学者たちによる体操をめぐる議論は国家主義的なものに変化していったという。「体操科の目標の中に、単に身体の発達だけでなく、愛国心の養成とか、軍事的任務の遂行とかを取り上げ、体操科の国家・国民的意義を強調したことは、自由主義的な明治初年の体操観が国家主義的な体操観へ発展した[26]」とする。そして今村が、「近代体育が、日本も含めて近代民族国家の発展と歩調を合わせて進む限り、いわゆる富国強兵主義から無縁であることはできなかった」とするように、日露戦争後には、国家主義的な身体観、体操観は体育思想の中でも、また国家的な政策としても「強い身体」の育成が当然のように求められ、「宣明」された時期だったのである。

　このような時代に、新聞社主催のスポーツイベントについて、当時の国際情勢を意識して、新聞が国民に「身体の強靭化」を訴える側面ももちろんあっただろうし、そのように評価することに異議を唱えるわけではない。しかし、もう一面では、その訴えは読者や潜在的読者の娯楽的関心に訴えるものでもあった。新たな競技について、国家的なイデオロギーを喧伝しつつ、読者の関心をひきつけたのは、やはり「娯楽」としてであった。というのも、この大会から後、国民に向けての体育を奨励する記事、あるいは国家的政策としての体育政策の必要を訴えたり、その議論を喚起しようとしたりする記事は掲載されていないからだ。

したがって、新聞社がスポーツ大会事業の開催に関して宣言するこうした表現は、新聞が当時の「帝国主義的政策」を、意図的にスポーツ奨励を通して国民レベルで実現しようとしたものだとは直ちに言うことはできないように思われる。なぜなら、こうしたスポーツイベントの開催は、国民を体育、スポーツへ駆り立て、国民の体位、体力を向上させていく実践につなげるというよりも、一部のエリートの「競争」を庶民が楽しむことへの関心を高めていくことに重点があるようにも解釈できるからである。審判等での陸軍の協力にしても、スポーツ事業の在り方（ビジネスモデル）が確立していなかった時代には社会的な信頼を得るものであっただろうし、それはむしろ、大阪毎日新聞がスポーツ事業推進のために、「帝国主義的」な社会の風潮に乗り、その言説を利用したという解釈が適切ではないだろうか。もちろん、新聞紙上に踊った「帝国主義」とスポーツを接続する言説によって、その結果として、国民の間にスポーツのアナロジーを介して「帝国主義」的考え方がより普及していったことは事実であろうが。

3　スター選手の誕生

二月一九日の社告以来、開催日まで一か月以上にわたって大会関係の連載記事を掲載しているが、そこには国民の体位の向上についての「啓蒙」記事、あるいは帝国主義的国家観に基づき体育奨励といった「扇動」的記事はほとんどなく、連日大会へ向けて「観客」としての読者の関心を高める記事を掲載し続けている。

何よりも、優勝者には三百円の賞金のほか、下位の入賞者まで豪華な賞品が提供され、「今回のマラソン競走擧行後二箇年以内に歐米においてマラソン國際的競走ありたる場合、吾社競走に第一位を占めたる者にしてこれを出場せんとする時は、吾社は旅費として金壹千圓を支給すべし。但しその本人は一通り英語を解するものならざるべからず」と二月二二日付の社告で宣言したように、国際大会、あるいはオリンピックへの派遣も考えての国際的なイベントであるとの盛り上げが図られていた。大会を盛大なものにするキャンペーンは、「マラソン競走申込者に告ぐ」との社告に示された参加条件を見ても分かる。

吾社がマラソン大競走の計畫を發表するや其壯擧は天下を驚かし爾來各地より競走加入の申込頻々として既に數十名の多數に達したるが、元來吾社の計畫たる青年者の体育を奬勵して健全なる國民を作るの礎をなし、併せて将來歐米に開かるべきマラソン國際的大遊技に出場し得べき日本選手を養成せんとするの目的に出づるを以て、競走申込者に對して吾社は豫め左の希望を有するものなり

一、今回の競走は如上の意味を有する者なるが故に、競走選手たる人は相當の學歴を有する人若くは學生又は軍人等を希望す

一、吾社は今回の壯擧において平常學窓にある青年および煩雑なる事務に鞅掌しつ、ある人士の体力養成を鼓吹せんとを欲するものなるが故に、常に其職業に於て脚力を使用しつつある人々は其申込を猶豫されんとを切望す

（「大阪毎日新聞」一九〇九年二月二二日）

主催者である大阪毎日新聞の建前は、「青年者の体育を奨励して健全なる国民を作る」ための大会であり、したがって「相当の学歴を有する人もしくは学生または軍人等」の参加を進め、「職業において脚力を使用しつつある人々」は申込を遠慮してほしいと訴えている。主催者の意図は後に議論するとして、結

果として、全国から多くの学生が応募することになり、その中には、三年後のオリンピックに初めて派遣される東京帝大の三島弥彦や、同じく春日弘（のちの陸連会長）も含まれていた。彼らは写真入りで紹介され、帝大生アスリートがスターであったことをうかがわせる。

さらに、本大会の一週間前の三月一三日には中の島公会堂で応募者の「体格試験」を行い、これも詳細に報道し、また翌一四日には鳴尾競馬場で「予選会」を開催するが、当日の予告記事においても「斯くのごとき大規模の大競走は我が国運動界未曽有の大出来事」と表現し、予選出場選手一二八名の名簿を掲載し、また観覧も無料として来場を呼び掛けている。

エリート学生たちの「スター性」がイベントには求められたが、とりわけ華族出身で東京帝国大生の三島の予選での落選については、大会当日、彼を弁護する記事を掲載するほどであった。

三島選手　茲に本日本競走を擧行するに際し記事の最後において特記し置きたきは、東京大學の選手三嶋彌彦氏の落選に就いてなり。同氏は東京の運動界における大選手として關東一の名譽を博し、未だ嘗てランニングに敗れたることなかりしを以て無論本社のマラソン豫選競走には入選すること我も人も期待せし處なるに、意外にも僅々一着の差を以て落選したるは氏の名譽のために本社は多大の同情を惜まさると共に、氏の敗因に就いてその名譽のため記し置きたきは、氏が東京を發したるは去る十二日にして十三日着阪すると同時に長途旅行の疲勞を休むる暇もなく体格検査場に臨み、一回も練習をなさずして翌十四日直ちに競争を試みたるを以て終に眞の技倆を發揮する能はざりしは本社の深く遺憾とする處なり。

（「大阪毎日新聞」一九〇九年三月二一日）

図6　三島弥彦
（東京帝国大学当時）

三島弥彦は短距離を得意とする選手であり、長距離走に東京から進んで参加したかどうかは不明であるが、その予選落ちをここまで記事にするのは、主催者の大阪毎日としては、三島を明らかに「客寄せ」のスターとして扱っていたからに他ならない。先の木下東作が時事新報によって注目された日本初の新聞によって生み出された「スター選手」だとすれば、すでにこの時東京では有名選手となっていた三島は、木下に次ぐ第二世代のスター選手だと言えるだろう。

さて、今大会の参加条件についての大阪毎日新聞の意図は何だったのか。この時期にすでに決定されていたオリンピックの「アマチュア規定」を単純に援用しただけだとも考えられる。と同時に、堺の長距離走から八年を経て学校スポーツの発展もあり、主催者側では人力車夫などの「職業人」を排除しても、新聞事業としてのスポーツイベントが成立すると判断したとも考えられるだろう。同じ頃に大衆に人気の出始めていた野球は、その分離は最初から明確であった。野球の場合は、チームとして初めからエリート学生たちが分離されている。つまり、学校エリートのイベントとすることで市井の無名の人々を排除した方が新聞事業として成立するとの考えがあった可能性もある。ただ、ここでの議論は、現在まで問題となる「アマチュア」擁護とプロ排除とはやや位相ことにするものである。それはスポーツに専念できる余裕のある学生エリートだけがスポーツ大会に参加でき、職業で鍛えた技能・体力は排除するというものであった。そして、この時期において、スポーツイベントにおけるエリートのプレイヤーと、それを娯楽として消費する観客が分離されつつあったということもできよう。

4　大会経過

さて、記念すべき日本初の「マラソン大会」の当日三月二一日には、全一六頁のうち、図7のような一社全面広告を含め、三面にわたって大会に協賛する各商店の広告が掲載され、さらに三面を使って大会の詳細が書かれ、この大会のために六面が割かれている。その中では見開き両面を使い、レース沿道の風景写真に囲まれて、大会規則や出場選手役員、そして賞金商品のスポンサー名が列挙されるというスポンサーも意識した紙面作りで大会の盛り上げが図られている。これほどに大阪毎日新聞にとっての一大イベントであったことがこの紙面構成からもうかがわれる。

当日は、予選を通過した二〇人が、午前十一時三〇分、当初予定の東遊園地から変更された湊川埋立地[27]をスタートし、コース沿いには多くの観客が詰めかけたことが報道されている。翌日の記事では、選手の集合からスタート、沿道での様子が詳細に記事にされ、ゴール地点の様子は以下のように描写されている。

図７　大会当日の全面広告
（大阪毎日新聞1909年3月21日）

この時西南の空高く一発の号音爆然として轟き渡りぬ、これ先頭第一の競走選手が大和田の通過を報ぜるものなるが、此爆聲を聞くや一度鳴を静めたる見物は再び動きて騎馬巡査及び憲兵の制止を聞ばこそ鯨波を作て呼応しつつ奔りに奔る折しもあれ稗嶋北端の出口に岡山大選手金子長之助氏の颯爽たる姿は雨のごとき歓呼喝采を浴つつ群衆の中を排して現はれ出たり、口口に其名を呼て声援する人々は幾萬箇の眼は期せずして氏の一身に集まれるが、驚くべし氏は二十哩を踏破せる最後の疲労も知らず顔に呼吸も切ず汗さへ出ず、宛然（さながら）虚心平気に一歩一投足秩序整然として駛走し来るさま眞箇に疇昔（いにしえ）の武士の勝て驕らざる姿にも似たるに喝采は更に再び雨の如く降り注ぐ裡（うち）、氏は悠々として群衆に一礼しつ人を拂つて些かの物の影もなき西成大鉄道橋を一気に決勝点に突入したり、時に午後一時四十一分二十七秒、其綽々たる態度は見る者の殆んど凡てをして均しく驚嘆と賞辞を吝まざらしめたり第一着者は既に着せり

（「大阪毎日新聞」一九〇九年三月二二日）

記事にあるように、日本初のマラソン大会の優勝は、岡山から参加した金子長之助だった。優勝者はじめ入賞者たちの表彰式がゴール地点で行われた後、阪神電車が仕立てた「花電車」に彼らは乗車した。

賞品授与式を終るや人雪崩を打て押に押し寄する新淀川の群衆を押分けながら数旒の優勝旗を風に弄ぶらせつ、悠々として淀川停留場に向へる大選手の一隊は今や西よりせる設けの花電車に迎へられて今日を晴れの決勝線を後にせるなり五彩燦として湧かへる歓呼の焦点となりし此阪神電鉄会社が有らん限りの善美を盡したる装飾車の両列には…

（「大阪毎日新聞」一九〇九年三月二二日）

こうして大変な雑踏の中、ゴール地点の淀川停留所から梅田停留所まで花電車の行列があり、梅田終点からは大阪市電に乗り換えて大阪市内をパレードし、午後七時からは大阪ホテルの大広間で祝宴が開かれている。この祝宴には、大会主催者に加え先の三島弥彦も出席しているところからも、彼の特別待遇は明らかである。また、『冒険世界』主筆の押川春浪の出席にも注目すべきであろう。押川は「天狗倶楽部」を主宰し、学校の枠を超えた民間のスポーツ活動の草分け的存在としてスポーツの普及に大きな影響力を持ったとされるが、大阪毎日新聞は、押川をはじめ、三島や早稲田の「野次将軍」とされた吉岡信義など、天狗倶楽部のメンバーを招待しており、このマラソン大会の開催について天狗倶楽部との連携をしていた可能性もある。

さて、優勝者には、「二箇年以内に歐米においてマラソン國際的競走ありたる場合」「これを出場せんとする時は吾社は旅費として金壹千圓を支給すべし」とのことであったが、三年後の一九一二年のアムステルダム大会への出場はかなわなかった。ちなみに、優勝した金子長之助は、二七歳で岡山県の在郷軍人会所属で日露戦争に出征した後、農業を営んでいた。この大会の出場選手は決勝進出者二〇人のうち学校関係者が半数を占めたが、優勝者はまたも学生以外から出る結果となった。

このイベントから二三年後の『新聞五十年』では、レース後の模様についての膨大な記事群を次のように要約して記録している。

> 競走終了後、各選手は本社旗で装はれた市電に乗り審判員および本社員らこれに加はり、梅田を發して樂隊入りで市内を行進したので、全市マラソン氣分にひたり百万の子女は沿道に集まり選手の万歳を叫んだ、その夕本山社長は中之島ホテルに審判員、選手、本社員らを招いて盛んな祝宴を開いた、本社では直ちにロンドンの大新聞社に打電したので、忽ち世界に傳へられ、わが運動会の名譽を歐米人の間に輝かしめるとともに、本社の聲價を中外に發揚したのである。(28)

大会翌日の紙面構成や上記の要約からも、「阪神マラソン」が事業として大成功であったことが伺われる。また関係者以外の記憶としても、先の木村毅が少年時代のこのマラソンを記憶している。当日、街に出てみると「いたるところにマラソン競争のポスターがはられ」、「みんなが興奮していた」と当時を回顧している。(29)

さらに、先述の『新聞五十年』では、このマラソンまでのいくつかの事業について、以下のように回顧し、評価している。

新聞紙は多數の民衆を相手とするもので、各階級の實情に通じ、民衆の心理をつかむのが最も必要なことである。そしてこの種の計畫により新聞紙と民衆とが親しく接近するの機會を興へられたので、民衆の動きを察し、各階級の實情を知り、その表裏を察することを得たので、時代の流れが記者の頭に働いて、民衆の實生活にピッタリと合ふ新聞紙を作り、民衆生活の精神的糧としての新聞の使命を果すことを得たのである。(30)

大阪毎日新聞の成功は、以上のようなスポーツイベントを開催し、「民衆の心理」をつかみ、「民衆の実生活にピッタリと」合う新聞紙を作ることで成し遂げられたと総括している。ちなみに、一九三二年刊行の年史ではあるが、これらのイベント群が国家的な「富国強兵」や身体強健な人材を育成したという総括はなされていない。

5 鉄道と映像

さて、この「阪神マラソン」は、堺大浜の長距離競走と大阪御影間の遠泳（第三章第二節参照）との経験を基礎としながら、大阪毎日新聞のスポーツ事業としてさらに新たな段階に入ったと位置づけられよう。ひとつは、会場が鉄道を必要とする郊外の空間にあるのではなく、実際の鉄道の沿線においてスポーツを展開したことである。つまり実際の競技コースが日本初の都市間輸送電鉄として一九〇五（明治三八）年に開業した阪神電鉄の沿線を走り抜けるものとして見事に企画されている。そして、紙面においても沿線各所を写真入りで紹介し、当日の現場での観戦を誘っている。

また、阪神電鉄側も積極的な協力体制をとり、電車を増発するばかりでなく、自ら予選会を開催し、阪神電鉄社員の選手として送り込むほどの力の入れようであった。(31)

さらに、大阪毎日新聞の報道においても、観客の動向に多くの紙面を割いている。その観客は読者であり、また次のイベントの観客でもある。そして、その動向は常に鉄道とセットで報道されることとなる。選手や関係者、そして観客の移動に阪神電鉄が利用され、その勝利者のために「花電車」も用意されている。この電鉄との明確なタイアップは、三年後の一九一二（明治四五）年に開催される日本初の「クロスカントリー」大会で、新たに箕面有馬電軌（現阪急電車）と連携することでさらに活かされることとなる。これについては本章補論に譲りたい。

この時期、明治末期に、鉄道がスポーツを可能とするスペースを確保し、あるいは整備し、人々を運ぶ。そして新聞がそのスポーツ大会を組織し、人々に知らせていていくという関係が明確に誕生したのである。[32]さらに、シヴェルブシュの『鉄道旅行の歴史』[33]を援用すれば、阪神電車の開通と、「阪神マラソン」の開催、そして新聞による報道[34]と、実際に人々が観客として阪神間を移動することによって、「阪神間」という空間とそこでの生活時間が「想像」できるようになっていくのである。

これについては第三章で詳しく考察するが、こうしたイベントの開催によって、阪神間という生活空間やその間にある「郊外」という概念がさらにリアルなものとして認識されるようになっていく。そうした観点からは、新聞社は電鉄会社の郊外開発戦略にスポーツイベントの開催を通して早い時期から貢献していたともいえるだろう。

そして、大阪と神戸という都市を結んだイベントは、大阪毎日新聞だけでなく、神戸側の「神戸又新日報」[35]でも取り上げられている。大会前の予告記事と当日は阪神電鉄による広告、そして翌日にはレース結果が報道されている。このイベントが大阪毎日新聞の他都市への拡大のきっかけの一つとなったと同時に、神戸の新聞にとっても「阪神間」を明確に意識するイベントとなった。

さらに付言すれば、日本初のマラソンとして開催された「阪神マラソン」は、ロンドンオリンピックでマラソンの映像を見た相嶋の体験を参考にして、大阪毎日新聞社から依頼を受けた横田商会（「日活」の前身）によって自動車で撮影され、二三日と二五日に大阪の第二電気館と広島市の寿座で上映された[36]。これについては、武村民郎が「現代のニュース映画のルーツとなった[37]」とするように、この時期にすでに活動写真によるスポーツジャーナリズムが意識されていたとも言える。そして、映像メディアとスポーツの親和性がこの大会で確認されたという点でも、このマラソン大会はメディアスポーツの画期となるものであったと言えるだろう。

おわりに

本章では、明治後期の三つの長距離走に焦点を当てた。一つ目は一九〇一（明治三四）年の時事新報主催の「不忍池長距離競走」、二つ目が同年の大阪毎日新聞による「堺大浜長距離走」、三つ目が一九〇八（明治四二）年の同じく大毎主催の「阪神マラソン」である。

これらの大会については、スポーツ史の観点からは、徐々に長距離競走の競技形式が整備され、また長距離走が中等学校以上で普及していく過程、そして日本における学校体育やスポーツが世界の競技会へと進出していく基礎を築いた時期として位置づけられてきた。

一方、これらの大会が開催された時期は、新聞事業史の観点から見ると、新聞事業がスポーツを発見していく過程であり、言い換えれば、長距離走がメディアスポーツとして発見されていく過程であると言える。それはルールの策定と報道の工夫、そして読者と観客の組織化の過程でもあった。さらに言えば、中等教育、高等教育内部の体育である「競走」を娯楽として報道する段階から、次の段階へ、つまり新聞社自らがその「競走」を見世物、あるいはスペクタクルとして企画開催していく段階に入ったのが、この世紀をまたぐ時期だったと言えるだろう。

また、鉄道史の視点から見れば、郊外にスポーツのスペースを提供することでスポーツ観戦の乗客の存在に気付き、それによって健康な余暇活動の最適地として「郊外」を発見していく過程でもあった。

さらに、本章の文脈に従ってより端的に要約すれば、明治末期、あるいは二〇世紀初頭という時期は、学校スポーツ、メディア（新聞）、鉄道という三者が協力、連携することで、次第にその親和性に気づき、新たなスポーツ文化としてのスポーツイベントを発展させていく時期だったと言えるだろう。

注

（1）「立身出世」とは、「明治維新以降の近代化の過程で、立身出世の思想は、国民の間に急速に広まった。社会のあらゆる分野で意欲的な人材が求められたため、各界の指導者はこうした思想を助長する政策をとったからである。没落士族の子弟や農村の野心的若者が、大臣、大将、博士をめざして都市に集まり、出世競争を展開した。立身出世は、西洋の個人主義の社会における成功（success）とは異なり、個人の栄達だけでなく、家や村など所属する集団の名をあげることをめざしていた」間宏「立身出世」（佐々木毅・鶴見俊輔・富永健一・中村政則・正村公宏・村上陽一郎編集委員『戦後史大辞典　増補新版』三省堂二〇〇五年、九二二頁）。その他、見田宗介「『立身出世主義』の構造――日本近代の価値体系と信念体系――」『現代日本の心情と論理』筑摩書房、一九七一年などを参照。

（2）綿貫慶徳「〈研究ノート〉黎明期の新聞スポーツジャーナリズムに関する予備的考察：大阪毎日新聞に着目して」『上智大学体育』（四四）、二〇一〇年。相撲については、リー・トンプソン「伝統メディアとスポーツ」（黒田勇編『メディアスポーツへの招待』ミネルヴァ書房、二〇一二年所収）

（3）木下秀明『スポーツの近代日本史』杏林書院、一九七〇年、五六～五七頁。山本郁夫『近代陸上競技史』（上・中・下巻）道和書院、一九七四年、一三〇頁

（4）渡辺勇一「明治期におけるスポーツジャーナリズムの一断面――官立山口高等学校長距離競走の報道に着目して――」『広島経済大学創立五十周年記念論文集』下巻、二〇一七年

（5）三上敦史「雑誌『中学世界』にみる独学情報」『愛知教育大学研究報告』五八（教育科学編）、二〇〇九年

（6）『中学世界』第三巻一号（一九〇一年一月号）一〇五頁

（7）水野忠文他『体育史概説――西洋・日本――』杏林書院、一九九四年、二五八頁。木下前掲書（一九七〇年）五六〜五七頁、山本前掲書（一九七四年）二二四〜二三五頁など参照。

（8）山本前掲書（一九七四年）二二六〜二二七頁

（9）松浪稔「日本におけるメディア・スポーツ・イベントの形成過程に関する研究：一九〇一（明治三四）年 時事新報社主催「十二時間の長距離競走」に着目して」『スポーツ史研究』二〇、二〇〇七年、五三頁

（10）毎日新聞百年史刊行委員会『毎日新聞百年史一八七二→一九七二』毎日新聞社、一九七二年、五四六頁。その後の『一三〇年史』（二〇〇三年）においては、そのような記述はない。

（11）当時の新聞記事は、句読点を付けない文体が一般的であったが、本書においては、以下で引用する記事すべてについて、意味を読み取りやすくするために、筆者が句読点を追加している。

（12）「時事新報」一八九九（明治三四）年一一月七日

（13）木下東作は、一八七八（明治一一）年で、旧制第一高校を経て一九〇三年東京帝国大学医科大学を卒業、その後大阪府立高等医学校に赴任、運動生理学者、スポーツ評論家として活動。一九二六年から一九三三年まで、大阪毎日新聞初代運動部長としても活躍した。安井昌孝「木下東作とその周辺」『日本医事新報』No.四一六二、二〇〇四年、五五頁。本書第二章から第四章にも登場する。

（14）『萬朝報』一九〇一年十一月十日、同十一日付

（15）この大会をはじめ、後述する大阪毎日新聞主催の三つの長距離走イベントについては棚田真輔・青木積之介『阪神健脚大競走』（いせだプロセス、一九八八年）に詳細な記載があるが、当時の大阪毎日新聞の記事の転載がほとんどであり、また出典が明確でないものも多く、大会の概要を理解するのには役立つが、本章での参照・引用には用いなかった。

（16）この社告では「健脚會」という語が使われているが、その後は「長距離競走会」とされている。

（17）毎日新聞一三〇年史刊行委員会前掲書（二〇〇二年）上巻、四一七頁

（18）同前四二一頁。筆名「兎耳子」とは「のちの童話作家久留島武彦と思われる」

（19）「南海鉄道」は現在の南海電車であるが、一八八五年設立の「阪堺鉄道」の経営譲渡を一八九八年に受け、この大会を迎えているが、まだ電化されていない。その後も、他の関西の私鉄同様に、様々な合併や経営権の移動が繰り返され、一九四七年に現在の「南海電鉄」が設立されている。詳しくは南海電気鉄道株式会社編『南海電気鉄道百年史』（一九八五年）を参照

のこと。
(20)「阪神電鉄」は一九〇五年五月に大阪神戸間を結んで開業した、日本最初のいわゆる「都市間私鉄」である。詳しくは第三章参照のこと。
(21)木村毅『日本スポーツ文化史』ベースボール・マガジン社、一九七八年、一五六頁
(22)なお、一九〇一年開催の堺大浜の「長距離競走大会」の記事中に「オリンピアの猛者共は…」(『大阪毎日新聞』一九〇一年一二月一六日)という言葉が登場するが、記者が「古代オリンピアの祭典」をイメージしていたのか、この五年前に始まった「近代オリンピック」をイメージしていたのかは不明である。また、どちらにしろ、読者のほとんどが、それが何を意味するかは理解できなかったかもしれない。また、七年後の『東京日日新聞』の記事でも、「オリンピア競技大会」「オリンピック競技会」と用語は統一されていない。
(23)J・ボイコフ(中島由華訳)『オリンピック秘史：百二十年の覇権と利権』早川書房、二〇一八年、五九～六五頁
(24)ロンドン大会を視察した日本人は、相嶋のほか、少なくとも弁護士の岸清一と東京高等師範の永井道明である。(浜田幸絵『〈東京オリンピック〉の誕生』吉川弘文館、二〇一八年、二二頁)。岸は、一九二〇年には嘉納治五郎を継いで、大日本体育協会の会長となる。永井は、スウェーデン体操の導入で有名。ロンドン五輪は滞在中のスウェーデンから視察にでかけた。
(25)野口邦子「明治後期における長距離競走の国際化に関する一考察　大阪毎日新聞の事業に着目して」『東洋大学社会学部紀要』第四二巻一号、二〇〇四年。明治期の長距離競争大会と新聞事業を関連づけて論じた最初の論考と思われる。
(26)今村嘉雄『日本体育史』不昧堂出版、一九七〇年、四四五頁
(27)「大阪毎日新聞」(一九〇九年三月一三日付。東遊園地スタートでは二〇マイルに二マイル余り不足していることが判明し、急遽、出発点を西の湊川埋立地に移動した。
(28)大阪毎日新聞社編『大阪毎日新聞五十年』大阪毎日新聞社、一九三二年、一九七頁
(29)木村前掲書(一九七八年)一五六頁
(30)前掲大阪毎日新聞社編(一九三二年)一九七～一九八頁
(31)「大阪毎日新聞」(一九〇九年三月二〇日付)
(32)松波前掲書(二〇〇七年)は鉄道の役割に触れてはいるが、新聞紙が鉄道によって運ばれることに注目して、鉄道がスタジアムに人を運ぶ役割については触れていない。

(33) W・シヴェルブシュ『鉄道旅行の歴史』法政大学出版局、一九八二年
(34) 主催した大阪毎日新聞だけではなく、確認できるだけでも神戸又新日報も大阪朝日新聞も報道している。
(35)「神戸又新日報」は、一八八四(明治一七)年に神戸で発刊された日刊新聞で、現在、一八八六年から、廃刊となった一九三九(昭和一四)年までその存在が確認されている。(神戸市文書館HP)
(36) 大阪毎日新聞社編前掲書(一九三二年)一九七頁、および毎日新聞社一三〇年史刊行委員会前掲書・上巻(二〇〇二年)四四三頁
(37) 竹村民郎『阪神間モダニズム再考(竹村民郎著作集:二)』三元社、二〇一二年、二五八頁

補論　クロスカントリーと「郊外」開発

1　クロスカントリーの成功と「内陸部」への進出

第一章で述べた大阪毎日新聞による「阪神マラソン大会」の成功は、長距離走を「マラソン」という新しい語で人々に認知させ、ますます観戦スポーツとしての長距離走競技の人気に拍車をかけることとなった。同時に、大阪毎日新聞はスポーツ事業への関与に自信を深めていった。そして、大阪毎日新聞はこの時期様々なスポーツへの関心を示していくが、「阪神マラソン」に続いて、鉄道と連携しながらクロスカントリー大会を一九一二（明治四五）年四月に開催することとなる。南海、阪神に続いて、今回は一九一〇（明治四三）年三月に開業して二年の「箕面有馬電気軌道（以下『箕有電軌』）」（現阪急電車）との連携であった。

そもそも箕有電軌は、先行した阪神電鉄とは異なる経営戦略から出発していた。阪神電鉄が「都市間鉄道」として、まさに大阪と神戸をつなぐ鉄道として、その間の人々の移動と沿線の開発を考えたのに対し、箕有電軌は、その名の通り、大阪と近郊の保養地である有馬温泉をつなごうとしたものであり、当面は箕面と宝塚までの営業として開業したものである。つまりは、郊外の住宅開発、郊外の娯楽施設の建設を前提とした経営戦略をもって開業されたのである。この事情についてはすでに多くの研究がなされているが[1]、沿線を利用してのクロスカントリー大会

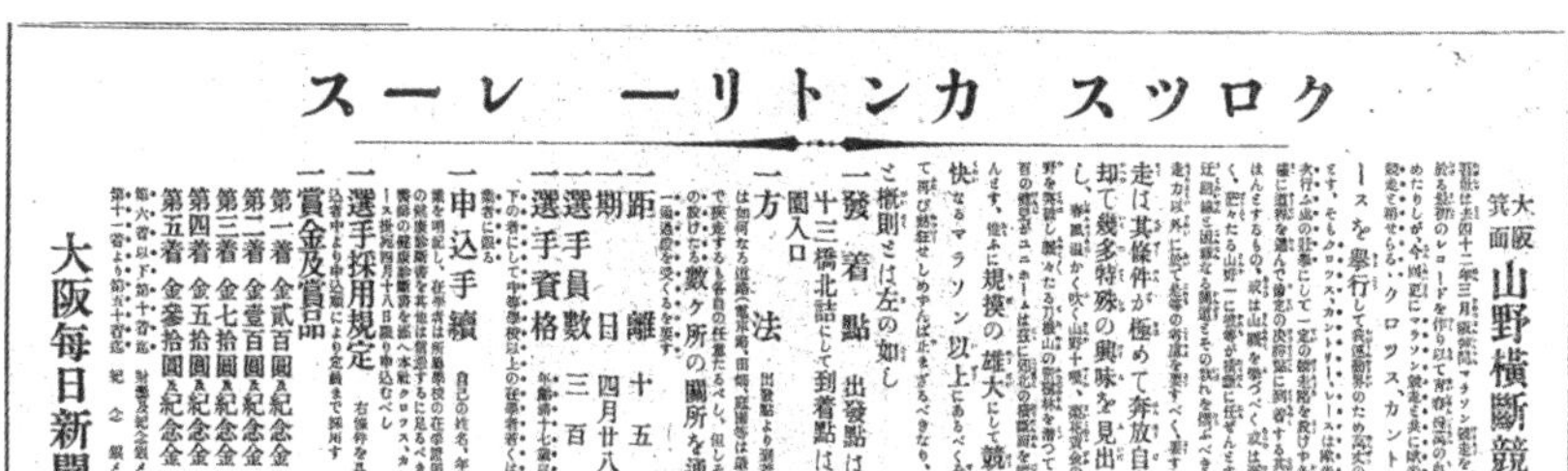

図1　「クロツス　カントリー　レース」社告
（「大阪毎日新聞」1912年4月1日）

は、それ自体が郊外を売り物にするイベントであり、箕有電軌にとっては郊外開発の宣伝にうってつけの連携イベントであったといえよう。

大阪毎日新聞は、クロスカントリーを企画したために箕有電軌と連携したのか、田園地帯から丘陵にかけて走る箕有電軌であったからこそ「クロスカントリー」を発想したのか、その発想順は明らかではない。しかし、大阪毎日新聞の事業として、大阪における新たな鉄道として箕有電軌との初めての共同事業がクロスカントリー大会の開催であったことは興味深い。

阪神マラソンの成功に自信をつけた大阪毎日新聞は、一九一二（明治四五）年四月二八日の大会開催に向けて、図1のような社告を三月二三日と四月一日に掲載している。

阪神マラソンから三年を経て、この開催趣旨には第一章でふれたような国家的な観点からの意味付けはなく、ただ「我運動界のために万丈の気を吐かんとす」と、スポーツ界への貢献だけを謳っている。ここに至っては、純粋に新聞によるスポーツ事業への自信の表れとみることもできる。さらに、この大会では、参加資格を「中等学校以上の在学者もしくは高等小学卒業者に限る」として、学校の生徒、学生たちへの参加を呼び掛けている点でも自信を見せている。三年前の「阪神マラソン」では、「職業人」の出場に対し遠慮がちに不参加を要請していたのに対して、大阪毎日新聞の「アマチュア」限定の方針は明確になっていた。

この時期、各教育機関でも長距離走、運動会(2)が盛り上がりを見せており、学校関係者以外での関心も高まっていた。そして何よりも各学校からの応援団も期待できた。この大会までに、学校、学生を対象としたスポーツ事業の方向を明確にしたともいえるだろう。

もともと、国民の体育、鍛錬という理想を掲げ、その理想、理念を先導する教育を受けたエリートたちが国民に模範を示すことが、国家的にもまた新聞事業としても必要であったはずである。ところが、第一章で述べた三つの大会はいずれも、肉体労働を日常とする職業人が優勝するという「番狂わせ」となった。現在からみれば、長距離走というような大部分持久力に依存する競技において、日常的に労働の中である意味での「トレーニング」を積んだ職業人と、科学的専門的なトレーニングが未発達のこの時代の学生たちとでは、学生たちが不利であったことは想像に難くない。この大会の参加資格に関して限定した理由についての明確な資料はないが、こうした状況からすれば、事業の営業面での成功を考えての職業人の排除は難しい選択ではなかっただろう。四月一日付の社告の再掲では、次のように学生の奮起を促している。

▼大阪学生の意氣込　當地の大阪高醫及び高工運動部にては前回のマラソン競走に在阪學生軍が、悉く負衄に終りしを憤激し、今回は是非共雪辱せんとの意氣込み凄じく、目下十數名の選手を選定中にて其他在阪各中學校運動部よりも既に二十餘名の申込あり。或者は早く練習を開始し或者は實地調査に着手するなどその熱心は非常なるものなり。奮へ大阪の學生軍！

（「大阪毎日新聞」一九一二年四月一日）

在阪の学生選手たちが「ことごとく負けてしまったことに憤激して雪辱を期している」との意味だが、実際には主催者の大阪毎日新聞のいら立ちを表現しているとも読める。

さらに、学生への限定は、第一章で述べたように、五輪の「アマチュアリズム」が日本においても明確に影響を及ぼしてきたとみることもできる。そして、前述のように、新聞事業の盛り上がりを考えた結果、学生たちに限定したとすれば、これにより、「スポーツをする学歴エリートスターたち」と「スポーツの観衆としての民衆」の分離がより明確になった、より大きく言い換えれば、この時期、スポーツと人々の間を新聞が媒介することによって、ますます選手と観衆の分離が促進されたと考えることもできよう。

2　大阪毎日新聞と箕有電軌の事業協力

さらに、この大会のもうひとつのアクターである箕有電軌にとっても、新聞の宣伝は大いに期待するところであったろう。箕有電軌は、開業早々に、池田、櫻井で住宅地開発を行い、大阪市内の大気汚染等の環境悪化に対し環境良好で健康な生活を目指す「郊外」の住宅地の開発に熱心に取り組んでいた（詳しくは第三章第一節参照）。そうした中で、この野山を走り抜けるクロスカントリーは、「郊外」という沿線イメージにふさわしいものであり、スポーツのもつ「健康」というイメージとの相乗効果も期待できたであろう。現阪急電車側での資料はないが、大阪毎日新聞の記事には、その連携ぶりがうかがわれる。

> 箕面動物園には終日余興あり電車は二分毎に発車すべし。何時箕面に赴くとも決勝迄時間を消費するに充分なる諸種の見物あれば結局早い者が利益を得べく。且つ箕面行電車は往途に限り途中下車随意なれば関所に赴かる上にも便宜あり。又出発は午後一時とし競走者全部揃はざる定刻に至らば出発すべきにつき、出発点に赴かる人は時間に遅れて空前の壮観を逸するなからんよう、又決勝点に先着の到着する時間は正確に判断する能はざるも、まづ二時十分頃よりなるべしと想像せらる。
>
> （「大阪毎日新聞」一九一二年四月二九日）

さらには当日の広告には箕有電軌の広告（図2）が掲載され、往復割引切符の販売や、観戦に適切な途中の最寄り駅などを示し、大会観覧のための様々な便宜が図られている。このポスターが端的に示しているように、大会においての鉄道との連携は、これまでの経験を越えるものとなった。「阪神マラソン」の観戦では、スタート点かゴール、あるいは沿道の一か所を選択する必要があり、どの地点を観戦ポイント

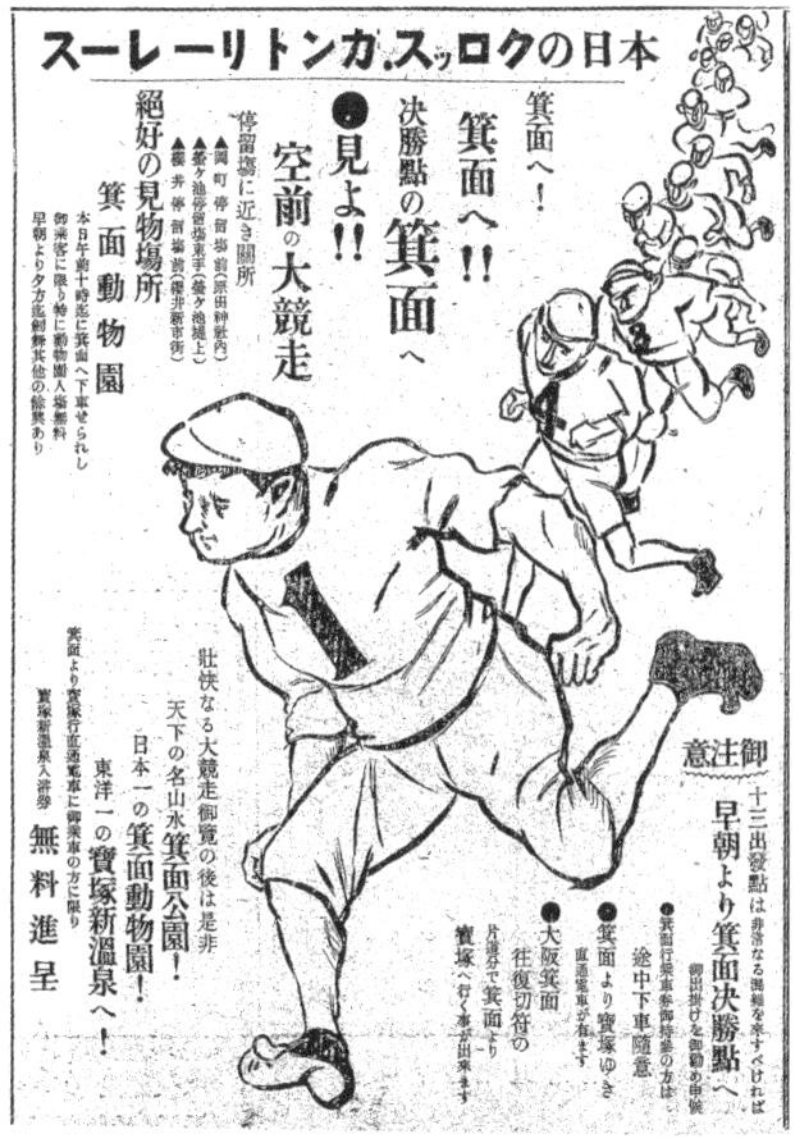

図２　当日の箕有電軌の広告
（「大阪毎日新聞1912年4月29日）

としても、競技の一瞬を見るだけであって、現場での観戦にかける時間と労力に見合う対価が得られるかどうかは難しいものだった。新聞が大々的に報道するほどに膨らんだ期待に対する満足を得られるかといえば、競技者の関係者以外では難しかったといえるだろう。おそらく、そうした事情は現在でも大差ないのかもしれない。

そのようなマラソンや長距離競走観戦の「欠点」を克服する取り組みをこのクロスカントリー大会では行っている。ポスターには、「箕面動物園」が絶好の見物場所であることを示し、途中の見物個所の付近の駅名も示し、チケットは往復割引とともに、途中下車も随時可能とした。さらに、観戦後の箕面から宝塚までも割引で、「東洋一の宝塚新温泉」へと誘導している。こうして、クロスカントリー観戦を休日一日の娯楽の中心として位置づけるとともに、郊外に出かける娯楽のスケジュール化を新聞と鉄道が協力して行っているのである。

スタート係を担当した当時京大漕艇部の大国寿吉の回顧を見ても、当日は、スタート地点の十三でスタートを見物した後、箕面方面へ殺到する観客の様子が描かれている。

　私共は特別電車で決勝点の箕面まで先行した。群衆はと見れば吾れ先きに電車に飛び乗らんとして窓から飛び込む者もあり翌日の新聞種となつたが、今日此頃では珍らしくもなく、窓ガラスを破る者も出来た位、道義地に堕ちたる哉、噫!!

扨競走の結果は愛知一中の三年生田舎片善次少年が第一着、後年大毎の臺北支局長となつた井上輝二君が第二着であつた。(3)

さて、大会は、連日の特集記事の掲載という前宣伝が功を奏して大いに盛り上がり、大観衆が沿道、とりわけゴール地点の箕面動物園付近にあふれかえった。そして、この時期、熱心に長距離走を進め、大挙選手団を送り込んだ愛知一中（現旭丘高校）の田舎片善次が優勝した。

優勝者はじめ入賞者は、当日の夕刻大阪梅田の停留所から花自動車で大阪市内をパレードし、大阪ホテルで盛大な祝宴を上げている。その様子が翌日また大きく報道されている。これも「阪神マラソン」での経験を生かした演出であった。

この祝賀会でも、大阪府知事の祝辞で、「大毎の今回の計画が体育上甚だ大きい利益があることを強調し、箕面電鉄会社の設備が整っていることを称し、走者の勇壮な行動によって大阪住民の多数を郊外に誘い一日の愉快を味あわせてくれたことを感謝した(4)」と大毎と箕有電軌の功績が称えられ、さらに、当時、箕有電軌の専務であった小林一三が挨拶をしている。

3　豊中運動場の完成

クロスカントリーの成功の翌年、一九一三（大正二）年五月に箕有電軌が豊中運動場を建設する。これについても阪急側の詳しい資料は発見できていないが、前年のクロスカントリーの成功を見ても、郊外開発、遊園地などの中にスポーツ施設も考えられるようになったのだろう。豊中運動場は、一九〇九年四月に京浜鉄道によって建設された羽田運動場に次いで、鉄道が建設した二番目の観客席付きのスポーツ施設である。さらに、場所を提供した豊中市の視点からは次のような記述がある。

大正二年（一九一三）には豊中住宅地の一画に「豊中運動場」が完成し、早速、大阪毎日新聞社主催の日本オリンピック大会が三日間にわたって開催されたが、それに先立ち豊中停留場を同年一〇月一日に新設、次いで翌大正三年（一九一四）八月一〇日には運動場と隣接する豊中住宅地の分譲が開始されている。この住宅地は豊中停留場と軌道路線に接して、その西側にひろがる比較的平坦な地形であり、その線路位置からみて小林一三が適地とみた場所の一つであったろう。(5)

箕有電軌にとって豊中運動場の建設は、単にスポーツ関係の乗客を増やすだけではなく、その後の宅地開発とセットになったものだった。そして、上記のように、豊中運動場で同年秋に大阪毎日新聞主催の「第一回日本オリンピック大会」が開催される。(6)さらに、一九一五（大正四）年八月には、今度は大阪朝日新聞が「全国中等学校優勝野球大会」をこの「豊中球場」で二年の開催の後、増える観客に対応するため、一九一七年に競馬場から急遽造り替えられた兵庫県の鳴尾球場に移転する。因みにこの後、箕有電軌（一九二〇年には「阪神急行」と改称）は一九二二年宝塚球場を建設し、一九二九年まで大毎野球団と阪急宝塚との定期戦が行われていた。

前記の「日本オリンピック大会」については、大阪毎日新聞にとっては、一九一二（明治四五）年にストックホルムオリンピックに選手を送ることができなかった悔しさと失地回復を狙っての貴重な機会であったと思われる。社告にはその意気込みが表明されている。この大会には、関西圏の小中学校から選手が参加したほか、前年にストックホルム五輪に派遣された金栗四三も参加したが成績は全く振るわなかった。そして、この大会は翌年も開催されるが、大阪毎日新聞は国際大会としては「極東競技大会」に力を入れていく。

さらに、「全国中等学校優勝野球大会」の前々年には、この豊中球場で、美津濃商店が「関西学生連合野球大会」を開催している。この大会は、野球好きで、また野球用品を販売していた美津濃商店の水野利八店主が大阪毎日新聞に持ち込んだが、大阪毎日新聞の協力は得られず、単独で主催し開催したものだという。関西圏の中学や天狗倶楽部などいくつかの社会人クラブが参加しているが、トーナメント形式ではなく、参加各チームが組合せを変えて対抗戦的に対戦している。

この大会の意義は、一つには、中等学校以上で行われていた対抗戦に対して、さらに広く、多くのチームと対戦したいという情熱が各学校に存在することが明確になったことである。もう一つは、そうした情熱を実現する大会を開催可能にする「スタジアム」が完成したことで、多数のチームが参加する大会が実現したことである。つまり、これまで、各学校のグランドを使用することしかできないので、結果として対抗戦が行われてきたが、独立した野球場が完成したことによって、複数の野球チームが集まる大会が可能となったのである。

大阪朝日新聞が中等学校野球大会を主催するにあたってどのような思惑があったかは別稿に譲るとして、豊中運動場の建設と美津濃によるこの大会の開催が、大阪朝日新聞にとってのヒントあるいは刺激となったことは間違いないだろう。

以下、関西における他の電鉄の郊外のスポーツスペースの開発について、簡単に振り返っておきたい。

4　京阪グランドについて

一九一〇（明治四三）年、京阪電鉄も大阪天満橋と京都五条の間で営業を開始した。先行した阪神電鉄と同様に二大都市間を結ぶ都市間鉄道として、郊外の沿線開発や事業を計画し、スポーツについても寝屋川停留所付近に「大運動場」の建設を計画し、一九二二（大正一一）年四月に「京阪グランド」として竣工した(7)。

この事業においても、大阪朝日新聞と大阪毎日新聞が深くかかわっている。京阪電鉄の社史には繰り返し、そのことが記載されているが、元は「五〇年史」において証言した関口貞雄氏の証言をもとにしている。

この運動場建設については、大阪朝日新聞運動部が大変協力されて、設計のほとんどは、後に同社運動部長になられた東口真平氏の手を煩わした次第であった。設計内容の概要はフィールドのほか四〇〇米のトラック・一〇〇米の直線コース・二〇〇米のセパレートコースなどで、トタン屋根ではあるが観覧席スタンドも設けられていた。

運動場が完成すると、全国唯一の陸上競技場ができたというので、開場の翌日さっそく大阪朝日新聞社主催第三回東西対抗競技大会関西予選が行われた。翌月には全国青年団対抗リレー大会が開催（以後毎年開催）された。それは一名「リレーカーニバル」とも呼ばれ、四〇〇米・八〇〇米・一六〇〇米・三二〇〇米・メドレーリレー・スエーデンリレーという「リレー」ばかりの大会で異彩あるものであった。これに引きつづいて、大阪府下中学校、大学定期競技大会などの毎年定例の大会がすべてここに集まってきたほか、学生やOBの練習場、サッカー・ラグビーの試合にまで利用され、陸上競技の記録更新などに寄与するところが大きかったので、全国的にも有名な競技場となった。

会社は、さらに同年秋、それに隣接して野球場と庭球コートとの建設を完成して、京阪間のスポーツセンター的な内容を備えることになり、早稲田や慶応のグラウンドを視察したりして実施計画をたてた。野球場が完成してみるとこれは鳴尾球場よりはるかに立派であるので関係者を驚かしたものである。明治大学と関西大学との定期戦がさっそくここで行われ、一三年には、朝日新聞社主催の第一〇回全国中等学校優勝野球大会の大阪予選大会が開催されることになった(8)。

以上のように運動場の設計には大阪朝日の東口真平が直接かかわり、その関係もあり、大阪朝日新聞主催のスポーツイベントが開催されている。阪神電鉄の「鳴尾球場」との比較もあり、電鉄間の競争意識がここでもうかがわれるが、一九二四年の甲子園球場の完成がまた状況を変えることとなった。以下のように、大阪毎日新聞は、こちらの球場で「選抜野球」を常時開催する計画を立てていたという。

大正一三年の八月一日、阪神電鉄の甲子園球場が開設されて、その豪華さは、関係者に目をみはらすところとなったが、それに刺戟されたのか、会社内にも、寝屋川球場の本格的整備についての計画が持ちあがり、この話は毎日新聞社の方へ持ちこまれた。

それは、毎日新聞社では、大正一三年から全国選抜中等学校野球大会を開催しはじめたときであったので、会社としては、少なくともその大会を寝屋川球場へよぶ腹もあったことが大きな理由であった。ところが、毎日新聞の方でも非常な乗り気で、大いに協力しようということになった。この前後、新京阪鉄道の京都地下線を請負うことに決まった大林組で、地下鉄技術を研究のために同社の技術者をアメリカへ派遣することがわかったので、新京阪鉄道とは異体同心の関係にある会社は、その大林組の技師にアメリカの球場施設の調査を依頼した。

その技師が帰朝して、ヤンキースタディアムその他の球場の写真と資料とを渡されたので、私はそれを参考に毎日新聞社とも協議し、設計図を作り、久富運輸課長と就任直後の太田社長に見せると、大賛成で、いよいよ太田社長と毎日新聞幹部との正式会談ということになって、会社からは、太田社長・久富課長と私、毎日側は高石真五郎・奥村伸太郎の両氏とが毎日新聞の本社で会見した。その席上でも両者の意見は一致し、球場完成に協力し、完成の暁には、選抜野球は寝屋川球場で開催するほか、体育学校のようなものを寝屋川に建設して、全国学校の体育指導者は、必ずここで所定の科目を履修せねば、その資格を与えられないということにしようとまでの計画が話しあわれた。

ところが、久富運輸課長の足もとからこの快報の横槍がはいった。というのは、「選抜野球の開催は春だから、春の京阪電車は遊覧客の輸送だけで手一杯なのに、これ以上に野球の客を運ぶとなると車両を新造せぬかぎり、責任ある輸送はできない」と運輸畑からの申入れがあったからである。

それは、しかし、もっともな理屈なので、太田社長は、球場整備案と車両建造案とをあわせて役員会にはかられたところ、経費の点で、とくに非常勤役員の反対が強く、といって球場の整備だけでは輸送に困るので、まことに残念ながらこの提案は全部見送られることにきまった。(9)

5　現近鉄の郊外運動場

現在の近畿日本鉄道（近鉄）は、大阪東部から、奈良にいたる地域に開業した鉄道のいくつかが合併して現在の姿になっている。京阪神という三都市をつなぐ私鉄とは異なり、郊外の開発は円滑に進んだわけではなかった。ただ、その中でも、当時の吉野鉄道は、一九二六（大正一五）年五月に奈良県の山間部現吉野町の吉野川（紀の川）の中州に、「美吉野運動競技場」を建設した。日本陸上競技連盟公認の陸上競技場で、四〇〇メートルトラックとスタンドを持ち、トラックの他には相撲場、硬式野球場、二面のテニスコートがあり、後に花園ラグビー場の設計に携わる中尾保が設計にあたった。そして、開場に合せて、第三回「日本女子オリンピック」が開催された。(10)

また社史によれば、藤井寺球場については、一九二五年、大阪鉄道（大鉄、現：近畿日本鉄道）が造園学者の大屋霊城に依頼し、郊外の沿線である藤井寺に住宅地や自然体験学習のための花卉園や果樹園を備えた「藤井寺教材園」、相撲場などのスポーツ施設を備えた「藤井寺経営地」の計画を立案した。一九二三年に阪神電気鉄道が建設した阪神甲子園球場が全国中等学校野球大会の舞台として人気を博していたことから、この経営地に野球場を建設することとしたという。一九二七（昭和二）年一一月に着工し、一九二八年五月に完成した。当時の敷地面積は甲子園球場をしのぐ五九・〇〇〇平方メートルとされる。大鉄傘が備えられた内野席と、芝生の外野席を合わせた収容人員は七万人とされる。

時代は少し下ることになるが、一九二九年一一月に当時の大軌が、現在の東大阪市の競馬場跡地に「大軌花園ラグビー運動場」を開設した。同地でのラグビー場建設はラグビー愛好家でもあった秩父宮雍仁親王の強い意向があったとされる[11]。

近鉄の開発、開設したスポーツ施設は、現在では花園ラグビー場しか残っていない。その花園も二〇一五年には近鉄の手を離れ、東大阪市所有となっている。

図３　建設当時の花園ラグビー場（1929年）

６　南海電鉄

南海電鉄については、序章と第一章で触れたように、堺大浜での長距離走、浜寺の海水浴場をはじめ、当時の相撲人気から大きな観覧席を持つ相撲場の開設など、早い時期から大阪毎日新聞と組んでスポーツ施設を展開してきたが、その後のスポーツに関わる郊外開発という点では、戦前においては大きな成果を見せてはいない。

一九三五年、開通五〇周年記念事業の一環として、泉北郡百舌鳥村大字東、高野線中百舌鳥駅付近の社有地（約一八〇・〇〇〇平方メートル）に「中百舌鳥総合運動場」を建設した。まず、一九三五年テニスコートを建設したのち、一九三九年八月に野球場が完成した。その後も陸上競技場、相撲場、球技場、卓球場、体育館、クラブハウスなどが建設され、特に陸上競技場は当時、大阪府下で唯一の第一種公認競技場だった[12]。

野球場は職業野球団「南海軍」の本拠地となり、戦前は公式戦も行われたが、大阪都心から遠く、公式戦にはほとんど使用されなかった。

戦後、一九四八年に難波駅横に大阪球場を建設、他の電鉄とは違う動きをして、戦後しばらくは南海ホークスを抱え、一九六〇年代には都心の野球場として活況を呈した。

注

(1) 詳しくは第三章第一節参照のこと。
(2) 各学校主催の陸上競技大会を「運動会」と称した。
(3) 大国寿吉『スポーツ生活半世紀』一九四八年、八七頁。大国の回顧の「今日此頃」とは、第二次大戦終戦直後の一九四八年であり、その時の混乱とも似た群衆の混乱を表現していて、大会の観衆の多さを物語っている。
(4) 「大阪毎日新聞」一九一二年四月二〇日付
(5) 豊中市史編さん委員会豊中市史編さん委員会『新修　豊中市史　第九巻　集落・都市』豊中市、一九九八年、二一五頁
(6) 豊中グランドの建設には、木下東作や西尾守一が「大いに尽力した」との記述がある。大阪毎日新聞社編『大阪毎日新聞五十年史』一九三二年、三九九頁
(7) 『京阪百年史』京阪電気鉄道、二〇一〇年、一二八頁
(8) 同前一二九〜一三〇頁
(9) 『鉄路五十年』京阪電気鉄道、一九六〇年、一六三〜一六四頁
(10) 『近畿日本鉄道一〇〇年のあゆみ』近畿日本鉄道、二〇一〇年、一二七頁
(11) 同前九六〜九七頁
(12) 『南海鉄道発達史』南海鉄道株式会社、一九三八年、四〇六〜四〇七頁

第二章　二つのオリンピックのはざまで

——大阪毎日新聞と極東オリンピックを中心に——

はじめに

東洋オリムピック大会と称する国際競技は来二月マニラに開かるるものを以つてその嚆矢とす。常に体育の奨励を以つて自ら任ぜる我社は座視して此好機を逸すべからず。乃ち我社は我社特選の二名の選手を派遣して此大会に参加せしめ絶東帝国男児の為に聊か気をはかしめんとすなり。

大阪毎日新聞は一九一三（大正二）年一月二日に「我社の新計画」として、右のような記事を掲載する。第一章では、大阪毎日新聞が、はじめは南海鉄道、そして次に阪神電鉄と連携することで長距離競走、マラソンを新聞事業として確立していく経過を明らかにした。

本章では、当時、大阪毎日新聞が「発見」した「オリンピック」に、大阪毎日新聞がどのように関わろうとしていたのか、そして、それが大阪毎日新聞の意図とは別の方向に展開した過程を明らかにしたい。当時、「オリンピック」とは何かについて知る人は、日本はもとより欧米においてもほとんどいなかったし、また、その名称が現在のように「商標登録」されていたわけでもなかった。ただ、一九一二年のオリンピック初参加の後は、少なくとも新聞の言説空間には、次第に様々な「オリンピック」が展開されるようになる。おそらく、「オリンピック」とは現在に続く固有の競技大会名という意味合いではなく、新しい時代のスポーツイベント、なにか国際的なスポーツイベントには「オリンピック」と名付けたい、そのようなムードがあったようである。

さらに、大阪毎日新聞の長距離走における「主導権」は、大正期に入るとスポーツ文化の拡大とともに変化していく。大阪毎日新聞が紹介し促進したマラソン事業、そして国際大会への参加は、様々なアクター、とりわけ国家組織に近い東京のアクターが参加することで次第に単線的な展開ではなくなってくる。その典型が一九一二年のストックホルムオリンピック参加である。さらに、大阪毎日新聞が積極的にかかわることとなった前記「東洋オリンピック」も、同様に東京ないし全国的な観点から紆余曲折をたどることになる。ただ、大阪の「民間」対東京の「国家」といった二項対立的な図式だったわけではない。スポーツが学校から社会にあふれ出していく中、高等教育を受けた「エリート」層が学校を超えてスポーツ愛好団体を作り、さらに宗教的な情熱もまた、この流れに加わることになる。

本章では、大阪毎日新聞に焦点を当てながら、彼らが推進したスポーツ事業が、上記のような外的要因によってどのようにインパクトを受けつつ展開されていったのか、そして、大阪毎日新聞にとっての国際大会への関与の一つの到達点となった、一九二三年の極東競技大会（大阪開催）の特徴と開催までの経過を明らかにしていきたい。

第一節　クロスカントリーから極東（東洋）オリンピックへ

1　ストックホルムオリンピック参加

先の大阪毎日新聞が箕有電軌と連携して一九一二年四月に開催した日本初の「クロスカントリー」大会（第一章補論参照）は、日本が初出場することになるストックホルムオリンピックの三か月前の開催であり、東京ではストックホルム大会への参加選手もすでに決まっていた。その経過を振り返っておきたい。まず、日本のオリンピック参加を主導する嘉納治五郎は、すでにロンドン大会の翌年の一九〇九（明治四二）年には国際五輪委員会（ＩＯＣ）委員となっている。そして、翌年ＩＯＣとスウェーデンからストックホルム大会への参加勧誘があり、嘉納は参加を決断したという[1]。そして、オリンピックへの参加母体となるべく大日本体育協会（以下「体協」）が一九一一（明治四四）年七月に結成され、その出場者を選抜する「国際オリンピック大会選手予選会」が東京羽田グランドで一一月に開催された。そしてマラソンでは金栗四三が当時の世界最高をはるかにしのぐ「好記録」を出していた。そして、翌一九一二年の二月になって、金栗と短距離の三島弥彦が最終的に選手として決定した[2]。

第一章で述べたように、マラソンを奨励し、オリンピックへの参加を「唱道」してきた大阪毎日新聞が日本のオリンピック参加に主導的に関われたとは言えないが、大阪毎日新聞はオリンピックを無視したわけではない。右記予選会当日も二面を使ってオリンピック特集を組み、嘉納治五郎や永井道明が寄稿しているし、予選会自体にも愛知一中の古橋楢三郎選手を大阪毎日推薦の選手として送り込み、三島弥彦との戦いを大きく報道している。また東京日日が金栗に銀杯を授与したのに対し、大阪毎日も三島に銀杯を授与している。ただ当時のスポーツ団体の全国の組織状況、さらに東京と大阪間の移動手段、通信状況、こうした点からは大阪毎日新聞がその中心として関われなかったことに忸怩たる思いがあったに違いない。

そして、一九一二〔明治四五〕年七月に開催されたストックホルムオリンピックには大阪毎日新聞は記者を派遣し(3)、ライバルの朝日新聞よりも詳しい記事を掲載している。その点からすれば、オリンピックとマラソンを唱道してきた大阪毎日新聞は、自社主導でのオリンピック参加はならなかったものの、国際大会派遣と報道の情熱という点では変わらなかったものと思われる。そして、「オリンピック」という名称への執着は、一九一四〔大正三〕年に豊中運動場で開始された「日本オリンピック大会」にも表れている。この大会は、一九一七年「日比オリンピック」を挟んで、一九二三年の第六回まで開催されている。また、一九二四年には大阪で初の「女子オリンピック」も主催している。

改めて確認しておきたいが、この時期、近代オリンピック大会は、五回目となった前回のロンドン大会で国別の入場が開始されるなど次第に国家対抗の様相を呈してきたが、それでも、選手の選抜や派遣について、明確に国家的組織が統括するという考えはなかった。もちろん、現在に至るまで、IOC及び各国の国内委員会は、国家的機関、政府機関ではないことを建前として運営されているのだが。当時、オリンピックは国際的スポーツ競技会として確立されたものでもなかった。つまり、選手の派遣、参加についての手続きも現在のように自明のものではなかったのである。その時代に、大阪毎日新聞はオリンピックを紹介し、またそこへの選手の派遣に情熱を傾けていたのだが、次第に手続きの整備を経て、国家的組織である体協が前面に出て、大阪毎日新聞は次第に後景に退いていくことになる。

2　極東競技大会への注目

前記クロスカントリー大会は、東京でのそうした動きがあるなかで企画され、そして開催された。そして、優勝者の田舎片善次は目前に迫っていたストックホルム大会に選ばれるはずもなく、前章で述べた一九〇九年の「阪神マラソン」予選会の優勝者である井上輝二とともに、もうひとつの「オリンピック」

に出場することになる。本章冒頭の一九一三年一月二日の「わが社の新計画」に続いて、一月七日には二人の派遣を発表し、両選手が神戸港から出発したことを報じている。井上輝二は毎日新聞社員として派遣されている。

来る二月一日より馬尼刺カーニバル祭において挙行さるべき東洋オリムピック大会は東洋空前の大競技会にして之に参加すべき在東洋各国人実に十五ケ国を超え盛況殆んど比なからんとす。是れを以つて吾社は日本運動界のために万丈の気を吐くべく競走界の勇者を選抜して派遣せんことを計画せるがいよいよ右選手は……

（後略）

（「大阪毎日新聞一九一三年一月七日」）

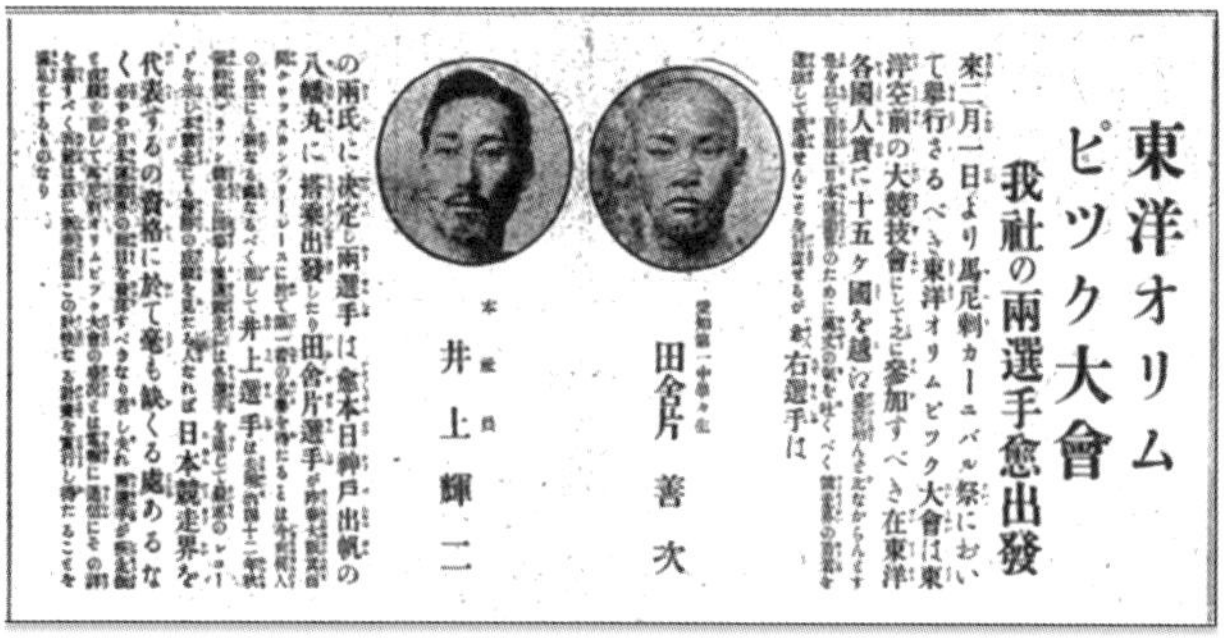
東洋オリムピック大會
我社の兩選手愈出發
田舎片善次
井上輝二

図１　東洋オリンピック大会への出発
（「大阪毎日新聞1913年1月7日）

こうして、大阪毎日新聞は、この「東洋オリンピック」の模様をマニラから詳しく伝えることとなる。下記の記事は、早稲田大学で野球部に所属し、スポーツ関係の記事を書くことを前提として一九一一（明治四四）年六月大阪毎日新聞に入った西尾守一[4]によるもので、これ以降、西尾は「極東競技大会」に深くかかわることになる。現地からの記事では「オリムピック」が強調されている。

馬尼刺に於ける吾社派遣選手　両選手共元氣旺盛也

今回當地にて挙行の東洋オリムピック大會に出場すべき大阪毎日新聞社派遣の田舎片、井上両選手は去る十七日無事到着せり。両選手は意氣頗る旺盛にして當地在留民の歓迎を受けたるが、日本より長距離競走の二大選手を送られたることはオリムピック大會の大に満足し居る處にして、これがため更に人氣一層引立ちたる観あり。両選手は昨今漸く氣候にも馴れたれば日々練習に怠りなきが成績頗る良好にて在留民一同多大の希望を寄せ居れり。又明治大學の野球選手一行は二十三日無事到着同じく非常の歓迎を受けたり。日本選手はこれにて悉皆到着済みとなれるが、志那(ママ)人選手四十名は本月末渡來の筈にて、兎に角今回の大會は出場選手意外に多ければ空前の盛況を呈するならんと期待せらる。

（「大阪毎日新聞」一九一三年二月七日付）

最後の文章にこの大会に対する大阪毎日の大きな期待が表れている。この後も、陸上競技における田舎片選手の活躍、さらに野球競技に送り込まれた明治大学野球部の活躍が報じられる。

そして、井上輝二選手は毎日新聞社員として、帰国後の二月二四日に体験記的な特集記事を書いている。まずは大会開会式の模様、それに続いて、「五哩マラソン」における田舎片選手の優勝と自身の二位の模様を詳しく書いているが、記事内でもストックホルム五輪への派遣選手に触れるなど、ヨーロッパにおける「オリンピック」と東洋における「オリンピック」という位置づけを強調しているように思われる。

東洋オリンピック大会（一）馬尼刺にて　井上選手

各国選手入場式　東洋オリンピック競技会に参加すべき各国選手の入場式は一月三十一日午後四時カーニバル祭場内グラウンドに於て開催せられた。先登には中華民国の五色の旗が卅六名の同国選手に護衛せられて吹き渡る涼風に翻り続いて日本選手十六名は赫耀たる日章旗を押し立てて荘厳に場を練つた。殊に我等大阪毎日選手のユニホームの旭日章は群衆の視線を集めた。此時我等の胸にはストックホルムで応援者の少数に萬人の同情と声援を博した三嶋、金栗両選手の心中を推量して言知れぬ凄愴感に打れた、選手の行進に伴はれて嚠喨たる軍楽隊の音楽が奏せられ、場を囲んだ土人の群衆からは拍手急霰の如く起つた場の一週を終つて司会者の前に列を正すと比島総督カメロン、ホーベス氏は荘重なる態度と流暢なる句調を以て東洋オリンピック競技会に対する希望及び各国選手の健康を祝する旨を述べ最後に音声を張り揚げ各方面に亘つて勝利の栄冠を戴きつゝ、ある日本国の選手の参列を衷心より歓ぶと演説した。二萬の群衆は之に和して歓呼の声は廣き場内も破れん許りであつた。五時三十分可憐なる馬尼剌小学校生徒の唱歌と快活なる体操の終結を告ぐると共に式は閉ぢられた。（後略）

（「大阪毎日新聞」一九一三年二月二四日付）

右記の井上の記事がおそらく、国際スポーツ大会における選手自身による初めての新聞記事といえるだろう。因みに、このように派遣選手自身が記者となって取材報道するという大阪毎日新聞の生み出したこの形式は、一九二八年のアムステルダムオリンピックにおける人見絹枝他に受け継がれる。

以上の経過からは、大阪毎日新聞と国際スポーツのかかわりについて、次のような仮説を立てることができる。設立間もない体協は、東京主導で三島弥彦と金栗四三をストックホルム大会に出場させた。ただそれ以前から大阪でマラソンの強化とオリンピック参加を訴え、長距離イベントを開催してきた大阪毎日にとっては、その主導権を奪われたものと映ったかもしれない。そして、この「東洋オリンピック」への参加は、これまでの毎日新聞の努力を少しでも社会に訴える機会であったことは想像に難くない。偶然であるが、大会会期中の二月八日付で「大毎選手出発」として田舎片、井上両選手が帰国の途に就いたとの記事の隣に、ストックホルム五輪出場の後、欧州のスポーツ事情を視察していた三島弥彦の帰国と報告会の模様が掲載されている。

少なくとも、体育関係者や新聞社の中で、以上のようにスポーツの国際大会への参加機運が高まる中、大阪毎日新聞はこれまでの取り組みに改めて自信を深め、国際大会としての「極東オリンピック」への情熱を高めていくことになった。

第二節　極東オリンピックと大阪毎日新聞

1　極東競技大会（「東洋オリンピック大会」）

そもそも「極東競技大会（極東オリンピック）」とは何なのだろうか。この競技大会はフィリピンに本拠を置いた極東体育協会が主催し、米YMCAからフィリピンに派遣されたエルウッド・S・ブラウンの提唱とされる。これについては、S・ヒューブナーの『スポーツがつくったアジア』（二〇一七）にその開催理念が分析されている。

彼によれば、アメリカのプロテスタント的な男性観、人間観、そして文明観のもとに、スポーツを通してアジアを文明化する営みの過程として一連の極東大会が組織され開催されたことになる。言い換えれば、YMCAに代表される米国のヘゲモニーが東アジアのスポーツ文化に貫徹する過程としてとらえられるが、そこには、アジア的なものからのスポーツ、文明のとらえ直し、葛藤があったとする。彼の研究は、従来の日本の体育史、スポーツ史の展望を超えるものであり、彼の研究以前に、極東大会をアメリカおよび西洋によるアジアの近代化、キリスト教の布教というイデオロギー的観点から考察したものはなかった。本章では、彼の分析にしたがった極東大会論を詳しく論じる余裕はないが、日本における近代化、さらに二〇世紀初頭のメディアとスポーツという本研究の枠組みは、ヒューブナーの研究とは決して遠いものではないことは確認しておきたい。

さて、これまでの極東大会についての記述にしたがえば、日本スポーツの国際化の一つ、オリンピックへ至る前段階としてとらえられてきたが、一九三四年まで続いたこの大会の研究は極めて少ない。一九一三（大正二）年の第一回への参加経過については不明な点が多いが、フィリピンからの勧誘に対して日本は積極的ではなく、体協の協力は得られず、結果として前述のように野球については明治大学野球部を派遣、陸上は二名のみが大阪毎日新聞によって派遣されるにとどまった。

その原因について、ヒューブナーは、体協会長の嘉納治五郎の無関心を上げている。嘉納が関心を持たなかった理由として挙げられるのは、①彼と他のIOCメンバーが「オリンピック」の呼称はオリンピックだけに確保されるべきだと考えた、②日本はすでにオリンピック大会に参加したので地域限定の組織を新たに設立する理由はない、③中国やフィリピンなど（他の）アジア諸国とは対照的に、オリンピックムーブメントにおける日本の役割がもたらした優越感、④アメリカ人によって作成された規則、⑤大きな財政的困難、⑥YMCAのようなキリスト教組織の役割に関する疑念、⑦バレーボールやバスケットボールのような団体競技の採用、とヒューブナーは考察している[5]。

また、遊津孟は、嘉納がアジア体育協会に加盟しなかった理由を次のように回顧している。

加盟しなかった理由として当時の嘉納会長が指摘された点は、一つはアジア大会とはいえアメリカ人で当時フィリピンにいた人が形成したものである。二つには種目もアメリカ人式である。三つには国際オリンピックというのがあるのに東洋オリンピックという名称を使用している。東洋と称しながら日本にその設立の相談なく、会の規約などができあがってから日本に参加を勧めている。大会に入場料を徴収して旅費を支払ったなどの数点をもってあきたらず、とされていた[6]。

さらに、ヒューブナーの著作を翻訳した高嶋は、体協が消極的であった理由を、極東大会とはいえアメリカ指導であったことと、アジアの盟主たることに目覚め始めていた日本の「反感と優越感」[7]にあったと指摘している。これらの記述を総合すれば、アメリカ人のそれもＹＭＣＡ主導でフィリピンを中心としており、オリンピックを見据えた「大国」日本に相談がなかったことが嘉納治五郎の不興を買ったということであろう。

2　極東オリンピックへのまなざし

その後、一九一五（大正四）年 第二回では「オリンピック」という名称は現地では使用されず、「極東競技大会」[8]として上海で開催され、日本は一一名の選手を派遣した。そして、一九一七年 第三回は東京芝浦で開催され、これが日本初の国際スポーツ大会として位置づけられる。この大会は、第一次大戦により中止になったオリンピックへの参加の代替としても、体協は極東競技大会に否定的な態度を改め、大会主催に積極的とはいえないまでも取り組んだ。その後、一九一九年第四回マニラ大会については、東京の体協は再び消極的な態度に戻り不参加を決定したのに従い、大阪の有志が結成した日本青年運動倶楽部が大阪毎日新聞の援助のもとで一六人を派遣している。さらに、一九二一年第五回上海を経て、一九二三年第六回が大阪で開催されることになる。

このように極東競技大会への派遣については紆余曲折を経るが、大阪毎日新聞は一貫して大会参加に積極的であった。とりわけ前記のように、嘉納の意向も含めて初期の段階で体協が消極的な時期にも大阪毎日は積極的に参加を進めているのは興味深い。

第一回への参加はすでにふれたが、第二回と第四回への参加への大阪毎日新聞の関わりについて、以下明らかにしたい。

第二回については、一九一五年五月に上海で開催されている。体協は九名を派遣したが、今回も大阪毎日新聞社として二名を派遣し、さらに、第一回目から関わっている西尾守一が特派員として同行している。また、日本YMCAのF・H・ブラウンも大毎のグループとして同行したことが記事となっている。

大会の詳報については、大阪毎日に限らず東京日日も、そして東西の朝日新聞、読売新聞も同様に報道し、そこに大きな差はなく、一九一二（明治四五）年のストックホルム大会に次いで極東大会が国際的なスポーツ大会として報道価値をもったものと言えよう。ただ、中国との国際関係が大会の注目を大きくしたことは否めない。一九一五年には、「袁世凱への二一か条要求」に始まり、五月には「対華最後通牒の閣議決定」など新聞にも「日支関係」として、当然日本側のまなざしで取り上げられ、極東大会への参加も直前まで危ぶまれていたが、小規模ながら日本も参加することとなった。

報道内容としては、日本選手の活躍を称賛は言うまでもないが、中国の混とんとアメリカ人たちの指導が強調されている。各紙の記事の多くがほぼ同様の表現、文体であることから、大阪毎日の西尾守一の記事を「借用」したと思われる。ただ、日本選手に対する中国の敵対的行為について否定的な記事がある一方で、読売新聞は帰国報告会の模様を掲載し、中国側の敵対、妨害という報道を否定している。

大選手帰る　設備の完全に感心した

上海に於ける東洋オリムピック大会に参加した第一高等学校の澤田一郎君は昨廿日午前九時無事帰校した、其談に曰く我々日本人が大会で支那人の為めに侮辱を受けたと云ふ噂が有つた相ですが、全く事実無根です。唯賞品授与式の時日本人の出た時のみは一同拍手をしなかった位の事でした。日本人が短距離に対して甚だ不成績だつたのは誠に遺憾に堪へない次第です。比律賓の選手の如きは少軀でありながら随分好い成績は得ていました。我々日本人は未だ研究が足りないと思ひます。上海着後柳谷午郷氏初め在海日本人諸君の大歓迎では殆ど感謝の辞がない位です。而して特に感心したのは諸般設備の完全な点でありました、云々

（『読売新聞』一九一五年五月三一日）

前記の記事は、極東大会に関連付けてスポーツそのものよりも対中国について否定的な論調が溢れる中で、日本のスポーツ能力や設備の遅れを指摘した数少ない報道といえるだろう。すでに明らかのように、この極東オリンピックは、日本を取り巻く国際情勢、とりわけ日本の中国への外交姿勢と密接にかかわっていた。

3　日本におけるスポーツ普及とＹＭＣＡの役割

この第二回大会に審判員として上海に渡った神戸ＹＭＣＡ のＦ・Ｈ・ブラウンは、日本、とりわけ関西におけるスポーツ普及に貢献した人物として知られる。（極東オリンピックを創案したフィリピン赴任のＥ・Ｓ・ブラウンとは別人物である。）

「東洋オリンピック」に関してＹＭＣＡの主導権については先に述べたが、明治期から大正期にかけて、日本におけるスポーツの発展にもＹＭＣＡの役割を無視することはできない。すでに一八八六（明治一九）年には大阪で「大阪体育会」を組織し、スポーツと「健全」な遊戯の普及に熱心であったが、学校教育において発達した陸上競技と野球以外の、アメリカ発祥のスポーツ種目、とりわけバレーボールとバスケットボールの日本への導入と普及についての貢献は大きかった。[9] その中で、Ｆ・Ｈ・ブラウンもまた、ＹＭＣＡとしてかかわった一人であった。Ｆ・Ｈ・ブラウンは、一九一三（大正二）年一〇月に日本ＹＭＣＡ同盟の体育主事として来日した。彼は、神戸ＹＭＣＡを拠点としながら、京阪神のＹＭＣＡでバスケットボールやバレーボールを中心にその普及と指導を進めた。また、一九一六年完成した大阪市中之島の運動場の設計も担当している。

いる。

『大阪ＹＭＣＡ史』（一九六九）によれば、Ｆ・Ｈ・ブラウンの指導とその成果を以下のように記載して

大正三年頃から、ブラウン主事の直接指導によって、青年会をはじめ大阪市の青年達の体育向上のために手近にやれるバレーボールが紹介されたのである。その後バレーボールの普及速度はものすごく、大阪のみならず神戸・京都の各青年会でも盛んになり、大正五年（一九一六）中之島公園に野外運動場が出来たのを記念して、大阪体育奨励会主催の下に、京阪神バレーボール競技大会が開かれ、大阪市の青年有志をはじめ、神戸、京都青年会からもチームが参加し盛会であった。なお、その頃のバレーボールは、一六人制であった。（中略）

大正六年から一〇年頃にかけて、大阪基督教青年会の体育部は、大阪市教育局の要請に応じてバレー・バスケットボールの指導講習会を各地域で開き、普及にあたった。同時に京阪神の基督教青年会の対抗試合を定期的に開催した。[10]

そして、同書では、「大正の前半から始まった近代スポーツの花は、大阪基督教青年会からはじまり、大阪市青少年にも普及し、開花されたのである。したがって、当時体育部の位置は、グリーソンの発言によれば、宗教部とともに中心的働きをしていた」[11]と、ＹＭＣＡ体育部の役割が総括されている。

Ｆ・Ｈ・ブラウンは、一九一六（大正五）年に拠点を東京に移した後も東京や横浜ＹＭＣＡで指導を続け、一九一七年の第三回東京大会には「名誉競技委員」として施設や運営面でのアドバイスを行い、彼が育てた東京、大阪、神戸のＹＭＣＡの選手たちがバレーボール日本代表として出場している。そして、第五回の上海大会にもバスケットボールとバレーボールチームが参加している。

さらにＦ・Ｈ・ブラウンは一九二〇年のアントワープ五輪では陸上競技チームのコーチも担当し、さら

嘉納会長（左）と日本におけるスポーツの普及に
貢献した F. H. ブラウン YMCA 主事

図２　嘉納治五郎とF.H.ブラウン[13]

に第六回大阪大会でも「名誉競技委員」として参加している。[12] 一九三〇（昭和五）年の離日まで、彼は日本のスポーツに深くかかわることとなる。当然ではあるが、アメリカのＹＭＣＡのアジア戦略として生まれた極東オリンピックについて、日本での開催、日本選手の派遣について、日本のＹＭＣＡは全面的に協力したのである。

以上のように、Ｆ・Ｈ・ブラウンに限らず、ＹＭＣＡはその宗教的ミッションの一つとして、日本におけるスポーツ振興に貢献する。日本におけるスポーツの普及については、これまで学校教育の枠組みと新聞社の役割が強調されてきたが、日本基督教青年会（ＹＭＣＡ）が果たした役割も忘れてはならないだろう。そして、その特徴は、外国にあるスポーツ文化を「輸入」し、日本人の手で発展させるのではなく、布教活動と同様に、直接に日本国内で宣教師たち自身がスポーツを広めていくという手法であった。先述のように、極東競技大会自体がまさにそうした宗教的情熱から生まれたものである。

先の嘉納治五郎との関係でいえば、国際オリンピック委員会が日本のスポーツ運営にかかわることなく、国際化を勧誘してくれたのに対し、ＹＭＣＡが自らのミッションとして日本のスポーツに「内的」にかかわりつつ、国際化を勧誘したのであれば、嘉納にすれば、やはり極東競技大会とは距離を置きたかったのかもしれない。

4　第四回極東競技大会（マニラ）派遣の混乱

一九一七（大正六）年の第三回大会は、東京・芝浦で開催され、大会の総務委員会は、F・H・ブラウンのほか九人は日本人で構成された。極東大会が初めて、現地の人材、すなわち日本人によって運営された大会であったと日本側は評価し[14]、日本にとって初の国際スポーツ大会の開催であった。ただし、前記のYMCAとのかかわりから見れば、また違った景色となる。YMCAの「狡猾」な戦略があったとするヒューブナーの視点からは、以下のように、

エルウッド・ブラウンはすでにIOC会長ピエール・ド・クーベルタンに、オリンピックムーブメントとは対照的に、東アジアの役員はつねに開催国の役員（他の国の人は入っていない）で構成されるが、極東体育協会の主事と総務委員会主事だけは例外で、それはアジア人がこうした役職に必要な能力を欠いているからである、と打ち明けていた。「東洋では、物事を動かそうとするなら、これらの人間（極東体育協会と総務委員会の主事）は白人でなければならないと我々は理解している」。日本人は、自分たちがフィリピン人や中国人のようにアメリカの監督を必要としているように見られるのを警戒していたので、フランクリン・ブラウンはぬかりなく事を運ばねばならなかった[15]。

YMCAのミッションを通してみれば、第三回大会は、以上のような「戦略」のもとに進められたことになる。体協の立場からは、一九一二年のストックホルム五輪初出場の後、満を持しての参加を予定していた一九一六年のベルリン大会が中止されたので、一九一七年大会の開催に体協は全精力を傾けることができたはずである。しかし、嘉納以下の体協は相変わらずこの大会には消極的であったが、F・H・ブラウンが来日し、嘉納を説得して、「一回だけ日本で開催し、その後は十分に日本の要求を入れた規則に改

正することを条件に」[16]、東京開催を承諾したとされる。ただ、これ以上の第三回大会の説明は本章の目的からは外れるので、日本のＹＭＣＡのスポーツ活動の成果も含めて種目の広がりや注目の高まりを持った大会であったこと、そして大阪毎日新聞は競技の報道以上の積極的な関与は見られなかったという点を記するにとどめたい。

さて、続く一九一九（大正八）年五月の第四回マニラ大会については、突如として第一回の不参加理由が再燃することになる。開催二か月前の三月一七日に体協は、大会不参加とともに連盟の脱退を決議する。翌日の東京日日新聞は以下のように取り上げている。

極東オリンピックへ選手を派せず
麻尼剌との交渉不調　わが體育協会は脱会す　昨夜会合競技の上

大日本體育協会には今夏マニラに於て挙行せらるべき極東オリンピック大会に日本より選手を参加せしむるや否やに就いては、初め同大会より其挙行期日を五月にすべき旨通知ありたるに対し、我體育協会より五月は我学生に取つて最も大切なる試験時なるより八月に延期せられたしと再三交渉を重ねしも、先方にては八月は比律賓一帯が雨季に入り晴天稀なれば、五月は変更する能はざる旨申し来りしより、同協会にては昨日午後一つ橋学士会に会合し、同問題に関し決定的最後の協議をなし、中橋文相の意向もあり、今夏挙行の極東オリンピック大会には全然我選手の派遣を中止し、同時に同大会より脱会し、其代りに先に嘉納会長宛に来信ありし来年白耳義若くは佛國ヴェルサイユに於て開催さるべき世界オリンピック大会に加入し、選手を出場せしむる事に決し散会せり。

（「東京日日新聞」一九一九年三月一八日）

要は、体協は、五月開催では学校の試験期間が重なるとして大会を八月に延期するように求めたが、フィリピンと中国の反対で聞き入れられず、その結果、選手を派遣せず連盟も脱退する、そのうえで翌年のベルギーもしくはフランスで予定されているオリンピックに参加するというものである。これについては、朝日も読売も同様に取り上げるほど大きなニュースとして認識されている。大阪発の毎日や朝日を迎えうつ読売新聞の場合は、「日本は断然脱会　極東大会延期を肯ぜず」との見出しで報道しているが、体協の決議に肯定的にも読め、またその隣に別の記事として「万国大会より勧誘来る　白国に開催か」との見出しで、翌年の第七回オリンピック開催の予定を記載している（「讀賣新聞」一九一九年三月一九日）。

ところが、不参加、脱退の発表直後から猛烈な反発が起こる。各紙の紙面を見る限り、その急先鋒はやはり大阪毎日新聞である。東京の学生団体の反対を報道すると同時に、「頼むに足らぬ　體育協会の幹部学生の運動精神が解らぬ　東京運動記者倶楽部は学生の決議を後援して結束せん」との見出しと以下の記事は、その抗議行動を「扇動」しているようにも読める。

都下連合運動部委員が嘉納体育協会長に極東大会脱退の不当なるを迫りたる事及び嘉納会長の弁明に対し東京運動記者倶楽部の意向は左の如し

大日本体育協会の幹部が専断で馬尼剌の極東競技大会を脱退せるに対し、都下専門学校運動部委員が協会幹部に対し弾劾的決議をしたのは当然である。表面の第一の理由として五月は学生の試験期だからとあるが、五月学業のことは一昨年からの約束で日本では違約の上に余りに勝手である。試験期を繰上ぐる繰り下ぐるか便宜の方法はいくらでもあらう。学生の運動競技に何等理解を有たぬ中橋文相の一言に閉口するとは何たる無権威不親切であらう。

又裏面の理由として對支国際関係の思惑もあると聞くが、至誠を以て彼を服せしむる底の意気がなくて何が出来るか。経済問題を云々するのも幹部の真の熱心があれば、経済上の問題の如きは何うでも解決は就く行はずして、不可能を云爲するは誠意が足らぬからである。

試みに協会幹部の顔触れを見ても、多くは新時代の学生精神運動競技に無理解の人々である。高師学生の運動と同様な運動を満天下の運動家にも強んとするが如き、又は野球は護身にも體育の爲にもならぬやうだからとて排斥する嘉納会長を始め三十余年前大学の端艇選手なりしために挙げられて居る岸、武田両副会長其他彼等の中に真に運動を知るもの幾人かある、斯かる無理解無誠意が偶々今回の極東大会不参加を齎(もたら)すやうになつたのである。

斯ういふ人々に我體育会の事を任せて置いては到底発展の見込みはない。比律賓、支那は相当の人が選手を引率して行くが、日本からは会長も副会長も行けぬから選手の気勢が挙らぬなどに至つては笑止千萬な言草である。東京運動記者倶楽部は此問題に対し未だ具体的の決議こそせぬが、学生の建設的革正の決議に対し十分の公園を与ふべく結束せんとして居る。（東京電話）

（「大阪毎日新聞一九一九年四月二四日）

この間の一連の動きについては、陸上競技関係者は、「大正九年アントワープに開催されるオリンピックに選手を派遣しなければならないので、財政的に見て多くの費用を使ってマニラに選手を送ることは無駄であるという考えが体協幹部の頭の中にあった(17)」と後に回顧する。確かに財政難が大きな原因だったであろうが、加えて前述のように嘉納会長の国際オリンピックへの情熱とアメリカおよびＹＭＣＡが主導してきた極東オリンピックへの不信が根底にあったといわざるを得ない。大阪毎日新聞の嘉納会長はじめ体協幹部に対する激烈な批判にもあるように、すでに準備に入っていた極東大会を財政難を主とした理由として直前の中止決定と連盟の脱退が、学業と経済的理由であるというのは、学生たちや大阪毎日新聞にとって到底認められなかった。

さらに、当時、第一次大戦後の処理問題も含めて、前大会時より続いている中国における日本の利権をめぐっての紛争があった。この直後に五四運動が起こるが、「対支国際関係の思惑もある」と記事にも触れられるように、協会及び文部省を前面に出した政府ではあるが、極東オリンピックが日中関係の紛争の舞台になることを避けたかったこともうかがえる。しかし、そうした経済、外交的な思惑を超えて、当事者としての学生選手たちの態度を盾としつつ、大阪毎日新聞が大日本体育協会と対峙し、極東オリンピックに情熱を燃やした明確な理由は、大阪毎日新聞の紙面や年史からは不明である。しかし、大阪毎日新聞のそれまでの極東大会に対する関わりへの執着とともに、スポーツ事業によって蓄積された社内外のスポーツ愛好の人材の広がりとその情熱があったからだという推論は可能だろう。

5　日本青年運動倶楽部による派遣

結局、体協は妥協し、関西を中心にして体育協会関西支部の下で「日本青年運動倶楽部」を組織し、さらに派遣費を募金で賄うことで参加することとなる。この時、中心となったのは、不忍池長距離走（第一章既述）で注目され、大阪医専教授であった木下東作であり、彼はこれをきっかけに大阪毎日新聞の客員となっている。そして、そのもとで派遣選手一六名（陸上一二、水泳一、庭球三）が選考され、第一回大会への派遣から積極的に関与してきた大阪毎日新聞記者の西尾守一と三井物産の船津完一が現地での交渉等一切を任され、会期途中から参加した。

では、どうして大阪で急遽「日本青年運動倶楽部」が組織できたのだろうか。

一つには、体協は日本全体のスポーツ組織を統括する団体として一九〇九年に組織されたが、それはストックホルム大会への参加を前提としたスポーツ統括組織であり、この時期には、全国の体育・スポーツを完全に網羅し統括するという意図も能力もなかった。というよりも、一九一〇年代末、ほとんどすべてのスポーツ活動は学校内で行われており、対外試合は各学校が主催するか新聞社が主催するものがほとんどであり、統括団体の元でスポーツ大会が運営されるという考え方にはまだ至っていなかったのである。

そうした状況ではあるが、学校の枠を超えたスポーツ愛好者の組織がなかったわけではない。中でも、初期のスポーツ団体としてもっとも有名なものは「天狗倶楽部」であり、明治後期から大正期のエリートスポーツ文化の担い手として語られる。一九〇〇年、尾崎行雄、押川春浪、三島弥彦などによって東京で設立された同クラブは、英国のブルジョアスポーツ文化の在り方を模したものであるが、その後の日本のスポーツ文化の発展に一定の影響を与えたと評価される。そのメンバーでもあった高瀬養が木下東作に相談し、一九一〇年に大阪の天狗倶楽部を結成したとされるが、第一章でも紹介したように、一九〇九年の「阪神マラソン」には押川や三島らが招待されており、その時から大阪毎日新聞との関係があり、大阪での結成の機運が高まっていたものと推測できる。

大阪の天狗倶楽部は、「野球、庭球、ボート、柔道、相撲、講演等を行い、名古屋、徳島、高野山、岡山、和歌山等からの招きに応じ出向し運動界の革新と興隆に努め、又運動界の物故者の慰霊法要を施行するなど異色ある活動に終始した[18]」とされる。そして、真宗大谷派の大谷光明、先のクロスカントリーにも出場した春日弘（住友）、高石真五郎（大毎）、西尾守一（大毎）なども所属していた。

その倶楽部のメンバーでもあり大毎記者でもある西尾守一[19]のマニラからの記事は、大毎の後援事業として以上に、第一回からそれへの参加に関わってきた西尾のスポーツへの情熱と決定への怒りを感じさせるものである。


第一回の大会当時大阪毎日新聞社が送つた田舎片、井上の二選手が十哩マラソンに現はした抜群の成績は今も尚当地の人々に深い印象を残している。其他上海に於て或は近く東京に於て示した日本選手の実力は吾々が想像して居る以上に認められて居る。野球庭球にあつて熊谷、三神両選手、早明両野球団の技術を直接に見た当地のファンは吾々がサアベト・ラカタロン（ママ）を思ふ如く其以上に熊谷、橋本、加藤の名を記憶し更に白熱戦を歓んで期待して居つた際、日本選手脱退の報は如何に彼等を失望せしめたか諸君の推察に委す。脱退に対しての日本側の言分は一理はあるが、折角大会成立に奔走して居る当地の人々にとつて如何に響きを伝えるであらう。今迄準備に費やした苦心が水泡になったではないか。

（「大阪毎日新聞」一九一九年四月二二日）

この「檄」が掲載された時にはすでに体協関西支部と大阪天狗倶楽部のメンバーが中心となって第四回の極東大会への選手派遣の準備が進められた。大阪の財界や新聞社とのつながりから寄付は短期間に集まり、五百円の寄付が、住友吉左衛門、山田藤次郎、阪神電鉄、大阪朝日、大阪毎日、さらに三百円が阪神急行電鉄などと、コネクションの広がりがうかがわれる。さらに健母会[20]からの七百円が大きかった。これらの寄付者は、関西の代表的なブルジョアジー、資産家、新聞社、そしてその新聞と連携してスポーツにかかわってきた電鉄会社であった。そして、健母会の集めた多額の寄付金は大阪の体育教員たちの熱意の象徴でもあった。このように日本青年運動倶楽部の結成には、大阪の「民間」の力があったのである。

付言すれば、この大会へは早稲田大学野球部が派遣された。この派遣については大阪毎日新聞が「裏面において大いに斡旋した[21]」とされるが、ここに至って大阪朝日新聞が大阪毎日新聞と同様に多額の寄付をしている。これまで、大阪毎日新聞の長距離走への関わりについて述べてきたが、大阪朝日も、大阪毎日の成功を見て、陸上競技大会の関わりを強めていた。そして、一九一五（大正四）年には、全国中等学校優勝野球大会を開始しているし、何よりも競馬場から改装された鳴尾運動場での柿落としとなった一九一六（大正五）年一〇月の第一回全日本東西対抗陸上競技大会を主催、それは翌年の第三回極東競技大会の予選を兼ねていた。それほどまでに、大阪朝日新聞もスポーツ事業への関心を高めていた時期だった。

大国寿吉は、この時期の両紙の状況をのちに以下のように回顧している。

マラソン、クロスカントリー、オリムピックといふスポーツの西洋名前は何れも大毎が輸入したもので、その功績は我国運動史上不滅のものである。残念ながら朝日新聞は稍々おくれて大正に入つてスポーツに力を入れ出した様に思ふ。全国中等学校野球大会なども大正四年夏から始めたのである。大毎のクロスカントリーを「殺す段取り競走」マラソンを「丸損競走」と彌次つたのも大朝ではなかつたか?然しその後の大朝は非常にスポーツに力を入れて、之れ東西両大学競漕が大正九年に出来たのも全く大朝の御蔭であつた。[22]

6 東西団体の「和解」

こうした紆余曲折を経たものの、一九一九(大正八)年第四回マニラ大会は日本も参加したことで三か国の国際大会として無事終了した。

ただ、この大会派遣をめぐっての体協の運営のまずさは大会期間中、そして大会後まで引きずることとなり、学生の脱退の動きなどの軋轢が続くことになる。なかでも終了の翌月六月には、国際大会への派遣組織として主導権をもった体協関西支部は、木下東作や武田千代三郎らを東京に派遣し、体協改革案を嘉納会長に提示するに至る。内容は、「日本体育協会を解散し、東京、大阪、名古屋等、大都市に個々に体育協会を置き自治団として、対外競技に際してのみ此等が合同」(「東京朝日新聞」一九一九年六月七日)するというものであった。

この軋轢は明確な解決を見ないまま年を越したが、暫定的な組織であったはずの日本青年運動倶楽部は、極東大会の正式の日本側窓口となったために、一九二一年五月開催の第五回上海大会への選手派遣をめぐっても、体協と関西支部(日本青年運動倶楽部)との軋轢が改めて顕在化することとなった。この問題の解決交渉が一九二一年一月に両者の会議が東京の帝国ホテルでもたれ、「今回の極東オリムピック大会には体育協会又は運動倶楽部の名を以てせず全日本チームの名称の下に出場の事但し対外的には千九百二十一年度全日本競技委員会（The All Japan Contest Committee For 1921）と称す[23]」などのほか、第五回上海大会への派遣方法や、次回の日本での極東大会は大阪とするという取り決めがなされたと報道された。この日の会合を指すのか、改めて「覚書」の交換があったのかは定かではないが、『日本体育協会七十五年史』によれば、一九二一（大正一〇）年四月一八日、体協と日本青年運動倶楽部の間で、以下の覚書のように「円満に解決した」とされる。

一、第五回極東選手権大会（一九二一年）には「全日本競技委員会」の名の下に両団体連合して選手を派遣する。
二、委員会の役員の総数は、両団体協議の上おのおのその半数を選任する。
三、選手認定の方法は予選会によることを原則とする。正当の理由があって予選会に欠席した者に限り選考の上入選させる。
四、選手派遣費用の分担は両団体で協定する。
五、大正十二年以後に開催すべき極東競技大会はすべて大日本体育協会において全日本を代表し参加する。
六、大正十二年度日本に開催すべき極東選手権大会は大阪において開催し、大正十八年度日本において開催すべき極東選手権大会は東京において開催し、今後大阪と東京において交互に開催する。
なお、「全日本競技委員会」の委員長に岸清一、副委員長には木下東作が選ばれた[24]。

要は、海外派遣に関して、第五回上海大会に関しては二つの団体の合同チーム「全日本競技委員会」として参加し、次回以降、そしてその他の海外への派遣は大日本体育協会に一本化するということで「円満解決」したというのである。体協は、前年、念願のアントワープ五輪に選手一五人と役員三人を派遣した。選手団の選考も派遣人数も一九一二年ストックホルム大会を大きく上回り、テニスで日本初の銀メダルを獲得するなど、本格的な五輪参加となった。その結果、体協は対外的には日本国内を「統括」する団体としての自覚もますます高まったであろう。その意味では体協の面目もたったが、それまでは必要と思われなかった国内競技を「統括」する団体としての位置づけを此の間のトラブルを通して徐々に確立していった。

この時期までの経過を逆に言えば、大日本体育協会は日本のスポーツに関しての統括団体としての正統性を未だ十分に確立しておらず、関西からの「圧力」にも揺れていた。この時期、一九二〇年代前後までは、国際的な大会に関しても「国家」としての派遣ではなく、民間による交流も許容されるような「過渡」的な時期であったともいえるだろう。

第三節　第六回極東競技大会の大阪開催

一九二一年、第五回極東競技大会は上海で開催された後、第六回は一九二三（大正一二）年五月に大阪で開催された。五月二一日に開会式を行い、二六日までの六日間に陸上、水泳、野球、テニス、バスケットボール、バレーボール、サッカーに加え、オープン競技として女子のテニスやバレーボールも加えられ、さらに、日本選手の競技機会を増やすために大会成績に計上されない陸上種目やラグビーなども開催された。この大会に参加するため、日本人選手百九十人の他、フィリピンからは百四十三人、中国からは百三人の選手が来日した[25]。

を次のように回顧している。

築港八幡屋に陸上競技場、プール、野球場、テニスコート二面を建設したが、陸上競技場のプールは永久的設備で其の規模は東洋一であつた。今でこそ十万人を容れる甲子園球場が出来たが、当時二万人の収容力を持つコンクリート・スタンドは日本人の目を見はらすばかりであつた。(26)

第六回大会は、一九一七年の東京大会に次いで二回目の日本開催であり、また大阪にとっては初の国際スポーツ大会であった。この大会を契機として大阪、そして日本のスポーツ事情は大きく変化していくことになる。先の佐藤信一は、第六回極東大会を「当時の池上市長の英断と、大阪のスポーツ人の旺盛なる意欲と努力を認めねばならない」と評価している。これに対し、ヒューブナーは一九二三年の大阪大会の会場について、次のように述べている。

一九二三年五月の第六回極東大会はコンクリート製の競技場（大阪市立運動場）で開かれた最初の大会だった。この競技場は二・七万人を収容できる特別観覧席と一般観覧席を備えていた。その建設は、関西側が関東側に合流するかわりに大会の開催権を大阪に与えるという関西と関東の役員の間でなされた妥協の条件の一つだった。その競技場はそれ以前のすべての会場を凌いでいたが、それでも大きな欠点が一つあった。「皇室席」以外は屋根がなく、それは雨の日々に観客が濡れねずみになることを意味した。(27)

このように競技場の建設が、「関西と関東の役員の間でなされた妥協の条件の一つ」とするのは、前節の東西団体の「和解」を指すが、体協と交渉したのが関西の有志たちであったことを考えれば、先の佐藤の回顧の通り、第六回の大阪開催は、大阪の民間のスポーツ愛好家と新聞社の「意欲と努力」の結果であったとも言えるだろう。これについてはヒューブナーの関心の外であったようである。

大会が近づくにつれ、東京サイドでの報道も増加する。新聞ばかりでなく、当時唯一といってもいいスポーツ雑誌『野球界』においても、一九二三年に入って極東競技大会の特集を組んでいる。その中で、後に大阪市長となる関一が大阪市助役として「大阪市が建造する大運動場の設備」というタイトルで会場となる「市立運動場」の設備を誇らしく紹介している（『野球界』一九二三年四月号）。

そして、五月二日に開場式が華々しく挙行されたことが新聞に報道され、前景気が盛り上げられるが、直前にトラブルに見舞われる。開場式に引き続き、二日間にわたり、大阪毎日新聞が「日本オリンピック」をこの運動場で開催した結果、トラックが荒らされ、大会前の国内予選として勇躍乗り込んだ関東の選手団が大阪の運営に不満を表明し、大会への「不出場を決議」している。そして、次のような見出しが躍ることになる。「第二豫選の選手　不出場を決議す　極東競技を前の大紛擾　新競技場を散々に蹂躪され　其上大阪市の不誠意を憤慨　昨夜三箇條の質問書を提出す」（「東京朝日新聞」一九二三年五月五日）

しかし、大阪市の応急措置により選手たちの怒りは収まり、無事大会を迎えることができたが、大阪毎日新聞は、極東競技大会用に建設したこの市立運動場を完成直後に、そして極東大会開催直前に使っていたことになる。それは、現在でいう「プレ大会」を兼ねていたと思われるが、スポーツ大会開催に関して大阪毎日新聞の主導権がここでもうかがわれる。

あった。

ヒューブナーは、第六回極東競技大会の大阪開催について、日本におけるスポーツ大会が、何よりも教育と結びついて展開されることに改めて驚きをもって記述している。これは東京で行われてもそれほど大差があるとは思えないが、とりわけ、一九二〇年代前半のこの時期には学校体育との関連が際立つ時期であった。

2　「近代的市民教育」としてのスポーツ普及

近代的市民教育は依然として大規模なインフラの整備やネイションのブランド化よりも重要な問題であった。たしかに、コンクリート製の競技場は大阪が東京と対抗し西洋の競技場と（ある程度まで）肩を並べるための名誉ある事業であった。しかしながら、その主たる目的は、大阪とその周辺地域でスポーツを普及するのに役立てることだった。極東大会を利用して、大規模建設事業を西洋列強の首都、あるいは少なくとも東京に対する挑戦として実施することは重要ではなかった。（中略）

開会式は簡素で、しかも激しい雨のために台無しになってしまったようだが、日々の教育的集団遊戯の実演は、第五回極東大会と比べても、さらに野心的であった。一一三の学校と四七の団体から三万人近い少年少女が遊戯、フォークダンス、体育訓練などに取り組む予定だったが、一部の演目は雨のために中止になってしまった。日本の学校で実施されていたものを連想されるこれらのさまざまな体育活動は満州事変以前の戦間期における軍隊体操からスウェーデン体操やスポーツへの変化を際立たせている。大会に参加を希望する学校はそれに先立って生徒に準備させるためにカリキュラムを修正しなければならず、こうして学校のカリキュラムに影響を及ぼすというアメリカＹＭＣＡの目標はいっそう明らかとなった。フランクリン・ブラウンは（一致と垂直的思考を促進する）体育訓練よりも、ＹＭＣＡの平等主義的アマチュアスポーツのメッセージをよりよく伝えるスポーツの実演が望ましいと語ったが、日本人の共同主催者の意見を受け入れざるを得なかった。(28)

ここでもヒューブナーの関心は、ＹＭＣＡのスポーツ普及についての宗教的な野心と日本の体育思想の対立であり、その中で大会をとらえている。

確かにこの時期、日本の教育では中等教育の拡大とともに、そこでの特定のアスリートのスポーツというよりは、国民全体の体位の向上、健康増進が大きな目標となり、「科学的」な立場からの体操の考案と普及が課題となっていた。さらに、「体育」による身体の鍛錬が学校を超えて社会にあふれ出す時期でもあった。例えば、一九一三年のスウェーデン体操の学校教育への導入とともに、学校ごとに新たな体操が生み出され、さらに、それをベースにしながら、学校の枠を超えて各地の各団体に集団による体操が生み出され、一般庶民にも身体と健康が注目されだした時期である。スウェーデン体操に限らず、チェコのソコール運動、少し後に導入されるデンマーク体操など、北欧、中欧の民族意識の覚醒とかかわる体操が、日本における国民国家形成の課題と重なることで熱心に参考にされ、また導入されていくが、そうした意味を持つ集団体操は、アメリカ的な国家観を表現するとともに何よりもキリスト教的な身体の実現をめざすＹＭＣＡのスポーツ観とは対立するものだった。（詳しくは第四章参照）

大会直前の講演会でも、この大会で顧問として名を連ねていた木下東作は、「比島と支那は競技の始められた目的が我が国と異なり、一方は政治的、一方は宗教的であるが、我が国は教育的であって、この大会以降は教育的でなくてはならぬ[29]」と語るように、大会主催者は必然的に「教育」としてのスポーツ、国民体育を強く意識したものになっていた。

3　メディアイベントとしての極東競技大会

第六回大会は大阪で開催される初の国際競技大会として、地元の大阪発行の朝毎両紙の報道量は東京の新聞の報道量よりもはるかに大きいものとなった。そしてスポーツ事業では出遅れていた大阪朝日新聞も中等学校野球が軌道に乗り始めていたこの時期には、スポーツ報道と事業でも大阪毎日新聞と対抗するようになっていた。したがって大阪の両紙はともにこの大会の報道に力を入れていったが、この両紙の視点に差があることは興味深い。開催にあたって、大阪朝日もその意義を長い文章で披歴している。その内容は、欧米に劣るアジアのスポーツ界の実力がこの大会をきっかけとして伸長していることと、さらに女子スポーツにとって初の国際競技であることなどというものである。

図３　第６回大会における集団体操
（大阪市立運動場）

従来極東におけるスポーツは、其歴史の新しいだけに、遺憾ながら、欧米のそれに比して非常なる懸隔があり、見劣りがした。國民全體としても亦理解に欠くるところが少くなかつた。斬うした事情の下に生れた極東大會の使命は甚だ重かつたが、回を重ねるに随ひ、極東運動界の進歩は眞に驚嘆に値するものあり、最近に於ける記録は凡ての方面に於て一歩々々欧米一流選手の堅塁に肉薄しつゝある。数年前までは殆ど一人の世界的選手をも有しなかった我極東の諸國は、今や或種の競技に就ては、堂々と世界に其覇を争ひ得る地位にまで進んで來た。そしてその後継者たる國民も亦世界的選手の輩出を刺激、従来余りに冷淡、無頓着であつたことに氣が付いてきた。吾人は今回の大會が偶々斯の如き機運に際會して開かれたといふ事から、特に本大會に附せらるべき重大なる意義と燃ゆるが如き希望とを感せずには居られない。殊に極東に於ては、婦人選手が國際競技に現はれた最初の機會でもあり、確かに其運動史に一エボツクを画して居る。（後略）

（「大阪朝日新聞」一九二三年五月二一日）

これに対し、第一回のマニラ大会に積極的に選手を送った大阪毎日は、大阪朝日を意識したスポーツ事業における「プライオリティ」意識が強調されている。

殊に過ぐる十年前始めて此の地に運動の種子を蒔いたプリオリチーを持つて居り、その後引続き陸上競技は勿論、水泳、庭球、野球、蹴球その他凡ゆる方面の宣傳と奨励に力を尽し得た自信を有する我が大阪毎日新聞社は今回の大會が遂に我が大阪の地に開催されるに至つたことの双手を挙げて喜び且つ三國代表選手竝に役員に對し衷心歓迎の意を表するものである。

顧みれば始めて野球を香櫨園に主催した時、阪神マラソンを行つたとき、十五哩競泳や庭球大會を行つた時の思ひ出を反覆するとほした感慨に耐へぬものがある。而して我が大阪市民が、その大大阪の精神を発揮して滋にこの大會を開くに至つたとは収穫を楽しむ老婆の如きものがあると思ふ。

（「大阪毎日新聞」朝刊一九二三年五月二一日）

前記のように、大阪毎日新聞の社説は、「十年前始めて此の地に運動の種子を蒔いた」と一九一二（明治四五）年のクロスカントリー、あるいは翌一九一三年豊中運動場における「日本オリンピック大会」に始まり、その後の各種スポーツの「宣伝と奨励」してきた自信、さらにそれ以前の香櫨園での学生野球（第三章参照）や「阪神マラソン」などを列挙することで、スポーツ事業では後発にもかかわらず、中等野球の人気が増大しつつあった大阪朝日新聞を意識しつつ、第六回極東競技大会をこれまでのスポーツ振興事業の集大成のように位置づけ、「創業家」のような文言で開催を宣言している。

ところで、ヒューブナーは参加者の宿泊についても、当時の不十分な大会運営を指摘している。

大阪では競技者の収容も問題となった。マニラ、上海、東京のようなより「国際的」な都市で開かれた極東大会でもそうだった（そして、その後もそうなる）ように、YMCA／YWCAの国を超えたネットワークと中国人ディアスポラの関係（コネ）が再び重要となった。中国の男性競技者は中華会館に身を寄せ、裕福なスポンサーから一時的に別荘の供与を受けたYWCAが女性競技者を世話した。テントを持参したフィリピンチームは最終的に開校前の新設小学校というより良い代替施設を提供された。宿舎の問題は、依然として国際スポーツ大会の開催でコストを低く抑えるという考えが示されているという点で興味深い。(30)

当時の日本において、一時的な競技大会のために宿泊施設を増設するなどということは財政的にも不可能であったし、またそうした発想もなかったのは当然であろう。しかし、中国からの「移民」、YMCA、そして市立小学校舎の提供など、「民間」の知恵で大会を運営したというエピソードとしても、ヒューブナーとは異なる意味で「興味深い」ものである。

この「民間」と大阪市が一体となっての歓迎ぶりは、両国の選手団の来日に合わせて、繰り返し報道される。とりわけ女子選手たちの交歓風景はこの大会のハイライトとして注目された。ちなみに、フィリピンの女子選手団は大阪曽根崎の加島銀行倶楽部竹修館に宿泊し、ここでの参加国の選手の交歓会の様子が写真入りで報道されている（「大阪毎日新聞」一九二三年五月二三日）。

しかし、一方で、大阪での大会開催の経過からは、主催者は「公的な」権威付けにも熱心な側面はあった。現在においては、秩父宮がスポーツに熱心であったことが広く知られているが、それが公の場で位置づけられたのもこの大会であったようである。

「この大会に秩父宮雍仁親王殿下を総裁に仰いだが当時としては空前のことで、親王殿下がスポーツ大会の役員に就かれた例はなかつたので、宮内省は承認を渋つていた。このため春日弘の奮闘の効あつて皇

図4　フィリピン、カタロン選手と秩父宮雍仁

族を総裁に仰ぐことに成功した[31]」と佐藤信一が回顧するように、新聞報道においても、秩父宮の動向が何度も取り上げられている。民間の新聞社が中心となって発展してきた関西のスポーツ界ではあったが、この国際大会の「正統性」をより確実なものにするためにもスポーツ皇族である秩父宮の威光は必要であったのだろうが、その結果、その後のスポーツと天皇制国家が結びつく一つの契機にもなったといえよう。

さて、実際の競技は大会期間中雨にたたられたが、満員の観衆を集めて行われた。参加三ヶ国はそれぞれに得意とする競技種目が異なっていたが、日本は中長距離やフィールドで好成績を上げ、水泳とテニスは「独壇場」であったものの、サッカー、バスケットボール、バレーボールは他の二国に歯が立たなかった。とりわけ、後者の二競技は、ＹＭＣＡが普及に力を入れていたもので、三ヶ国に共通して競技されていたものだが、ＹＭＣＡの関与度の差が成績に現れたのかもしれない。さらに、女子種目がオープン競技とはいえ実施されたことも、新しい時代の到来を観衆に感じさせた。

また、多くの種目で日本人に注目が集まる中、短距離のスターは、フィリピンのフォルトゥナド・カタロンであった。カタロンは、第三回の東京大会でも一〇〇ヤード、二〇〇ヤードで優勝し、日本の陸上界の注目を集め、この大阪大会はもちろん、一九二六年のマニラ大会まで連覇を続けた。したがって、この大阪大会でも、日本人選手を含めても彼が新聞報道の最大の注目を集めている[32]。こうした意味でも、大阪の人々が初めて「国際社会」を実感する大会となったであろう。

ヒューブナーには関心がなかったのかもしれないが、この第六回大会においてはじめてメディア・イベント的な様相を呈することとなった。第三回の東京大会から六年を経て、新聞の発行部数も著しく増大し、また人々の娯楽としてのスポーツ観戦への関心も高まっていた。その結果、チケットの購入方法や競技予想、有力選手など、事前の競技情報なども格段に増加し、また、前記のように競技を超えた選手団と市民の交流が描かれ、さらにオープン競技や集団体操の実施によって、トップアスリートだけではなく、多くの一般市民や生徒たちが大会にかかわることになった。そして、次項で述べるように、新たなメディアも駆使しての報道により、ますます大会を大阪市民を巻き込んでの「祭典」となっていく。

4　朝毎のニューメディア競争

前記のように、一九一七年の第三回東京大会とこの第六回大会では様々な意味で異なる大会となったが、本章の目的から言えば、その違いはメディア技術の発展と新聞ビジネスの発展であり、様々なメディアを投入したイベント合戦の様相を呈した。

朝毎両紙は、ともに「マグナボックス」[33]というニューメディアを投入、会場外の「聴衆」にも競技状況を伝えようとした。この「マグナボックス」とは、現在で言えばラウンドスピーカーであり、遠隔地からの音声を公衆に対し伝える日本初の試みであった。現在の実況放送とは全く異なる形態ではあるが、これが日本史上初の現地からのスポーツ「中継」であったともいえよう。大阪毎日新聞の社告には次のように記されている。

本社は愈々廿六日まで開催される第六回極東選手競技は大会に際し最新の通信機関を利用して競技の結果を連日市民諸君に速報すべく陸上無線電話を特設する公許を得ました。即ち築港の競技場を起点として左の発信受信所を設け大アンテナー其他の施設を完備して競技第一より速報を開始します。

（「大阪毎日新聞」一九二三年五月一＊日）

一方の大阪朝日も、同様に「マグナボックス」ほかの告知をしている。

最新式マグナボックス

大阪市内のある地点に最新式のマグナボックスを設置し本社特に市立運動場特別観覧席の地下室に設けた事務所より直通電話を以て時々刻々競技の状況を報告する、此の拡聲器は四個の大喇叭を有し普通の肉聲が数百倍に拡大され一町半以上の遠距離に於ても明瞭にこれを聴取することが出来る、欧米に於ては多数の公衆に向つてする大統領の演説その他に盛に応用されているが、日本の新聞社に於て今回の如き場合にこれが応用を試みるのは全く最初の事業である。

（「大阪朝日新聞」一九二三年五月一九日）

極東大會と本社の施設
最善の方法で各方面に速報
最新式マグナボックス
全關西各地の速報臺
水陸飛行機の祝賀飛行
活動寫眞の公開映寫
アサヒ・スポーツ極東大會號

図５　最新式マグナボックスを含めての告知
（「大阪朝日新聞」1923年5月19日）

大阪毎日も大阪朝日と同様のイベントを実施しているが、この項は大阪朝日の記事で代表させたい。

当時の市民の関心については「大阪朝日新聞」は次のように報じている。競技場以外での競技結果については、新聞社が掲示板を設置し、さらに北浜の「なだ万」前にはスピーカーを設置して報道することで好評を得たという。

刻々の速報に緊張す　本社特置の高聲電話機と　市内掲示板前の大群衆

本社前の大掲示板の前も正午すぎから熱心な人々が続々と集つて勝敗の結果の書かれるのを待つてゐたが、最初百碼の第一豫選に日本の谷選手が一着と書かれたので一同の中には早くも「日本萬歳」を叫ぶ人があり、一々手帳に書き留めて帰る熱心な人々が多く、なほ阪神、京阪、南海、大軌、阪急等各郊外電鉄の停留所前や全市の本誌販売店前などの本社特設掲示板前には折柄の雨を物ともせぬ人々で到る所黒山のやうな人だかりを呈し、何れも迅速な報道を感謝してゐた。

又一方運動競技の記録を市民に速報すべく灘萬北濱食堂の濱に臨んだ三階露臺に特置した本社のラウド・スピーキング・テレホンは多大な歓迎をうけ、一競技の終る都度普通電話の数十倍の高聲で記録を発表するので、熱心な聴衆は折から降り頻る雨中にも動じないで、難波橋から遠きは對岸の銀行集會所下の運動場にまで傘をさしたまゝで動かず、居ながら極東大會の壮観を胸裡に描いてゐた

（「大阪朝日新聞」一九二三年五月二三日）

さらに、事前の講演会や、市内各所に「速報台」の設置、記録映画の上映、週刊誌、写真史の特集と、様々なメディアを活用して「盛り上げ」を図った。開催期間の新聞記事でも入場券の売り切れや、満員の観衆の写真が掲載されていることから見ても、極東競技大会は日本人に、少なくとも大阪市民には大歓迎されたようである。大会から一一年後に出された『明治大正大阪市史』においても、「会場は六日間を通じて満員の盛況」で、「競技場前の民家の二階は臨時スタンドに早変わりして五十銭・一円の入場料を収むる有様」[34]と記録されている。また、佐藤信一も「入場券が売り切れで手に入らないので困った熊本県から出張してきた小学校の先生が場内案内人夫募集に応じ無事人夫に化けて」や「偽造、変造の切符まで飛び出す騒ぎ」があったことを回顧している。そのほか新聞で確認できるのは、「プレミアムチケット」として、学生による「ダフ屋」行為があったことや、不衛生な飲食屋台の取り締まりの件などである。[35]

これほどまでに、この大会は新聞による報道合戦により、一般市民を巻き込んでの一大イベントとなったのである。

ところで、前記の朝毎のニューメディア競争は、翌一九二四年には明確なラジオ放送局開局に向けての実験競争へと発展するが(36)、最終的には新聞社の夢はかなえられず、一九二五年七月に社団法人大阪放送局（ＪＯＢＫ）が開局する。

図６　オープン競技のバレーホール
日本（姫路高女）対中華民国

５　スポーツそのものへの影響

この大会のもう一つの特徴は、前項で触れたように初めて女子が参加した国際大会であったことである。女子種目としてはテニスとバレーボールが実施された。記事においても、女子選手の試合経過ばかりでなく交歓風景が取り上げられるなど、大会期間中から女子初参加が意識されていた。

大阪朝日が発行する『運動年鑑』では、極東競技大会の成果として、スポーツの「民衆化」を論じている。さらに、ここでも、この大会を契機とした女子スポーツの台頭について積極的な評価を下している。

> 数年來年一年と興隆の氣運に向つてきた運動界は、昨春頃から更に格段の緊張味を示し、一面各方面の運動が漸次秩序正しく組織立てられてくると同時に、其の民衆化は運動そのものと國民の生活とを一層緊密に結合させ最早一部階級の獨専を許さず、性の如何を問はず、老幼の區別なく運動が國民生活の必須なる一部分として其の位置を占むるに至るべき端緒をつくつた、殊に婦人の運動に對する愛好と興味は昨春以來急激に増加して、各種の競技會が各地に挙行され、我國婦人の運動に對する理解は益深くなつてきた、今次の極東大會に於て我が婦人

選手が極東に覇を唱へ得るに至つたのも決して偶然の事ではない。[37]

さらに、大会後に記念写真集を出した大阪時事新報社も大会雑感の一部として、「意義深い女子競技東洋史上特筆すべき競技場に結んだ交誼」とのタイトルの下で、今大会の特徴として女子スポーツの登場について触れている。

最後に今回の大会に女子競技がオープン競技として加へられ庭球、バレーボール共に日本側の勝利に帰したことはまことに喜ぶべきことである、しかし我等はその勝敗を問ふことよりも更に日、支、比三国の女性が東洋に歴史あつて以来始めて競技場に交誼を結び、競技を交へたことは特筆して後世に伝へることの出来るのを欣快とするものである、今後三国の女性も男性と共に相携へて、この東洋平和に最も意義ある事業に携はことは益々極東大会をして光彩を増さしめるものであつて、切にその進歩発達を希ふものである。[38]

少なくとも、極東競技大会が日本におけるスポーツの「民衆化」の時代的な流れの中で開催されたことで、なかでも女性のスポーツへの参加への流れを強化する契機となったことは確実であろう。大阪毎日新聞は、翌一九二四年に、健母会とともに「日本女子オリンピック[39]」を開催することとなる。

おわりに

本章では、大阪毎日新聞が取り組んだ「クロスカントリー」が、その後の二つの「オリンピック」参加へと発展する経過を明らかにした。もちろん、東京の体協から見れば、大阪毎日のスポーツ事業の取り組みとは直接関係なく、嘉納治五郎会長の下でオリンピックへの参加が粛々と進められたのだが、大阪の地で明治後期から「オリンピック」参加を夢見てスポーツ事業に取り組んでいた大阪毎日新聞の情熱も忘れてはならない。さらに、大阪毎日新聞は、自らのスポーツ事業の国際化に関してのプライオリティを持つ誇りをもって、その後も「極東オリンピック」を武器に、嘉納治五郎に立ち向かったようにも見える。嘉納、あるいは体協から見ればそれはノイズとして感じたのかもしれないが、歴史を振り返れば、日本のスポーツの発展、国際化に大阪毎日新聞は大きな貢献をしたと言わざるを得ない。

さらに、本章で明らかになったのは、二〇世紀初頭のこの時代、スポーツ運営に関する限り、「民間」とか、「公的」とか、「国家的」とかという概念が、現在ほど明確にはなっていなかったということである。オリンピックをはじめとする国際大会に出場する主体はどこなのか、その正当性はどのように担保されるのか、極めてあいまいであり、ある意味では柔軟なものであった。さらに言えば、「オリンピック大会」という正統性も自明のものではなかった時代だったのである。第二節で述べた一九二〇年のアントワープオリンピック参加と一九一九年のフィリピンでの極東競技大会への参加が同列に扱われての議論は、現代から見れば想像もできないかもしれない。

そうした中で、新聞社の中でもとりわけ大阪毎日新聞の積極的なスポーツ事業の取り組みにおいて、他のアクター、とりわけ高等師範や帝国大学をはじめとする高等教育アクターとの連携や交渉を経て、国際大会とは何か、オリンピックとは何か、そしてそれを担うのはどのアクターなのかが、次第に明確になる時代だったのである。ただ、大阪毎日新聞は、新たに主導権を握る国家的な組織や体協と常に対立するのではなく、連携していく存在でもあった。さらに、そこにＹＭＣＡが加わり、その宗教的なミッションが陸上競技と野球中心に進んできた日本のスポーツに広がりをもたらす要因にもなったと言える。

一九二〇年代までの以上のような経過が、新聞メディアと、国家、宗教的情熱がぶつかりあいつつ、次第にスポーツ大会とそのスポーツ運営組織の形態と役割が明確になるプロセスであるとすれば、その後三〇年代に急速に国家組織に包摂され、国家的目的に包摂されていくことになるが、その「芽」はこの時代に生まれていたのである。

注

(1) 浜田幸絵『〈東京オリンピック〉の誕生』吉川弘文館、二〇一八年、生誕一五〇周年記念出版委員会『気概と行動の教育者嘉納治五郎』筑波大学出版会、二〇一一年、一七九～一八二頁
(2) 財団法人日本体育協会『日本体育協会七十五年史』日本体育協会、一九八六年、四九～五一頁
(3) 浜田前掲書（二〇一八年）
(4) 西尾守一は、大阪市出身で堂島中学（現北野高校）を経て早稲田大学の野球部で活躍し、大阪毎日新聞に初の『スポーツ専門記者』として入社したとされる。（毎日新聞社史編纂委員会『毎日新聞七十年史』毎日新聞社 一九五二年、五二一頁）
(5) シュテファン・ヒューブナー（高嶋航・冨田幸祐訳）『スポーツがつくったアジア　筋肉的キリスト教の世界的拡張と創造される近代アジア』一色出版、二〇一七年、三九三頁
(6) 遊津孟『日本スポーツ創世記』恒文社、一九七五年、一二八頁
(7) 高嶋航『帝国日本とスポーツ』塙書房、二〇一二年一六～一七頁。本書は数少ない極東競技大会の研究書である。
(8) 日本の新聞紙上では、その後も「極東オリンピック」や「東洋オリンピック」という呼称が用いられた。
(9) 奈良常五郎『日本ＹＭＣＡ史』日本ＹＭＣＡ同盟出版部、一九五九年、二〇五～二〇七頁
(10) 世良田元『大阪ＹＭＣＡ史：青少年と共に八五年』大阪キリスト教青年会、一九六九年、一二一頁
(11) 同前一二三頁
(12) 服部宏治『日本の都市ＹＭＣＡにおけるスポーツの普及と展開』渓水社、二〇一五年、一三四～一三五頁
(13) 財団法人日本体育協会前掲書（一九八六年）五三頁より転載
(14) 同前、五四頁
(15) ヒューブナー前掲書（二〇一七年）五八頁

（16）財団法人日本体育協会前掲書（一九八六年）三三三頁
（17）山本郁夫『近代陸上競技史』（上・中・下巻）道和書院、一九七四年、八五九頁
（18）佐藤信一『大阪スポーツ史 大正昭和初期』大阪市体育厚生協会、一九五四年、一七八頁。山本前掲書（一九七四年）八八三頁にも大阪天狗倶楽部について同様の記述があるが、これは佐藤（一九五四年）を参照したものと思われる。
（19）西尾守一は、この年の一月に大毎を退社しており、『五十年史』によれば、「本社を去つた西尾氏は商用を兼ねて行を共にし、選手を激励し、傍ら記事を送つた」とする。（大阪毎日新聞社編『大阪毎日新聞五十年史』一九三二年、四〇四頁）
（20）「健母会」は、女子体育の発展に取り組んでいた木下東作を中心に大阪の女学校の体育教員が研究会を開催し女子スポーツの奨励組織として一九一七（大正六）年に組織され、大阪の雑誌社中央運動社とも協力関係にあった。安井昌孝「木下東作とその周辺」『日本医事新報』№四一六二、二〇〇四年、五八頁
（21）大阪毎日新聞社編前掲書（一九三二年）、四〇四頁
（22）大国寿吉『スポーツ生活半世紀』一九四八年、八六頁
（23）「大阪毎日新聞」（一九二一年一月二三日）
（24）財団法人日本体育協会前掲書（一九八六年）五四頁
（25）同前三二七頁
（26）佐藤前掲書（一九五四年）七頁
（27）ヒューブナー前掲書（二〇一七年）一一七頁
（28）同前書一一七～一一八頁
（29）「大阪毎日新聞」一九二三年五月一八日付夕刊
（30）ヒューブナー前掲書（二〇一七年）一一七頁
（31）佐藤前掲書（一九五四年）七頁
（32）カタロン選手は、以前から「グリコ」の商標モデルだとされてきたが、グリコ製菓は近年、このデザインは一九二二年製作で「カタロン選手だけをモデルとしたものではない」としている。しかし、制作当時のスポーツ界を考えれば、その姿勢と知名度からは「カタロン」をモデルにした可能性は大きい。
（33）Malone, Billy, *The Early History of the Magnavox*, Magnavox Gov. & Industrial Electronics Co., 1989.

(34) 大阪市役所編『明治大正大阪史第一巻概説篇』日本評論社、一九三四年、六四七頁
(35)「大阪朝日新聞」一九二三年五月二五日付夕刊
(36) 毎日新聞百年史刊行委員会『毎日新聞百年史』毎日新聞社、一九七二年、一四八頁。黒田勇『ラジオ体操の誕生』青弓社、一九九九年、一二六〜一三三頁
(37) 大阪朝日新聞社編『運動年鑑 大正一二年度』大阪朝日新聞社、一九二三年、一頁
(38) 大阪時事新報社篇『第六回極東選手権競技大會記念寫真帖』十字舘、一九二三年、一九頁
(39) 健母会と中央運動社が主催し、大毎が後援して、大阪市立運動場と府立市岡高女グランドで開催された。山本前掲書（一九七四年）二一二七〜二一四七頁

第三章　阪神電鉄開業時の郊外開発とメディアスポーツ

はじめに

美しかった海辺にも、だんだんと地引き網の声が遠のき、自然の破壊が始まった。…甲子園の海辺でフンドシをやめて絹の黒い海水着を初めて着たのも、思えば私どもで、美津濃が写真を撮りにきたくらいだ。やがてボート屋が店を出し、そこにL型のヨットを二隻もってきた。これを一時間八十銭で借りて、ヨットを最初に始めたのも、自慢じゃないが関西では私たちだった。そのころ、芦屋の浜と、ここだけに貸しヨットがあり、中学生の中で、これが最新スポーツ、と花形だったのだ。(1)

右の文章は、一九二〇年代、鳴尾村（現在兵庫県西宮市鳴尾）で育った俳優森繁久彌の回顧である。近年、関西の経済と文化の没落傾向の中で、かつての「阪神モダニズム」に代表される関西圏の経済と文化の繁栄ぶりが懐旧の念をもって回顧されることがあるが、しばしばその中心として語られるのは、「宝塚」と六甲山系を中心とした、いわゆる「山の手」文化としての阪急沿線文化である。山の手、あるいは北大阪における阪急文化の優位性が語られる中、一方で大阪文化のもう一つの柱ともいえる「阪神タイガース」を保有する阪神電鉄については、それほど大きな脚光を浴びているとはいいがたい。

関西の近代史研究で著名な竹村民郎は「阪神電気鉄道が推進した余暇活動の企業化や沿線開発などを包み込んだ阪神交通文化圏形成の特質を明らかにすることは、阪急交通文化圏の成立を正しく理解するための前提である[2]」とし、阪神電鉄の郊外開発への注目を促している。竹村の著作や他のいくつかの論文でも触れられているように、阪神電鉄も阪急電車と同様に、郊外の住宅や遊園地を開発している。いや阪急よりも早く開発を始めている。

前記の一九一三年生まれの森繁の回顧にもあるように、「海の手」を走っていた阪神電鉄は、大阪湾に開けた海浜リゾートをいくつか運営していた。にもかかわらず、「甲子園野球」やタイガース以外には、これまで大きな注目を浴びることはなかった。そこで、本章では、竹村の著作にインスパイアされつつ、第一に、現在では阪急の陰に隠れているように見える阪神の郊外開発の歴史について、スポーツ事業を中心に明らかにしたい。さらに第二に、それらが新聞のスポーツ事業と不可分の形で推進されたことを明らかにしたいと考える。

すでに、第一章、第二章において、新聞が主催するスポーツ事業の空間が郊外に設定され、そこに人々を運ぶのは鉄道であったことを述べた。とりわけ、一九〇五（明治三八）年開業の阪神電鉄は大阪と神戸を結び、いわゆる「阪神間」を形成する大きな契機となったが、開業直後から大阪毎日新聞とともに、沿線を利用して一九〇五年の「海上十哩大阪築港〜御影魚崎間遠泳」と一九〇九年「阪神マラソン」を開催している。この新聞と鉄道という二つの「メディア」が初めから密接に協力しつつスポーツ、余暇事業を展開していった。そのことを阪神電鉄に焦点を当てながら明らかにしようとするのが本章の狙いである。

第一節　阪神電鉄の郊外開発

1　関西私鉄の郊外開発

津金澤は序章でも触れたように、新聞社の事業活動の展開の中で関西の各私鉄の役割を強調している。

大毎は、南海電鉄とのタイアップで浜寺海水浴場および浜寺海泳練習所（のちの水練学校）の開発、整備をはじめとして、新たな大都市近郊リゾートとして浜寺公園地域の全面的な開発を推進し、しかも各種メディア・イベントを配置することで快適な沿線郊外の形成に成功したといえる。このことは、その後の大毎、大朝と箕面電車（のちの阪急電鉄）とのタイアップによる沿線郊外開発の先駆的モデルとなった。[3]

関西では、朝毎の二大新聞と私鉄各社が情報と人を運び、新たな生活と文化の空間を作り上げていった。津金澤は前述のように、南海電鉄と大阪毎日新聞の事業を紹介しているが、その後小林一三の宝塚戦略に注目した『宝塚戦略：小林一三の生活文化論』[4]を発表している。その中で、一九一〇（明治四三）年運行を開始した箕面有馬電気軌道（現阪急電車）について、郊外の余暇サイトとしての宝塚開発とともに、郊外の宅地開発についても触れている。[5]まず、第一次大戦後の大阪について、

その間、市域の面積も拡大されてはいるが、これほどの人口集中、居住密集が進めば、都市生活環境の劣化は必然である。とりわけ、急膨張した大都市の矛盾は弱い立場の階層にしわよせされ、一方ではスラム生活圏がますます拡大された。

他方、経済的に余裕のある階層の「煙の都」から脱出願望も強められてゆく。郊外生活への憧れないし潜在的

欲求は、市内の居住環境が過酷であった分だけ、東京に比べて大阪の方がより強かったといえよう。
そんな時期に、箕面電車が開業し、その沿線郊外への脱出を呼びかけたのだった。いわば、私鉄による郊外住宅地経営の成長と、大阪市内でのスラムの膨張と温存とは、ほぼ同時に対極的に進行した

津金澤によれば、こうした大阪の都市状況の中で、富裕層が大阪南部や神戸の住吉、御影に別荘を作る傾向が生まれていたが、小林はそれには批判的であったという。

小林一三は別荘族のぜいたくを批判し、これらは対象外として、むしろより所得の低い中流層の潜在需要をいかに引き出すかに狙いをつけ、期待をかけた。
「郊外に居住し日々市内に出でて終日勤務に脳漿を絞り、過労したる身体を其家庭に慰安せんとせらるる諸君」、すなわち中流サラリーマンに向けての郊外移住への呼びかけであった。一九一〇年（明治四十三）年に、まず、猪名川を望む景勝の地・池田室町に住宅二百戸の小さな郊外コミュニティをつくり、大々的に売り出した。
これが、わが国における私鉄による田園郊外住宅地（ガーデン・サバーブ）経営の最初であり、池田室町はその記念すべき阪急ニュータウン第一号となった。(6)

他の研究者もまた関西のモダニズム、阪神モダニズムの象徴として、阪急電鉄の創業者小林一三に注目している。例えば、土井勉もまた、関西の私鉄沿線文化についての考察の初めに、小林一三の住宅開発を紹介。

阪急が現在の宝塚線にあたる箕面有馬電気軌道の運行開始をしたのは一九一〇（明治四三）年のことである。

それに先立つ一九〇九（明治四二）年には、「空暗き煙の都に住む不幸なるわが大阪市民諸君よ！」という挑発的な書き出しで始まる住宅地紹介パンフレット『如何なる土地を選ぶべきか如何なる家屋に住むべきか』を発行している。(7)

土井は、このように、小林一三の阪急の郊外戦略として、やはり、池田市室町住宅地についての有名なパンフレットを紹介する。その後英国の「田園都市」提唱と日本への影響に触れ、小林一三の郊外住宅戦略をさらに以下のように説明する。

こうした取組を通じて、郊外住宅地の販売について手応えをつかんだことから池田室町に続いて、桜井や豊中など阪急沿線で多くの住宅地開発が行われた。それと同時に一九一三（大正二）年～一九一六（大正五）年頃まで発行されていた阪急の沿線案内誌である『山容水態』ではこうした住宅地の紹介だけでなく、「田園生活の幼児に及ぼした感化」（一九一四年六月号）、「理想の子供室」（一九一五年四月号）、「理想の台所」（一九一六年五月号）など郊外住宅地の効用や住まい方に関する記事も多く掲載されるようになった。ここに住むことによって健康的で近代的で文化的な生活が可能になると示唆されているのである。(8)

ただ、こうした私鉄経営に関する「小林一三神話」に対して異議を唱える研究もある。鈴木勇一郎は、日本近代の私鉄開業が郊外住宅の開発ではなく、神社仏閣の参拝を中心とした宗教にかかわるものだったと分析している。それは、阪急の前身、有馬箕面電気軌道にしても清荒神や中山寺への参詣を見込んでいたなどとしてそのモデルは変わらないとの主張である。(9)

2 「都市間鉄道」としての阪神電鉄の開業

前項の鈴木の批判にもかかわらず、都市郊外の開発に限定すれば、小林一三の戦略についての研究に間違いはないだろう。ただ、小林一三の鉄道経営戦略がその後の同種のモデルとなり、象徴的なものであるとしても、他の私鉄が同様の取り組みを行っていなかったわけではない。にもかかわらず、その他の私鉄の取り組みに関する指摘は前記の一連の研究でも少ないといえよう。とりわけ、阪神モダニズムを担ったはずの「阪神電鉄」の事業について、文化研究の立場からの分析と考察はほとんどなされていない。実は阪神電鉄は、「阪急」の取組みとほぼ同時期に同様の取り組みを行っていた。いや、むしろやや早い時期に行われていたのである。鈴木にしても、「小林一三神話」を否定しつつ、関東圏の私鉄経営を宗教的関心や人々の性的欲望に結び付けて展開したと主張するが、阪神電鉄に関しては、それとは異なる「都市間輸送」型の私鉄として簡単に紹介しつつ、阪神の電鉄経営の説明は避けている。

また、津金澤も、前述のように南海電鉄と大阪毎日新聞の連携による郊外開発をそのモデルとして紹介したが、同時期に進んでいた阪神電鉄には触れていない。

阪神電鉄は、今や高校野球の「聖地」であり、阪神タイガースの「聖地」ともされる甲子園球場をはじめ、多くのスポーツ事業、余暇事業とともに郊外生活にかかわる事業を展開している。これについては、「日本電鉄事業史上パイオニア的意義を持つもの」との評価とともに、「小林一三神話」に隠れ、知られていないとする見解がある。[10]

武村民郎もまた、「阪神電気鉄道株式会社は創立期以降、（中略）沿線開発と余暇活動の企業化には極めて積極的であった。こうした同社の先駆的経営戦略と、それが関西地方の生活文化形成に与えた影響について正しく評価する必要がある」[11]としてはいるものの、阪神電鉄の郊外開発事業に対して本格的には論じてはいない。

さて、阪神電鉄は一八九三（明治二六）年、大阪─神戸間の敷設を目指して設立した神阪電気鉄道株式会社に始まり、翌年摂津電気鉄道株式会社に改称、坂神電気鉄道株式会社との合併を経て、一八九九（明治三二）年、阪神電気鉄道株式会社と改称した。そして、一九〇五（明治三八）年四月一二日に大阪─神戸間三四駅を九〇分で結ぶ郊外電車として開業した。当時の電気鉄道のタイプとしては、市内電車のタイプと、観光地・寺社参拝の遊覧電車タイプ、そして都市間電鉄のタイプに分けられるが、阪神電鉄は、京浜電鉄より一足早く都市間電気鉄道として初めてのビジネスモデルを誕生させたとの自負を語っている。[12]

阪神電鉄は、開業前から連日、朝毎に開業の広告（図1）を掲載したが、前日には「電車は振動なくして乗心地よし　電車は美麗をもって賞讃を得たり　電車は米国最新式日本唯一なり　電車は八十人乗のボギー式なり　電車の腰掛けはビロウド張なり　電車の内部は夜間白昼の如し」[13]とのキャッチコピーを使用している。開業広告に宣伝したとおりの電車が走行し、人々は驚嘆したという。開業翌日には試乗記事が掲載されるが、初日からの人気ぶりがうかがわれる。

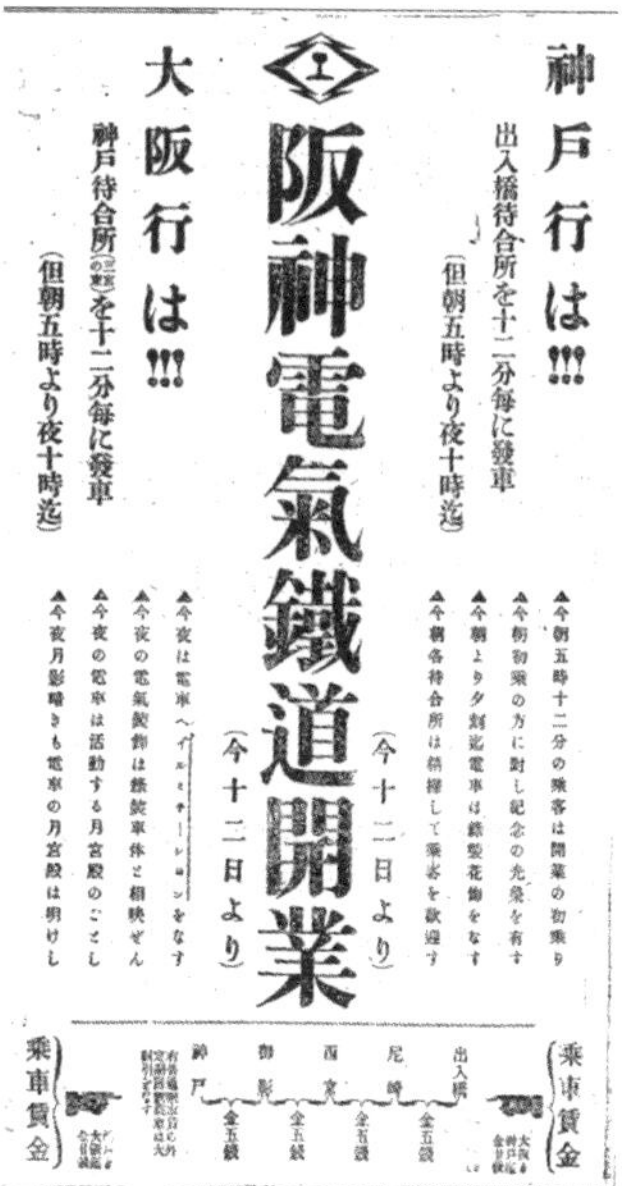

神戸行は!!!
出入橋待合所を十二分毎に發車
（但朝五時より夜十時迄）
阪神電氣鐵道開業
（今十二日より）
大阪行は!!!
神戸待合所を十二分毎に發車
（但朝五時より夜十時迄）
▲今朝五時十二分の乗客は開業の初乗り
乗車賃金
出入橋
尼崎
西宮
御影
神戸
金五錢
乗車賃金

図1　阪神電鉄開業日の広告
（「大阪毎日新聞」1905年4月12日）

阪神電車の乗心地

阪神電車は愈々昨日より開通したるを以て記者は午前八時四十五分の発車に乗込みて神戸に向ひしが八十人乗の車も犇と詰りて身動きもならぬほどの大繁盛、福嶋と野田の間に煙花の打揚げあり淀川の大鉄橋を越え稗嶋大和田を過ぎて神崎川を渡り佃、杭瀬等を経、黄金を敷きたらん如き菜の花を眺めつつ義経の船出せし大物浦に着せば此處には乗客及び見

図２　開業当時の阪神電車　東名村乙女塚付近[14]
（現神戸市東灘区処女塚付近）

物の男女多く集ひて混雑の様に見受けたり、尼ケ崎は発電所の所在にして構内の規模もなかなか壮大なるが昨日は此駅には停車せず蓬川以西は沿線の光景頗るよろしく松原の間よりのたりのたりの春の海を眺め白帆の影手に取るやうに見えてしばし車を停めたき心地ぞせらる

（「大阪毎日新聞」一九〇五年四月一三日）

右の新聞記事には、開業初日の混雑ぶりとともに、市街地を過ぎれば、すぐにのんびりとした田園風景、そして大阪湾の景色が広がっていることが示されている。開業当時の沿線は大阪市内を出れば、神戸までほとんど大阪湾沿岸の田園地帯であり、中間地点での乗降客の増加は喫緊の課題であった。

３　『市外居住のすすめ』

阪神電鉄は開業間もなくして、「郊外開発」を具体的に提唱し始める。まず、大阪、神戸の都市内に住む富裕のサラリーマン層に向けて『市外居住のすゝめ』（一九〇八年）を刊行した。これを編集した高田兼吉は、あとがきで次のように記している。

我国において専ら市外居住の利益を奨励したのは、恐らく本書を以て嚆矢とするであらう。（中略）兎に角本書が我国において市外居住を奨めた濫觴であることは、啻に阪神電気鉄道会社の名誉のみでありませぬ、実に我が大阪市の名誉である。何となれば大阪市は全国に率先して市外居住を必要とする繁栄の程度、換言すれば欧米文明国の都市と同一程度に達した故である。[15]

このように、「郊外生活」の良さを語った日本初の書物であるという自負とともに、阪神電鉄の郊外政策を誇っている。さらに、これらの編集にかかわった太宰政夫は、『輸送奉仕の五十年』のなかでこの移住を奨励する書物の刊行の経緯を次のように回顧している。

何よりも郊外のよさが都会人によく分っていなかった。そこで健康地として沿線を奨励するには、自己宣伝よりも権威のある医師の所見を紹介することが効果的だと思い、明治四十年に大阪府立医学校長（今の阪大の前身）佐多愛彦博士にご相談して著名な刀圭家十四人の寄稿を求め、都会と郊外とが日常生活に及ぼす利害を学理と実際の両面から比較した「市外居住のすすめ」を発刊する。[16]

さらに『阪神電鉄百年史』には、以下の記載がある。

阪神電鉄の『市外居住のすすめ』に登場する一四人の大阪を代表する名医は、いずれも市外への移住、郊外での生活を強く勧めている。このなかで、高名な緒方洪庵直系の医師である緒方銈次郎は、「私の思ひます所にては阪神電気鉄道会社にて市外住居を勧めらるる以上は一層奮って此付近の健康地を購ひ、市内に通勤する人士の為に衛生に適したる家屋を建設し、之を相当なる価値を以て貸与する方法を建てられたならば如何であるか」と提言し、また堀見克礼医師も、「多数移住者と利益の相反する虞のない阪神電鉄自身に遣るの外がない」として、「第一、沿線各所適当の地を選んで阪神電鉄の模範村を建置し万般の設備を完全にすること。第二、阪神電鉄の模範村購買消費組合を設け会社の直営とすること」など、きわめて具体的な方策を提唱していた。こうした権威

図３　開業当時の「魚崎濱・住吉川の風景」

ある医師の発言は、阪神電鉄の経営者にも大きな影響を与えずにはおかなかったであろう(17)。

前述の緒方の提案には前提があり、緒方は阪神の開通以前から住吉に「別荘」を持っており、父親や家族を住まわせ、自身も週末に通っていた。ちなみに緒方銈次郎は緒方洪庵の孫にあたる。緒方はさらに次のように述べる。

私如きも六年前より御影の附近住吉呉田濱の別邸を控へて居るが、盛夏には小供の海水浴、厳冬には両親の避寒地として共に非常の好結果を挙げた。即ち、虚弱な老父も近来大に健康を快復し、小供はいづれも體格筋肉の発育殊の外良しい。私も休日毎に電鉄を利用して此處にさへ来ると心神頓に爽快を覚えて積日の疲労を忘れ新しい勇気を養ふことが出来る。其處で自ら以て衛生上の最適地と信じて居る次第であるが、世間には私と同感の士の多いと見へ、電鉄布設以来急に別荘又は新たに建てられた貸家が此地に激増して来た。私は此現象を見て眞に大なる愉快を感ずるものであるが、往々狹愛溢なる殺風景の長屋を建て連ね啻に風致を害するのみならず衛生上にも亦不適當なる小屋の増加し行くを見、又其貸主に暴利をむ貪ぶる輩あつて為に折角起りかけた市外生活の機運を挫くの跡あるを聞き憂慮に堪へません(18)。

この文章から理解されるように、阪神電鉄の開業以前から住吉周辺には徐々に「別荘」的な住宅が建ち始めており、さらに、緒方から見れば、阪神電鉄開業後、高級別荘地にはふさわしくない建物が建ちだしていた。阪神電鉄開業以前に官営鉄道の駅があった住吉村はとりわけ、少しずつ住宅開発が進んでいた[19]。そのうえで阪神電鉄は、以下のように郊外生活の利点を改めて強調する。

阪神電鉄の沿線は交通の利便、需要品の潤澤其他凡ての機関が完備して居て、衛生上の見地よりするも一の缺點なく、常住地として最も適当の場所かと思はれます。加之此等の地には人為や金力を以て他に求むることの出来ぬ利益があります。夫れは此地方が山海の風光明媚にして四時遊楽の勝地に富み、山は獵するに任せ海は漁するに委し、而も名所舊蹟の多きこと他に類が少ないので、門前一歩をいづれば鬱を散し閑を消すに足り、幼者は即ち修学の材豊に、老者は為に晩年を楽しむの料饒である[20]。

こうして、郊外の生活には、自然があふれつつも便利で快適な生活が年齢を問わず待っていると唱っている。ただ、当時の郊外生活、あるいは田園生活で忘れられがちなことがある。大都市内部とは異なり、電気は完備していなかった。阪神電車が開通したことで便利になったのは「交通」の便だけではない。例えば、西宮においては、阪神電鉄の電気供給事業により、一九〇八（明治四一）年十月に一部で電灯がともり始め、沿線では一九一三年末までには電気が通るようになった[21]。因みに西宮北部でも、一九二〇年の阪神急行電鉄（現阪急神戸線）の開通により電灯がともっている。電鉄開通の恩恵は輸送だけでなく、電気のある生活でもあったのである。

4　PR誌『郊外生活』の描く郊外

この『市外居住のすすめ』が刊行された時期に具体的な事業として実施されたのは、西宮停留場前と鳴尾の賃貸経営、御影の住宅分譲である。ただ、この時期に阪神電鉄は、単なる宅地造成と分譲という視点以上のものを持っていたことには注目すべきであろう。阪神電鉄は、すでに二〇世紀初頭、「阪急」よりも早く「郊外への欲望」に目をつけていたことになる。さらに後の一九一四(大正三)年から二年間刊行された月刊誌『郊外生活』において、阪神沿線の風景写真の募集告知記事「阪神沿線の風景寫眞を募る」の中で、次のように郊外のよさが語られる。

阪神電車の沿線は至る處に自然の美が横ってゐます。この自然の美を捉へて印畫としたものを一つに纏めて、武庫の平野の美しさを廣く世に紹介したいと存じます。この目的で聊かながら賞を懸けて風景寫眞を募る事にいたしました。(22)

この記事は、沿線の自然の美しさを強調するだけではない。一九一〇年代前半、カメラを持つ階層を考えれば、この記事の意味は現代とは大きく異なる。カメラを持つ人々への訴えかけ自体に、郊外生活の階層性が見事に表現されていたと言えよう。

さらに、『郊外生活』には、郊外生活の魅力を語るに必須と思われた「園芸」の記事や「宅地」についての記事が掲載される。たとえば、『郊外生活』(一九一五年五月号)では、園芸に関する特集が組まれている。「花壇の作り方と花の配色」においては「日本には日本の作り方があるやうに、欧米には欧米の造園法や花壇の作り方があります(23)」と、欧米の郊外生活が語られる。

そして、次のような告知からも、郊外生活と園芸が接続されていたことがわかる。(24)

再び　関西ダリア大会

昨年七月に催しました第一回関西ダリア大会は非常の盛況で予期の通りに成功いたしました。それが一般園芸家に多大の刺激を与へまして、今日ではダリアを作らない園芸家はない程の勢ひになりましたから、今年も七月に第二回の大会を開く事に確定いたしました。之れによつて前年の大会が如何に園芸界の機運を促進したかを示すことが出来ると信じます。詳細は本誌の六月号に発表いたしますから、同好者諸君が奮つて出品して下さる事を望みます。

期日　大正三年七月中旬
場所　阪神沿線香櫨園濱

また、「阪神沿道の氣候は日本第一である」との記事では、六甲山観測所の中川源三郎が「世界の都市や日本の他都市と比較しながら、「この阪神沿道地方は地理上本邦の中央経緯度に位し、而も気候上各要素とも其の中庸を得て居る事實は、多くの地方に類例を需め難い好地である。それで此沿道地方を、本邦第一の気候を有すと謂つた次第である」と主張する。(25)

さらに、同誌の広告には、「お子達をよく教育なさるには阪神沿線が最も適当であります　山は崇高なる人格を作ります　海は不断の活動を教えます(26)」と、教育環境としても郊外の良さを宣伝している。

もちろん、阪神電鉄沿線には、「灘五郷」と呼ばれる古くからの酒造業があったものの、その多くは田園であった。そして、阪神電鉄の開業以前に内陸部に開通していた官設鉄道が明治七年には開通していたが、阪神間の地域をきめ細かく結ぶものではなかった。ちなみに、一九世紀中に開業していた阪神間の駅は西宮と住吉だけである。(27)

そして一九二〇年の阪神急行電鉄（現阪急電車神戸線）の開業以降、いわゆる「阪神モダニズム」の「文化生活」が加速するが、大阪毎日新聞は一九二五（大正一四）年六月に「文化を司る家々」という特集記事を連載、モダンな生活を象徴する文化的リーダーたちの生活スタイルを紹介している。たとえば貴金属商・尚美堂専務の江藤嘉吉の家庭生活についての回では、神戸・御影の高級住宅地にある彼の邸宅が紹介される。その庭でくつろぐ家族の写真とともに、家族が毎週土曜日の夜に、ピアノ、チェロ、バイオリンを合奏する様子、そして、家族や女中たちの洋式の生活ぶりを紹介している。

文化という字が洋化を意味するなら、氏の家庭などは徹底した文化生活と言えよう「日本住宅にいた間は、女中三人が朝から晩まで、ふき掃除と洗濯にてんてこ舞いをしていたが、洋室にしてから女中二人で、しかも半日は彼女達自身の時間を持つことが出来ました。世間の人は洋式生活を馬鹿に贅沢視するが、一応、ファニチュアさえ揃ってしまえば、後は却って安価にあがるのである」と、ちょっと氏の実験家庭能率増進法を紹介しておく

（「大阪毎日新聞」一九二五年六月一四日）

この記事の中心は、見出しに「神戸情緒豊かな家族奉仕の生活」とあるように、洋式の合理的な生活による郊外生活の賛美である。そして、「私は子孫のために美田は買いませんが、いい習慣をつけることには腐心しています。兄弟むつまじいところ、家庭以外の悪趣味に走らぬところ、そんなところを見せつけておくと、子供は自然に順調な生活を覚えるでしょう」と江藤の言葉を載せ、「だから氏は、徹底した家庭奉仕家で、家に帰っては商売の方もまったく忘れて家庭享楽に苦心すると結んでいる。この記事でも、郊外生活の価値は理想の「家庭」生活という価値と一体となって唱導されている。

こうして発展した阪神間の郊外での生活の余暇活動に注目して、竹村は、「まさにモダンなレジャー文化の苗床となった。郊外のレジャー活動は新しい意味を持った。多彩なレジャーが新しい民主的社会のシンボルまたは手段となった[28]」と評価する。もちろん、この「民主的社会」の担い手は、阪神間に台頭しつつあったブルジョワジーを中心とした富裕階層であった。

ちなみに、『郊外生活』は前述の太宰政夫運輸課長が退職することで約二年間の刊行のみとなった。

第二節　阪神電鉄の余暇・スポーツ事業と新聞社の役割

阪神電鉄は上記のような郊外へのまなざしをもって、郊外住宅地と新たな郊外の娯楽スペースの開発を行っているが、それらの事業は、前章までに明らかにしたスポーツイベントだけではなく、郊外における余暇事業として新聞社と一体となって展開される。

図４　1908（明治 41）年頃の香櫨園停車場

１　香櫨園の開発

一九〇五（明治三八）年に開業した阪神電鉄にかかわる初期の郊外レジャー施設は香櫨園であった。もともと香櫨園は、一八九六（明治二九）年香野藏治と櫨山（はぜやま）喜一が原野を買収、阪神電鉄開通を見込んで「一大楽天地」を企画し、一九〇七年開園した。現在の阪神電車「香櫨園」駅の北東部、ＪＲ神戸線「夙川」駅の南側に位置していた。運動場、庭園、奏楽堂、動物園、博物館、恵比寿ホテルなどを設置した一大郊外レジャー地であった。ただ、その寿命は短く、一九一三年九月には廃園となった。その跡地は神戸のサミュエル商会が買い取り、外国人向けの住宅地として開発する予定であったが、第一次世界大戦の開始により外国人の多くが帰国したため計画はとん挫した。結局は一九三八年に海外資本によって買い取られ、外国人向け

大阪毎日新聞

電車内の敵味方

朝野の名士がギッシリ

花の如き觀光團

図５　早稲田大学対シカゴ大学の野球試合の記事
（「大阪毎日新聞」1910年10月26日）

宅地として造成されることとなったとされる。[29] 一九一三年以降、香櫨園海水浴場だけが阪神電鉄によって経営され、廃園となった動物園の動物たちは、園長とともに箕面有馬電気軌道（現阪急電車）が経営する箕面動物園へと移された。[30]

香櫨園におけるスポーツとしては、大学野球の開催が大きなものとして記録されている。[31] 一九一〇（明治四三）年十月二五日からの三日間、香櫨園内に急造された四七〇〇坪のグラウンドで、[32] 早稲田大学とシカゴ大学との野球試合が大阪毎日新聞社の主催で行われている。第一章で述べたように、大阪毎日新聞と阪神電鉄が協力して開催した「阪神マラソン」から一年後の企画であった。試合は早稲田大学が三戦全敗と、日本の野球ファンには残念な結果であったが、「不完全なグラウンドなので入場料は徴収せず、観戦の申し込みを受けた学校団体を優先させただけで、全試合を一般に無料開放し」[33] て、地域住民や野球ファンへのサービスに努めたとされる。

このイベントについては、当時早稲田大学野球部マネージャーとして球審を務め、[34] 翌年、大阪毎日新聞に入社する西尾守一が、その模様を回顧している。西尾によれば、この時期、関西における野球は三高を中心に行われていたものの、関東での野球人気に比べれば限定的なものとされていたが、まさに新聞報道を通して徐々に人気が高まっていた時期であり、大阪毎日新聞は早稲田大学に関西での試合を交渉していた。そして、試合前日の両チームの大阪入りについては、大阪駅から大阪ホテルまで選手たちを人力車に載せ、ちょうちん行列をするなど、大々的な歓迎の中、翌日の試合当日には、阪神電車も出入橋から香櫨園まで「花電車」を仕立てて選手たちを運び、イベントが開催されたという。しかし、試合結果は三戦全敗の上に二二対〇というようなスコアの大敗で、日米の力の差を見せつけられた。ただ、このイベントの大盛況は関西での野球場建設への弾みとなるもので、西尾は、「『関西にももっとよい運動場をつくろう』という機運が高まり、大正のはじめに箕有電車がまず豊中に、次いで阪神電車が鳴尾にそれぞれ当時としては立派なグラウンドを開設されるにいたった」と回顧している。こうして、後の大阪朝日新聞主催の「全国中等学校優勝野球大会」の下地のひとつが作られたと言えよう。この大会が、豊中グラウンドで初めて開催されるのは五年後の一九一五（大正四）年である。

2　打出海水浴場から香櫨園海水浴場へ

一九〇五（明治三八）年七月開設された打出海水浴場は、開業間もない阪神電車の郊外施設の端緒を開くものでもあった。阪神電鉄創業時の社員である松浦充実の回顧によれば、打出海水浴場についての提案が採用され、夏の開設準備を始めたが「ちょうど日本海の大海戦の後で、国民の海への関心が高まりかけていた時とてかなりの人手を見た[35]」とする。確かに開設が一九〇五年五月の日本海海戦直後ではあるが、人気の要因が日露戦争であったかどうかは不明である。明治後期は全国的に海水浴への関心が高まっていた時期であった。この成功を翌年につなげるため、松浦の元勤務先の大阪毎日新聞と交渉した。大阪毎日も「海事思想の涵養に熱心」で、一九〇六年六月二八日に社告が掲載された。これに対し、大毎社長の本山彦一が重役を務めていた南海電車も大毎に働きかけ、打出と浜寺の同時開設の追加発表がなされたという[36]。

図6　1914年頃の香櫨園海水浴場
（『郊外生活』1914年7月号）

これについては、武村も明治期の「レジャー革命」に関する論考の中で触れている。武村は、「時運は國民の海上發展を促しつつあり、海事思想の養成先ず急にしてこれが為には國民特に青、少年の男女して海を知り海と相親しましむるに如くはなし[37]」という大阪毎日新聞の浜寺海水浴場開設の趣旨に関する記事を引用しつつ、海水浴場の開設を海事思想の普及と結びつけていることに注目する。さらに、英国の海浜リゾートの例を出しながら、その発展は「海事思想の影響というよりは、この時期勤労大衆の実質賃金の上昇、新しいレジャー観、それに鉄道網の拡大の結果[38]」として、浜寺の場合も南海鉄道の役割を示唆している。

先にも触れたように、いくつかの研究で一九〇六年の南海鉄道による浜寺海水浴場の開設が関西における海水浴場の嚆矢とされているが、それは大阪毎日新聞の資料によるからであり、電鉄単独では一九〇五年の打出浜が関西においては最初である[39]。

そして、この打出海水浴場の開設に合わせるように、大阪毎日新聞は同年の八月二〇日に「海上十哩大阪築港～御影魚崎間遠泳」を開催している。この遠泳は、打出海水浴場の沖合を通過するものだった、八月一日付の社告には「大阪築港を起点とし摂津海岸に沿ひ御影魚崎間の出洲に至る十哩間」とし、「選手は内外人を問はず体格検査及び技量試験に合格したるものの中より二十名を選抜す」としている。二〇日の遠泳当日には、予定を超えて選抜された二八人の選手の紹介と観覧場所の紹介など大々的な宣伝の記事が掲載された。競技結果は、東京法科大学学生の杉村陽太郎[40]が優勝し賞金三百円を獲得した[41]。ただ、阪神電鉄開通直後のイベントではあったが、遠泳のコースは海岸からやや離れたところで実施され、浜辺からの見物には適しておらず、事前に期待したほどの見物人を集めることはできなかったようである。その後、遠泳イベントは企画されなくなった。

さて、一九〇七年には大阪毎日新聞は浜寺への後援に集中し、打出の浜辺が海水浴には不向きであるとの判断がなされたこともあり、香櫨園浜に統合移動されることになった。さらに一四年には香櫨園の諸設備も統合され香櫨園は海水浴場のみとなる。その後一九二五（大正一四）年に阪神電鉄は浜甲子園に海水浴場を開設し、第二次大戦後一九六五年まで賑わうこととなる。ちなみに、両海水浴場の水練所からは五輪選手をはじめ、多くの優秀な水泳選手が輩出している[42]。

以上のような経過を経て、打出浜の海水浴場は阪神間余暇施設の記憶から消えていくことになった。

3　鳴尾運動場の開発

鳴尾運動場は、豊中球場で始まった全国中等学校野球大会が豊中から移り、甲子園球場の完成まで開催された場所として知られているが、まさにそれに関してのみ紹介されることが多く、その建設経過についてふれられることは少ない。

鳴尾運動場は、先の香櫨園遊園地内の運動場が一九一三（大正二）年に閉鎖された後、阪神電鉄が新たな運動施設として建設した。阪神電鉄は、馬券の発売禁止で遊休地化していた鳴尾競馬場（一九〇七年開設当初は「関西競馬場」）の走路内の土地を活用すべく、一九一四年四月に競馬倶楽部から借用し、陸上競技場とテニスコート、野球場を整備したものである[43]。

そもそも鳴尾には、阪神電鉄開業の一九〇五（明治三八）年に、鳴尾村の辰馬半右衛門が独力で遊園地「百花園」を設け、名物の「鳴尾いちご」とともに、初めて「鳴尾」の地を大阪や神戸の人々に知らせたという[44]。この「百花園」開設も阪神電鉄との関連を直接示す資料はないが、当然ながらその開業を見越して作られたものであろう。

鳴尾での飛行大会

この鳴尾運動場が完成する前、鳴尾競馬場の広大な遊休地であった時期にも新聞社がかかわった「スポーツ」イベントがあった。一九一一（明治四四）年三月にアメリカ人飛行士マースが大阪朝日新聞社の招きで来日し、鳴尾競馬場で飛行し、「競馬場のスタンドすれすれまで急降下したため、観衆が悲鳴を上げてへたばってしまった[45]」という。一九一一年と言えば、ライト兄弟が初飛行に成功してからわずか八年後のことであるが、ちなみにマースはこの一週間前、大阪市の城東練兵場で飛行したのが関西初飛行であった。

こうして大阪朝日新聞は、この後鳴尾を会場として飛行大会を催し、また、水上飛行機については香櫨園浜が会場として選ばれた。一九一四（大正三）年六月には、帝国飛行協会主催、大阪朝日新聞後援で第一回民間飛行大会が実施され、阪神電車を利用して大群衆が押し掛けた。さらに第二回が一九一五年十二月に開催されたが、朝日は年明けの一月にはアメリカ人飛行士ナイルスを招き「曲芸飛行」を見せている。さらに四月には、曲芸飛行を得意とするアート・スミス飛行士を招聘し、夜間飛行も実施した。

大阪朝日新聞はこの飛行大会について事前に大々的な宣伝し、最終日の夜間飛行については一〇万以上の観衆が押し掛けたとされ、阪神電車は未明まで臨時電車を運行し観衆を運ぶこととなった。その混雑の結果、スミス飛行士は阪神の特別電車に乗って大阪のホテルに戻ることができず、格納庫のテント内で一夜を過ごすことになったという。

一九一四（大正三）年といえば前述のとおり、大阪朝日新聞は全国中等学校優勝野球大会を始める前年であり、先行した大阪毎日新聞を追いかけるようにスポーツ事業に乗り出していくが、この時期までは、この「飛行」イベントのように「冒険」「探検」ものに属する事業に関心の重点があった。

鳴尾運動場

一九一四年の『郊外生活』において、阪神競馬場に建設中の「鳴尾運動場」についての告知的記事を阪神電鉄が会社として掲載している。そこでは、前項の飛行大会について「此地に於て空中飛行の壯擧開催せられ、十數萬の來館者を収容して何等毫末も混雑生ぜず」と、大観衆が詰めかけた大会開催の成果に自信を見せた後、新設の運動場の概要を明らかにしている。

馬場柵内楕圓形の空地は従来荒茫に委せられたるも、之れに相當の人工えを加へ、其中央四萬坪のグラウンドを作り、周圍の余地は春秋常に紅黄紫白の花卉を植付けて毛氈花壇に仕上げ、啻に運動場としてのみならず家族を携へて一日の清遊びを楽むに足るの設備を作らんとするものに候。而して馬見臺下及之れに付属する建築物内に事務所、集會所、休憩所を設け、大運動場として何等遺漏なきをのものにして、附近空氣清新と地域の宏壮と設備の完全とは大に誇るべき三大特色に候。此等の設備は遅くとも明年陽春の候に竣成すべき豫定なれば、之れを公衆に提供し得るの日も遠からずと存じ候(46)。

右記のように、阪神電鉄としては、郊外の自然環境の良さとその設備の良さ、そして家族向けの施設として社会に宣伝している。一方、建設当事者たちの回顧からは別の側面も見えてくる。鳴尾運動場の建設には、電鉄の三崎技術長、山口覚二運輸課長が担当し、そこに陸上関係者や前述の早大野球部員だった大阪毎日新聞の西尾守一、さらに同じく早稲田大野球部の先輩にあたる大阪朝日新聞の橋戸頑鉄(47)と、建設計画の当初から新聞社からも加わっている(48)。「甲子園野球」初期の豊中から鳴尾への移動について、前出の

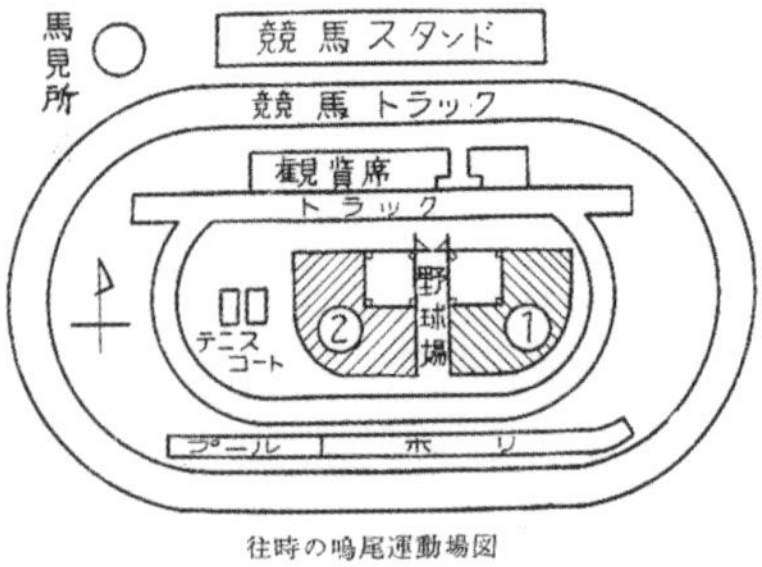

図７　1916年開設当時の鳴尾運動場地図
（『輸送奉仕の五十年』83頁）

山口覚二による次のような回顧がある。

何か一つ新聞社の方でまとまったことを沿線においてやってもらえまいか。そうすれば私の方もできるだけ協力し、利用していただく。豊中での全国中等学校優勝野球大会では観衆が一日に二、三千人くらいあったかもしれぬが、うまくはけきれなかったようだ。こちらは客さばきにも自信がある。何か一つ考えてもらえないか。(49)

このように、阪神電鉄の側からのアプローチであったとし、大阪朝日の販売部長と話をし、結果、大阪朝日はこの話に乗ることになる。

朝日としてはあの野球大会にはグラウンドが二つないと困るという意見であった。そのころは選手の滞在費は各校の自弁であったから、会期が長引くのを心配されたのであろう。〝何とか四、五日で切上げたい。それには二つ要る。阪神の方でもし二つつくる決心があるなら一つ考えて見よう〟という話であった。早速帰って三崎技師長に相談したが、もともと二人とも運動好きだから話は一決し、場所も鳴尾競馬場を利用することになった。

…そのころの競馬場は不況で弱って売込みがあり、結局あそこのトラック内四万四千坪という大きな空地を阪神が借りて整地の上、陸上運動場でも設けようと決めていたので、早速球技場二つを併置することにした。朝日の方では社会部長の長谷川如是閑君も来られて〝本当に阪神の方でやるのか。万一しくじられたら社の面目に関するから…〟と念を押し、万事は橋戸頑鉄君（早大出身の運動記者）と相談してということになった。そこで橋戸君と検分出かけた。(50)

以上のような回顧からは、ここでも新聞社と電鉄の密接な連携によって野球大会の拡大が企画されていたことが理解できよう。

鳴尾運動場完成後最初のスポーツイベントは一九一六（大正五）年一〇月二七日の極東競技大会予選、二八日の第一回関東関西対抗陸上競技会[51]であり、ともに大阪朝日新聞が主催した。そして、一九一七年の第三回から全国中等学校優勝野球大会は鳴尾野球場に移るが、翌一九一八年の第四回は「米騒動」のために中止される。米騒動のために中止とされたことは周知の事実であるが、山口の回顧によれば、神戸では「米の買い占めで恨みの中心となっていた」鈴木商店の工場が鳴尾運動場の近くにあり、「野球見物の後でどんな騒ぎになるかもしれない」という理由で中止に追い込まれた。この時、すでに参加チームは鳴尾付近に集まり組み合わせも決まっていたという[52]。ちなみに、『神戸市史』によれば、鈴木商店の米買い占めは「濡れ衣」であり、寺内内閣への批判に対し、寺内内閣に「輸入米の調達で協力」していたことや「米の調達の手際が良かったために大量の買い入れとなったこと」が誤解されたとする[53]。

さて、以上のように、鳴尾においても新聞社と阪神電車が連携し合いながらスポーツイベントを開催していったが、この両者の密接な協力関係は、そのベースの施設の建設から始めてスポーツイベントを協力して「創造」していったという方が適切であろう。さらに付言すれば、一九一〇年代から二〇年代初頭にかけて鳴尾が関西における電鉄と新聞社による一大イベント空間を提供していたともいえるだろう。

4　「健康」な郊外としての甲子園の開発

「甲子園」こそは、現在に至るまで阪神電鉄の事業を象徴するものであり、まさに野球の「聖地」として位置づけられているが、甲子園の開発とは「甲子園球場」を意味することにとどまらず、阪神電鉄にとっての郊外開発を象徴する一大事業であった。

甲子園の開発は、上記の香櫨園開発に比べると一〇年以上時代が下ることになるが、一九二二（大正一一）年一〇月に枝川・申川廃川敷二二万四千坪を兵庫県から四一〇万円で譲り受けたことで開始され、これが「阪神電鉄における総合的デベロッパー事業の嚆矢」とされる。[54]

「百年史」には、技術長としてアメリカのパデュー大学を出て開業前に阪神電鉄に入社した三崎省三の日記が紹介されている。その日記には、一九一〇年に外遊した三崎が「武庫川をハドソン河、またはテームズ河」に見立て「現今の枝川及び武庫川は、住宅地に」し、「鳴尾より西側の海岸を、遊覧地すなわちブリックプール及びブライトンまたはコニー・アイランドにする」と記しているという。さらに「阪神が率先して、立派な都会を造るの他、早道がない」と、一九一〇年段階での彼の構想が語られる。[55]

この甲子園開発事業は、甲子園球場を中心としたスポーツ・娯楽施設の開発と住宅地開発に分けられる。電鉄会社の事業として当然ではあったが、当時の記録を見れば、郊外からの通勤と都市中心部からの余暇生活への輸送（遊覧）とが同時に目指されていた計画であった。[56]

甲子園開発の基本方針は「花苑都市の企て」として「一寶遊園地を作って人を呼び他方気持ちのいい住宅街を設けてそこに割合にたくさんの人を住ませ、一種の田園都市風に施設しようと云ふにある、謂はば遊覧都市とも見るべきもので会社の人気事業でありまた沿線の発展計画であらう」[57]

このように「花苑都市」「田園都市」「遊覧都市」という言葉が用いられている。大阪郊外に自然があふれた土地に、住居と余暇生活、とりわけスポーツが一体となった都市の建設が目指されたのだが、開発当時の写真を見れば明らかなように、現在の甲子園周辺とは全く異なる、緑にあふれた「田園」地域であり、一大「開発」事業であった。

開発の中心となる甲子園球場の建設については多くの文献に記載があるが、当時鳴尾で開催されていた野球大会から、これだけの巨大スタジアムを建設することになった経過についてはあまり語られていない。この経過については、当時設計を担当し、後に社長となる野田省三が次のように回顧している。

会社では、この土地を住宅経営地や大運動場施設とかのレリクリエーション地にもしようという計画をもっていた。当時鳴尾の競馬場の中に二つのお粗末なグラウンドをつくって、大朝主催の全国中等学校野球大会やその他実業団野球大会を開催しておったが、年ごとに野球熱が高まり、観衆を収容し切れぬ状態なり、朝日新聞の方でも大きな球場をという話もあり、こちらの考えとも一致したので、本線鉄橋のすぐ下手にある枝川と申川との分岐点の広いところを選び、これに下手に拡がっている三角形の土地一万数千坪を買い足し、計三万坪ぐらいの広っぱにして大きな野球場をつくることになった(58)。

以上は、あくまで野田の回顧によるものだが、まずは、朝日新聞主催の夏の中等学校野球熱の高まりと鳴尾球場の施設の貧弱さが、甲子園球場建設の何よりもの理由であったようだ。「百年史」では、甲子園球場建設にも前出の三崎専務の貢献が強調されている。もともと野球に関心のあった三崎は、球場建設の研究を続けてきたが、一九二一年には車両課長の丸山繁をアメリカに派遣し、ニューヨークジャイアンツの本拠地ポロスタジアムの設計書を手に入れており、大阪朝日からの申し出に「渡りに船」で用地を確保し建設に取りかかったとする。甲子園球場は大林組の施工で一九二四年三月一一日に起工、同年七月三一日に完成し、内野五〇段座席の鉄筋コンクリート、外野部分は築堤式木造スタンド二〇段で観覧座席五万人、収容八万人と、当時としては「世界水準」の野球場が出現した。そして翌八月から第一〇回中等学校野球大会が開催され、ここに「甲子園野球」が開始された。

図８　1924年開設当時の甲子園球場[61]

さらに野田は、甲子園球場を含めてスポーツ事業は阪神電鉄の方針だったと、阪急を意識した発言もしている[60]。

当社は昔から剛健な精神と、健全な体格をつくるというスポーツ方面に力を入れるほうで軟派の方は不得手であり、またやろうともしなかったのです。剛健な体育施設に重点をおくことは、一方からいえば商売が下手ということになるかも知れんが…。球場でも陸上競技場でもテニスコートでも一年中使っているわけでなし、収益率はごく低いもので金もうけには縁が遠い。しかし、この一貫した経営方針はちょっと誇るべきものかと思う。電鉄それ自体が公共企業だから、こうした体位向上、文化向上の社会奉仕的事業はできるだけ押し進めてゆきたい。

阪神電鉄が明確にスポーツ事業を推進するという社風を持っていたかどうかは不明だが、少なくとも阪神間という空間で対抗した阪急と阪神は、地政学的にも違う道を歩まざるを得なかったのかもしれない。箕面から宝塚、有馬へと鉄路を進めようとした阪急は、山がちの沿線の中で箕面や宝塚温泉の開発を進めたのに対し、開かれた阪神間の海岸部を開発した阪神は、広い空間を利してスポーツ事業を中心に進めることとなったと考えられよう。

甲子園球場では当初の「甲子園運動場」という名称からも理解されるように、スキージャンプ大会など、野球以外の競技も開催された。そして、この球場以外にも、甲子園一帯の広大なスペースでは、多くのスポーツ関連施設が建設された。まず、一九二四（昭和二）年甲子園球場の開設に続いて、一九二六年には、硬式テニスコート九面が設けられ、一九二八年甲子園ローンテニスクラブ（のちに甲子園国際庭球倶楽部）、庭球寮の設立を経て、一九三一年頃には総数五七面におよび[62]、阪神モダニズムの象徴的な存在となるとともに、現在まで続く関西のテニスの隆盛の揺籃となった。続いて一九二九年には旧枝川河口近くにサッカーやラグビー、アメリカンフットボールや陸上競技のために南運動場も開設され、これも関西の学生スポーツ発展に大きく貢献するものになった。そして一九二五年海水浴場、甲子園浜プール、甲子園水泳研究所、一九三二年室内プール、一九三七年水上競技場などが建設され、国際大会も開かれることとなり、戦時体制に入るまで一大スポーツセンターとなった。

さらに、レジャー施設としては阪神パークの開設がある。一九二八（昭和三）年御大典阪神大博覧会の開催をきっかけとして一九二九年七月甲子園娯楽場を開設し、一九三二年に動物園を増設し、阪神パークと改称した。さらに、一九三五年三月には阪神水族館も増設している。

このように、阪神電鉄によって開発された甲子園は、少なくとも戦前期には日本を代表する郊外のスポーツ・余暇センターであった。

「健康な」住宅地経営

一方、甲子園住宅地経営についても簡単に触れておくと[63]、一九二八（昭和三）年から中甲子園、上甲子園、七番町、浜甲子園、廃川敷外で南甲子園経営地、浜甲子園健康住宅地として開発し、宅地を分譲した。これを大林組と土地委託経営の契約を結び、道路、上下水道、緑地帯、店舗、クラブハウス、幼稚園などを整備した。各区画一〇〇坪という広い敷地を提供し、名前にも「健康」をうたい、開業初期の『市外居住のすすめ』で主張された理想的な健康生活の空間が一九二〇年代末に実現した。

ここでも、大阪毎日新聞社が全面的に連携したキャンペーンを張っている。まずは一九二九（昭和四）

年五月に「われ等の家『健康住宅設計』募集」として、以下の社告を掲載している。

わが社は健康増進運動の一つとして「健康住宅設計」を懸賞募集致します。住宅の設計には便利、堅牢、快感の三要件を必要とすることは勿論でありますが、特に日本の風土気候に適応した設計による住宅でなければなりませぬ。即ち本社は住宅に関し最も造詣深い斬道の大家の研究を煩はし、中産階級程度の人々の住宅として必要な左記条件を具備した「健康住宅設計」を募集いたします。

（「大阪毎日新聞」一九二九年五月一八日）

さらに同年八月には、同コンペの入選作と大林組独自の設計案も含め、「浜甲子園健康住宅実物展覧会」を開催している。

「まづ健康！」の標語をかざして本社は昨年半歳にわたり国民の健康増進運動の大プレスキャンペーンを敢行、多大の効果をあげたがその際、全国から懸賞募集した「健康住宅の設計」の入選分は大阪東区京橋三の株式会社大林組の手で健康地阪神沿線の濱甲子園を選び八戸ほど試築中のところ、このほど漸く竣工したので来る十日から十月末まで（毎日午前九時～午後五時）この理想的な新しい健康住宅を主体として当選設計図、住宅に関する各種写真、図面、統計などを蒐め「健康住宅実物展覧会」を濱甲子園で開くこととなつた。

（「大阪毎日新聞」一九二九年八月八日）

なお、これらの分譲地の居住者には、大阪または神戸までの一年間の無賃乗車券が提供されたという。

さらに、阪神電鉄が開発したこの地区のランドマーク的存在として一九三〇（昭和五）年には上甲子園の武庫川畔に「甲子園ホテル」が建設され、短い期間ではあったが阪神モダニズムを象徴する施設として経営された。

5　六甲山の開発

もう一つの大きな郊外における「レジャー活動」開発は六甲山である。海岸部を走っていた阪神電鉄と、山側を走っていた阪神急行（現阪急電鉄）は、ともに六甲山の経営に意欲を示し、これまでの関連研究でもよく指摘されてきたが、そうした研究におけるほとんどが小林一三の阪急にかかわるものだった。そして、それも一九二〇（大正九）年の阪神急行電鉄（現阪急電車神戸線）開通後の歴史に集中している。しかし、阪神は阪急よりも早く六甲山の開発に手を付けている。むしろ、山側を走っていた阪急は、阪神に比べて極めて遅い開発への着手であったと指摘される[64]。

阪神の六甲山開発は、もともとは神戸の外国人たちが避暑地として、また近郊の登山に適した山として着目したものだった。記録としては、やはり英国人たちによる開発が先鞭をつけている。とりわけ神戸オリエンタルホテルの経営にもあたったA・H・グルームによる六甲山の開発が有名であり、おそらく彼が、現在に至る避暑地、郊外スポーツの地としての六甲山の「開祖」であろう[65]。そして、グルームが六甲山に限らず神戸における余暇・スポーツ生活の先駆的唱道者でもあることはよく語られているが、彼が日本人たちを巻き込んで六甲山開発のビジネスをしたという記録はない。ただ、先に引用した阪神電鉄の太宰政夫が阪神開業当時の一九〇五年段階から六甲山に関心を持っていたという記録がある。それによれば、太宰は六甲山の「禿山」状態を変えるべく植樹し、ふもとからの景観も考え、また別荘地としての展開も考えていたという。そして、グルームの別荘に泊まりながら、グルームから六甲山の魅力を聞き取ったという[66]。この回顧が正しいとすれば、これが日本人の企業活動としての最初の関与の記録である。

さらに、一九〇八年の『阪神電気鉄道沿線名所案内』においても「夏季の避暑地として実に得難き最適地なり」と宣伝していたことや、一九一〇年八月阪神電鉄の三崎技術長がヨーロッパで登山鉄道を調査したことなどを考えれば、阪神電鉄としては開業直後から六甲山の開発が視野にあったと言えるだろう。[67]

再び野田省三の回顧によると、一九一二年二月阪神倶楽部の開設などを経て、少し後になるが一九二七年三月有野村所有の土地二七万三千坪取得し、別荘分譲を始める。ただ一九一四年に第一次世界大戦がはじまると、六甲山に別荘を持つ英国人が帰国し、代わりに戦争景気に沸く日本人の別荘が増加する。[68]この時期、阪神電鉄の開通とその宣伝もあって、六甲山へのハイキング、登山が増えたという。さらに、阪神の社員レクレーションのためにも「阪神倶楽部」を開設したのが阪神の六甲経営の最初であるという。

図9　1914年頃の石屋川付近
（『郊外生活』1914年8月号）

野田が「宣伝」とするもののなかには、先に紹介した『郊外生活』における記事も含まれるだろう。第一次大戦開始の一九一四年八月号では六甲の特集が組まれ、当時大阪毎日新聞の記者をしていた詩人の薄田泣菫が「石屋川から六甲へ」という随筆を掲載している。[69]薄田は四人で石屋川停車場を降り、そこから駕籠に乗り六甲山に向かい、「阪神倶楽部」に宿泊する様子を記事にしている。さらに続いて、薄田に同行し、同じく大阪毎日新聞にいた小説家菊池幽芳も「六甲から摩耶へ」[70]という紀行文を執筆している。

さらに、この号で六甲山の風景の挿絵を提供しているのは、同じく毎日新聞に所属していた挿絵画家名越国三郎である。そしてこの号の裏表紙には、「六甲山は阪神電鉄石屋川停留場から徒歩にて往復二時間半の道程にあり」として女学生たちが石屋川沿いを六甲山へ向かう写真（図9）を広告として掲載している。

こうして、阪神電鉄の開発と、先に触れたように、第一次大戦による欧州人の帰国、そして大戦景気による日本のブルジョワジーの台頭が重なり、六甲山は、郊外の保養地、レジャーの地として日本人にも注目されるようになる。

さらに、一九二〇年の阪神急行（現阪急）の開通以降、両電鉄の競争が激しくなり、また近郊の登山の地として都市中間層だけでなく労働者にも認識されるようになる。そして三〇年代にもなると、国家的政策として登山やハイキングが奨励され、それに阪神電鉄や阪神急行も便乗することとなる。(71)

6　六甲山でのスポーツ

スポーツのスペースとしての六甲山は、香櫨園や甲子園とは違い、大都市近郊に存在する自然の余暇・スポーツのスペースであった。阪神間にとってはまさに「自然の恵み」そのものであり、関西スポーツの発展のために豊かな土壌を提供してくれた。

当時の六甲山は前述のように駕籠を利用する以外に交通機関はなく、六甲山に行くということは、一般的には登山を意味していた。スポーツとしての六甲登山は明治初期に英国人たちが先鞭をつけ、その中でも一九〇四（明治三七）年にH・E・ドーントが「神戸カモシカ倶楽部」を組織した頃から英国人に交じって日本人たちも六甲登山を楽しむようになり、一九一三（大正二）年日本人たちによって「神戸徒歩会」（旧・神戸草鞋会）が生まれる頃には、多くの日本人たちが六甲山において、登山、スキー、スケートなどを楽しむようなったという。(72)

『郊外生活』でも、「雪の六甲のぼり」として雪山を目指す登山客が「阪神倶楽部」に詰め掛け、「各室とも大入り満員、入りきれずに広い庭は人で一つぱい(73)」との記載があるように、この時期には六甲山が都市近郊の登山最適地としての認識が広まっていた。

また、前述のように、六甲山が日本ゴルフ発祥の地とされ、英国人グルームが一九〇一（明治三四）年に私的なゴルフコースを開設したのが日本最初とされるが、グルームがその二年後の一九〇三年に「神戸ゴルフ倶楽部」を組織し、神戸、横浜の英国人を中心に、日本の実業家も混じってプレイしていたという。(74)ただし、一九一〇年代には、まだ日本人にはほとんど普及しておらず、『郊外生活』においてもゴルフとは何かとの説明が続き、「六甲に上がったら必ず一度ゴルフ競技を見ておくがいい(75)」と呼び掛けている程度である。

少し後になると、第一次大戦によって勃興した関西のブルジョアジーたちが社交クラブの一つとして各地でゴルフクラブを組織し、先の鳴尾にもゴルフ場が開設され、この神戸ゴルフ倶楽部にも多くの日本人たちが出入りするようになる(76)。

六甲山は関西のスキーやアイススケートの拠点でもあった。スキーは一九一五年二月に神戸徒歩会などによって主催された「六甲山スキー遊び」が初とされ、その後、一九二一年には「六甲スキー倶楽部」が発足している(77)。スケートについては、山上のいくつかの池で滑ることができた。

医学者として、さらに大阪毎日新聞社員としても関西のスポーツを牽引してきた木下東作は、『六甲山』という小冊子を著し、スポーツや野外生活の最適地としての六甲山について啓もうしている(78)。木下によれば、「スケートは大正三年のころ、吉田、東井、永井、木田等のスケーターが池を尋ねて滑り始めたのが最初で、これは又関西スケートの濫觴でもある(79)」とするように、大正の初めに六甲山でスケートが行われるようになった。一九一八（大正七）年には六甲スケート倶楽部が組織され、一九二〇年には第一回大会、そして一九二六年全関西スケート連盟が組織され全日本スケート連盟に加盟している。

六甲スケート倶楽部の組織以前には、『郊外生活』（一九一五年二月号）において六甲山におけるスケートに関する記事が登場する。(80)ここでは、「今都会ではスケーチング熱が盛んになってローラースケートの如きは非常に流行して居る有様ですが、板間滑りと氷滑りとは少し趣が違ってローラーの方では味わうことのできぬエッキセレントがアイスの方には在ります」と紹介し、西洋での人工リンク設備や有名なスピートスケート選手も紹介している。そのうえで、「氷滑りも阪神電車の沿線六甲の山頂に在る外人のゴルフリンクに雪の降った朝などは可能と云ふことです。また六甲山には昔の氷池が在りましてこの上でも出来ます」と六甲でのスケートについて紹介しているが、先の木下東作の指摘も考え合わせれば、一九一〇年代半ばに六甲山でのスケートが普及し始めたということであろう。

　さらに、関西スケート組織の先駆けであるこの六甲スケート倶楽部は、一九二三（大正一二）年の大阪毎日新聞に「六甲山氷辷り　結氷の池が三十箇所」という見出しで取り上げられ、スケート競技について大阪毎日が後援していることを記している。

　六甲山上の凍った池でスケーティングの競技が行われる、海抜三千尺の山頂で身軽な運動服に身を包み寒風を裂いて氷滑りをする爽快さはとても炬燵にうずくまっている人達には想像も出来ないことである。四五年前までは六甲山のこの氷の池が一般に知られず少数の人がスケーティングを楽しんでいたのであったが、年一年その数は増して今日では関西唯一のスケートリンクとなった。以前津下の茶屋が氷を積み出した池も今では阪神の勇敢なスポーツマンの足に刻まれようになった山頂でスケーティングの出来る池は三十数箇所もある。昨年からは酷寒期に六甲スケーティング倶楽部が組織されて本社神戸支局が後援し第一回のスケーティング大会が催されたが、更に本年に入って同倶楽部はますます盛んになり、その会員は百四十名を算し諏訪湖のスケーティングの猛者連の参加するもあり、正月元旦から山上倶楽部のバラック内に雑魚寝の夢を結んで初日の出を見つつ、三千尺の山上に辷り興じたものも多かった零下二十度の月明の夜にマンドリンを抱えて池の上を辷

図10 「六甲山嶺のスケーテング」
（「大阪毎日新聞」1923年1月15日）

るロマンチストもあった。七日の日曜日には一般の登山者を加えて千人余の人々が山上に集い此日正式に六甲スケーティング倶楽部の本年度スケート開きを行った同倶楽部では各日曜毎に当番幹事を置き斯道の堪能者静勢、永井、森田、正神、三輪の諸氏が新人会員の指導の任にあたる事になっている新会員には阪神実業界の知名人士の加入が多いが尚近く結氷の最高機を見て本社神戸支局後援の下に盛大なるスケーティング大会を開催する筈である。

（「大阪毎日新聞」一九二三（大正一二）年一月九日）

上の記事掲載の一週間後に、六甲山頂アイススケートリンクに関する記事と当時六甲スケーティング倶楽部に所属していた森田氏、橋詰氏、永井氏、静勢氏がアイススケートを楽しむ写真を掲載している。

六甲山嶺のスケーテングは十四日の日曜日には殊の外賑わった一般登山客者を加えて無慮。二千の登山者が山道に……（筆者注：解読不可）たる人の列を作った。六甲スケーティング倶楽部の専用リンク拓殖茶屋裏の瑠璃の如き氷に張り詰められた池上は倶楽部のメンバーで黒く埋まり各妙技を揮って滑り夜に入って提灯をたよりに山を降りた人々が多かった本社神戸支局後援の下に紀元節前後の結氷の良い日に盛大な大会を開催する筈

（「大阪毎日新聞」一九二三年一月一五日）

この一連の記事は、翌月に開催するスケート大会の「広報」を兼ねた記事のようであるが、「二千の登山者が」とあるように、冬であっても相当数の人たちが六甲山を訪問していたことがうかがわれる。

当時の気温は現在と比べると低く、六甲山では自然結氷があった。先の木下東作の著作によれば、一九二七（昭和二）年一月の平均気温が零下一・六度、二月の平均が零下三・〇度と、近年の一、二月とも平均零下一度に比べると低い。現在でも六甲山では厳寒期にはいくつかの池で結氷があるが、そこでスケートをする人はほとんどいないという。この当時の六甲山でのスケート人気は、一九二五年大阪市港区市岡での日本初の人工スケートリンクの開設へとつながる。そして、関西がフィギュアスケートの「メッカ」となっていくその出発が六甲山であった。(81)

おわりに

本章では、阪神電鉄の余暇・スポーツ事業を紹介したが、その開業初期の段階から大阪毎日新聞、大阪朝日新聞と連携しながら、郊外での余暇活動を創造、提供してきた。そして現在の阪神電車沿線の状況からは想像もできないほど、阪神間の海岸線と六甲山の山並みという自然環境を生かした郊外の余暇戦略が展開されていた。当時の新聞関係者は、新聞というメディアを通してその戦略にかかわるだけではなく、実際に一体となって都市の住民に対する郊外への憧れを喚起しつつ、その郊外の空間での余暇・スポーツ事業を展開したのである。

そうした初期の事業の象徴と言えるものが、自ら発行した広報メディア『郊外生活』であった。『郊外生活』の当時の発行部数は不明であるが、おそらく、一部の上層の人々にしか浸透しなかっただろうし、社会的な影響力も大きいものではなかっただろう。ただ現在からみれば、『郊外生活』は、当時想定された読者たちのあり方と都市住民の郊外へのあこがれを読み解く絶好のテクストでとなっている。そこに表現された「郊外生活」へのあこがれは、初期の阪神電鉄のアイデンティティを形成するのに一役買うとともに、その後の阪神間の余暇・スポーツ空間の繁栄を展望するものになっていた。そしてこの電鉄広報メディアにも大阪毎日新聞を中心として新聞界の人たちがかかわっていたのである。

さらに、本章の最後に以下のことを改めて強調しておきたい。戦後、阪神工業地帯を走る阪神電車に対し、阪急電車が郊外生活を代表する「おしゃれな」電車とのイメージが定着しているが、「おしゃれでモダンな」阪神間の郊外生活を一九二〇年代まで牽引したのは阪神電車だったのである。

注

(1) 森繁久彌『にんげん望艶鏡』朝日新聞出版、一九八三年、一六〇〜一六一頁
(2) 竹村民郎『阪神間モダニズム再考（竹村民郎著作集三）』三元社、二〇一二年、三六一頁
(3) 津金澤聰廣「大阪毎日新聞社の『事業活動』と地域生活・文化」（津金澤聰廣編『近代日本のメディア・イベント』同文館、一九九六年、所収）、二二五頁
(4) 津金澤聰廣（一九九七年）『宝塚戦略―小林一三の生活文化論』吉川弘文館、二〇一八年
(5) 同前六七〜六八頁
(6) 同前六八頁
(7) 土井勉「公共交通と生活文化」（関西鉄道協会都市交通研究所編『鉄道沿線と文化』関西鉄道協会都市交通研究所、二〇一二年、所収）七頁
(8) 同前書、九頁
(9) 鈴木勇一郎『電鉄は聖地をめざす』講談社選書メチエ、二〇一九年
(10) 岡田久雄『阪神電車・歴史・車両・運転・タイガース…』JTBパブリッシング、二〇一三年、二六頁
(11) 武村前掲書（二〇一二年）、三七八頁 一二 図一〜四は高田兼吉編『市外居住のすすめ』一九〇八年（神戸市立中央図書館

所蔵）より転載
(12) 日本経営史研究所『阪神電気鉄道百年史』阪神電気鉄道株式会社、二〇〇五年、八頁
(13) 同前五七頁
(14) 図2〜図4『市外居住のすすめ』（一九〇八）神戸市立中央図書館所蔵より転載。
(15) 高田前掲書（一九〇八年）二一六頁
(16) 太宰政夫「『郊外生活のすすめ』に大童」（阪神電気鉄道株式会社臨時社史編纂室編『輸送奉仕の五十年』阪神電気鉄道、一九五五年）七一頁
(17) 前掲『阪神電気鉄道百年史』（二〇〇五年）、九一頁
(18) 高田前掲書（一九〇八年）八一頁
(19)『新修神戸市史　生活文化編』神戸市
(20) 高田前掲書（一九〇八年）二二八頁
(21) 武藤誠・有坂隆道編『西宮市史』第三巻、西宮市役所、一九五九年、一九四頁
(22)『郊外生活』第二巻第一号、二〇一五年、三二一〜三二三頁
(23)『郊外生活』第一巻四号、一九一四年、三〇頁
(24)『郊外生活』第一巻六号、一九一四年、二〇頁。当時「ダリア」の栽培が流行しており、何度も特集が組まれた。
(25) 同前、一四頁
(26)『郊外生活』第一巻一一号、一九一四年、
(27) 前掲『西宮市史』（一九五九年）一八九〜一九四頁、『大阪鉄道局史』（大阪鉄道局、一九五〇年）年表による。
(28) 竹村前掲書（二〇一二年）一四〇〜一四一頁
(29) 前掲『西宮市史』（一九五九年）二六一頁
(30) 前掲『阪神電気鉄道百年史』（二〇〇五年）九四〜九五頁。さらに第一章補論を参照のこと。
(31) 写真説明では球審は西尾守一と記されている。西尾守一は、大阪出身で北野中学から、一九〇六年早稲田大学に進学、一九一〇年アメリカ遠征主務、一九一一年大阪毎日新聞に入社直後、「クロスカントリー」事業に取り組んだ。一九一九年一月に大阪毎日を退社し実業界に転身したが、第四回極東大会マニラ大会に向けての日本青年運動倶楽部の組織にも関係し、

マニラにおいて第四回大会の開催に貢献している。その後毎日新聞に復帰している。第二章を参照のこと。

(32) 香櫨園の「急造グランド」については、当時の専務桐原捨三と奥野信太郎が会場を求めて大阪築港などを見て回った結果、香櫨園にグランドを作ったと回想している。(奥村信太郎『新聞に終始して』文芸春秋新社、一九四八年、二六頁)

(33) 阪神タイガース編『阪神タイガース　昭和のあゆみ(プロ野球前史)』一九九一年、八四頁

(34) 西尾守一「関西最初の国際野球戦」(前掲『輸送奉仕の五十年』一九五五年)七四〜七六頁

(35) 松浦充実「海水浴場の始まりは打出」(前掲『輸送奉仕の五十年』一九五五年)六六頁

(36) 同前六六頁

(37) 武村前掲書(二〇一二年)、三〇六頁

(38) 同前三〇七頁

(39) 私鉄による海水浴場経営については、一八九九年愛媛県の伊予鉄道が「梅津寺海水浴場」で温浴場、休憩所を開設したのが最初とされている。(前掲『阪神電気鉄道百年史』九五頁)
また、浜寺海水浴場も一九〇五年に開設はしたが、「あまりにもみすぼらしいもの」だったので、翌年大阪毎日新聞の協力を得て改めて開設したとする記載もある。(橋爪紳也『海遊都市　アーバンリゾートの近代』白地社、一九九二年、一九四〜一九五頁)

(40) 杉村陽太郎は後に外交官となり、イタリア大使やフランス大使、IOC委員を務めた。

(41) 陸上の長距離競走とは違い、職業的に水泳を行うものは水泳学校の教師以外にはなく、この大会の参加者はほとんどが学生・生徒であった。(毎日新聞一三〇年史刊行委員会前掲書(二〇〇二年)上巻、四二八〜四三一頁)

(42) 石田恒信「かっぱ天国の両海水浴場」(前掲『輸送奉仕の五十年』一九五五年)一二三〜一二五頁

(43) 同前『輸送奉仕の五十年』一九五五年、二〇〜二一頁

(44) 前掲『西宮市史』(一九五九年)二六三〜二六四頁

(45) 大道弘雄「航空鳴尾の思い出」(前掲『輸送奉仕の五十年』一九五五年)七八頁

(46)『郊外生活』第二巻第五号、一九一五年、五八〜五九頁

(47) 橋戸頑鉄(一八七九〜一九三六)は、頑鉄は筆名で本名は信(しん)。青山学院中等部時代から野球選手として活躍し、早稲田大学に進学して「野球部」を創設、初代主将となった。同部隆盛の基礎を築き、一九〇五年のアメリカ初遠征に参加し

た。翌年卒業後、一時期アメリカで過ごし、一九一一年に帰国後、万朝報、一九一六年大阪朝日入社、一九二〇年東京日日に移り、野球評論に健筆をふるった。のち日本運動協会を組織し、日本最初の職業野球団の先鞭をつけ、一九二七年には全国都市対抗野球大会の開催に尽力した。同大会の「橋戸賞」に名を残している。『世界大事典』（平凡社）などを参照

(48) 春日弘「広すぎた鳴尾運動場」（前掲『輸送奉仕の五十年』一九五五年）八四頁

(49) 山口覚二「鳴尾時代の夏の野球大会」（前掲『輸送奉仕の五十年』一九五五年）八七頁

(50) 同前八七頁

(51) 山本前掲書（一九七四年）五二三頁

(52) 山口前掲（一九五五年）八八頁

(53) 前掲『新修神戸市史』（二〇一五年）九六頁

(54) 前掲『阪神電気鉄道百年史』（二〇〇五年）一六一頁

(55) 同前一六一頁

(56) 同前一六三頁

(57) 同前一六二頁

(58) 「甲子園の三十年」（前掲『輸送奉仕の五十年』一九五五年）一五四頁

(59) この大会が「陸上競技」の語が正式に用いられた最初である。この大会には、大阪朝日新聞社会部長の長谷川如是閑がアメリカのAAU（Amateur Athletic Union）制定のルールを翻訳して適用した。（今村嘉雄『日本体育史』不昧堂出版、一九七〇年、五四六頁）

(60) 「甲子園の三十年」（前掲『輸送奉仕の五十年』一九五五年）一五五頁

(61) 前掲『輸送奉仕の五十年』一九五五年より転載　写真上部中央が阪神電鉄。中央上から右下へ白い部分が広がり枝川・申川廃川跡に建設されたことがわかる。

(62) 前掲『西宮市史』（一九五九年）二八〇〜二八五頁

(63) 前掲『阪神電気鉄道百年史』（二〇〇五年）一六八〜一七一頁

(64) 稲見悦治・森昌久「六甲山地の観光・休養地化について」『歴史地理学紀要』一〇、一九六八年、一五九〜一九〇頁

(65) 棚田真輔・表孟宏・神吉賢一『プレイランド六甲山史』出版科学総合研究所、一九八四年、三九〜一一六頁

(66) 銀冠郎「人聞き六甲の記」『郊外生活』第一巻第八号、一九一四年、一五～一八頁
(67) 前掲『阪神電気鉄道百年史』(二〇〇五年)一七一頁
(68) 「六甲経営の跡をたどって」(前掲『輸送奉仕の五十年』一九五五年)一三九頁
(69) 薄田泣菫「石屋川から六甲へ」『郊外生活』第一巻第八号、一九一四年、三二～三三頁
(70) 菊池幽芳「六甲から摩耶へ」同前一〇頁
(71) 第五章二節参照
(72) 高木應光『神戸スポーツ物語』神戸新聞総合出版センター、二〇〇六年、一九〇～二〇六頁
(73) 銀冠郎「雪の六甲のぼり」『郊外生活』第二巻二号、一九一五年、五頁
(74) 高木前掲書(二〇〇六年)、一六～二一頁
(75) 山太夫「六甲のゴルフ」『郊外生活』第二巻九号、一九一五年、三〇頁
(76) 武村前掲書(二〇一二年)八一～一二〇頁
(77) 棚田真輔・表孟宏・神吉賢一前掲書(一九八四年)三九～一一六頁
(78) 木下東作『六甲山』一九二八年
(79) 同前四一頁
(80) 華志洲「六甲の氷滑りと世界の選手」『郊外生活』第二巻二号、一九一五年、一〇～一一頁
(81) 木下前掲書(一九二八年)二四頁

補論　都市内部のスポーツ空間・市岡

1　大阪市港区の開発

大阪市港区には、現在も市岡という地名がある。現在の港区市岡といえば、大阪市内西部、大阪港に近く、古くからの市街地と思われているが、二〇世紀の初頭までは、湿地、沼地であり、西瓜畑が広がっていたという。しかし、その西に大阪港を拡張整備するため、築港が造成される。淀川の河口の大阪は土砂が堆積し港には不向きであることから、大型船の入港が可能なように港湾の整備が求められたのである。そして、築港と市街地の間の道路の拡張により、その両方を結ぶ電気鉄道の敷設が計画された。築港の完成と国内勧業博覧会の開催に合わせ、大阪市営の路面電車が一九〇三（明治三六）年九月に花園橋—築港間で営業を開始する。市電の開業は、国内勧業博覧会に合わせようとしたものの、結局工事の遅れから間に合わなかったが、いわゆる「市電」としては日本初であった。その後、第二期として、大阪市内で東西線（花園橋—末吉橋間二マイル）と南北線（梅田—天王寺間四マイル）が一九一〇（明治四三）年一二月に全線開通している(1)。

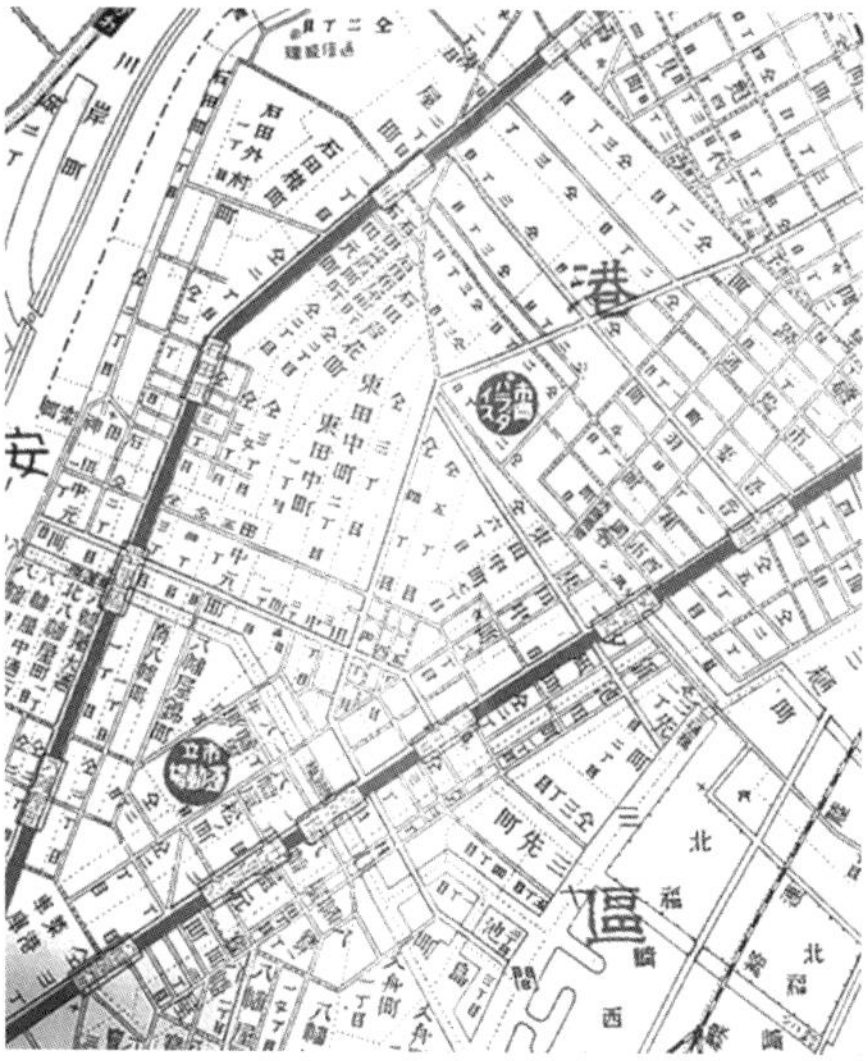

図１　1930 年代の大阪市港区の地図(2)

さて、築港までの市電の運転区間は、前述のように湿地が広がっていたが、一九〇六年〜一九一六年頃までに大規模な埋め立てがあり、現在の姿に近づいていく。二八〇万平米の埋め立て計画の下、一九〇六年埋

立組合が設立されて堤防建設や浚渫事業が行われ、地主辰巳屋・市岡土地株式会社が一九一六年に設立されている。(3)

飛行大会

そして埋め立て事業完成直後の一九一六（大正五）年、広大な埋め立て地を利用してのアメリカ人飛行士による「曲芸飛行」が行われ、多くの見物客が詰めかけたという。ライト兄弟の初飛行から一三年、極東の地での飛行機のデモ飛行は大いに大阪市民の関心を引いたようである。飛行大会については、大阪朝日新聞が熱心に取り組み、兵庫県の鳴尾と、その後の水上飛行艇については打出浜とで開催しているが、大阪市の港区史にも大阪での熱狂が記録されている。以下の『港区誌』の記述は、五月一四日の騒ぎを伝える翌日の朝日新聞の記事（図２）をまとめたものと思われる。

大阪朝日新聞

宙返 飛行場の大混亂

▼群集怒つて瓦礫を投じ

▼負傷者續出制禦の途なし

群集飛行機を包圍す

▲スミス氏負傷

図２　飛行大会の混乱を伝える記事

（「大阪朝日新聞」1916年5月15日）

> 飛行機がまだ珍しく、「空飛ぶ飛行士はナイルス、スミス…」と磯節にまで流行した程で、チャールス・ナイルスが大正五年一月、鳴尾飛行場や城東練習場で　宙返り飛行を行い、またスミスも同年四月　鳴尾飛行場で曲技飛行を行って市民を驚かした。府立市岡中学校北の埋立地でアート・スミスの飛行大会が催されたのは同年五月十四日である。観覧料二十銭で見物人無

慮数万という大盛況で早朝より会場に押寄せたが、午前中は、人力車の競争や豆自動車を走らせるだけで飛行を行う様子がないので、見物人はイキり出し頻りに飛行を促し、遂に「飛ばぬ飛行機ならこはしてしまえ」と投石して騒ぐ仕末、スミスは瓦礫で負傷する騒ぎに憲兵が来援して鎮圧につとめ、長岡外史中将が機上に立って慰撫演説をすなど大混乱を来した。一時五十分破砕せられたプロペラを取替えると共に、スミスは二時十五分アレヨアレヨと見るまに忽ち離陸して鳴尾飛行場に飛び去ったので、群衆は切符売場に殺到し、九条署に押寄せて大騒動となったが、警察署にて主催者雨森茂市を呼び出し切符代金を払戻して、漸く鎮まった。このスミスは翌六年四月再び日本に来り、大阪上空の夜間宙返り飛行を行い市民を感嘆させたものである(4)。

図３　完成当時の大阪市立運動場(6)

市立運動場の建設

大阪市内の運動競技場は、一九〇九（明治四二）年に、天王寺公園、中之島公園運動場と作られた。中之島運動場については市会議員清水義吉の提案で一九一六（大正五）年に第二章で登場したＦ・Ｈブラウン（神戸ＹＭＣＡ）の設計でトラックが作られ陸上競技場として全国最初の市営となった(5)。第二章で触れたように、日本の、とりわけ関西のスポーツの発展にはＹＭＣＡが深くかかわっていた。そして、一九二二年六月、大阪体育協会が組織され、会長に池上四郎大阪市長が就任し、港区築港に市立運動場が建設されることとなった。『港区誌』には下記のように書かれている。

市立運動場は大正十二年五月大阪市において第六回極東選手権競技大会が開催せられるに当って、これが会場として建設されたもので、世界的に知られるようになり、大正から昭和の初めにかけて近畿地方での大きな競技会は殆どこゝを会場として利用せられた。大正十一年七月より安治川土地会社によつて敷地の埋立工事が着手され、同年十二月に終り、市が会社より敷地全部の引継ぎを受け、設備費二十二万四千円で十二年四月に完成した(7)。

この市立運動場は、当時「東洋一」と謳われ、一九二三年開催の第六回極東競技大会に使用された。むしろ、この大会誘致のために会場建設であったが、その後の大阪のスポーツの展開に影響を与えたとされる。現在は大阪市八幡屋公園として各種スポーツ施設が運営されている。

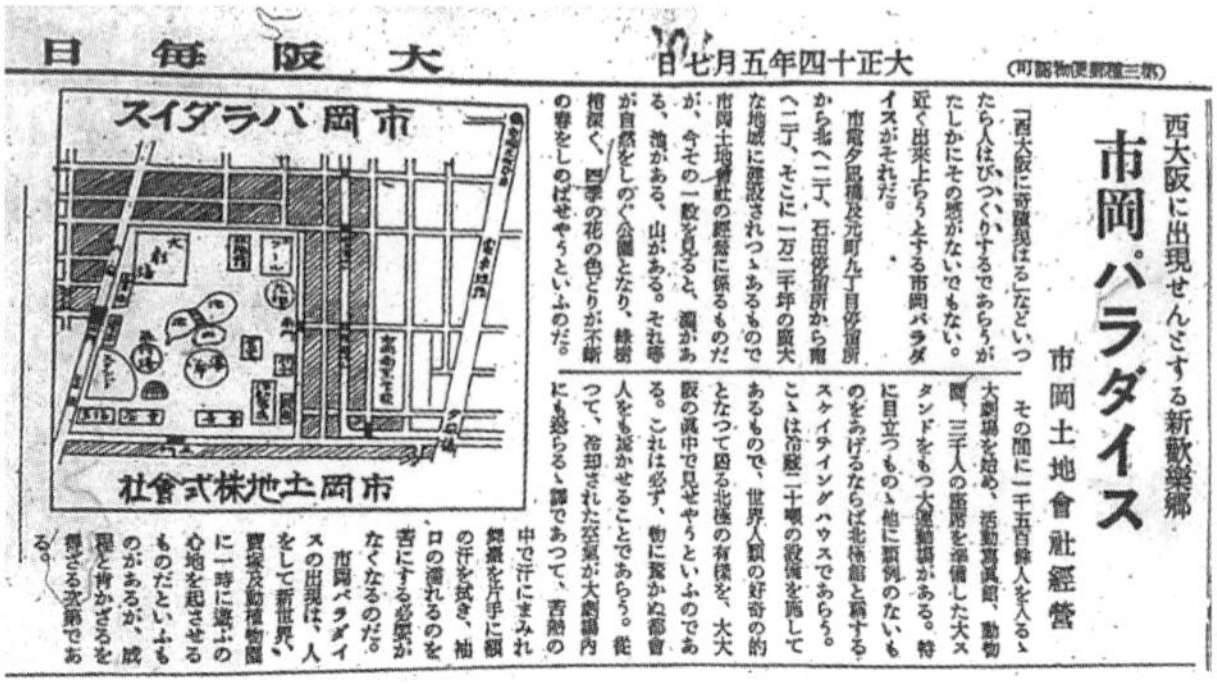
(第三種郵便物認可)　大正十四年五月七日　大阪毎日

西大阪に出現せんとする新歓楽郷

市岡パラダイス

市岡土地會社經營

「西大阪に奇蹟現はる」などいつたら人はびつくりするであらうが、たしかにその感がないでもない。近く出来上らうとする市岡パラダイスがそれだ。

市電夕凪橋及元町九丁目停留所から北へ二丁、石田停留所から南へ二丁、そこに一万二千坪の廣大な地域に建設されつゝあるもので市岡土地會社の經營に係るものだが、今その一般を見ると、瀧がある、池がある、山がある。それ等が自然をしのぐ公園となり、綠樹[illegible]く、四季の花の色どりが不断の春をしのばせやうといふのだ。

その間に一千五百餘人を入るゝ大劇場を始め、活動寫眞館、動物園、三千人の座席を準備した大スタンドをもつ大運動場がある。特に目立つものゝ他に類例のないものをあげるならば北極館と稱するスケイチングハウスであらう。こゝは冷藏二十噸の設備を施してあるもので、世界人類の好奇の的となつて[illegible]る北極の有様を、大大阪の眞中で見せやうといふのである。これは必ず、物に驚かぬ都會人をも驚かせることであらう。從つて、冷却された空氣が大劇場内にも送らるゝ譯であつて、酷暑の中で汗にまみれ[illegible]を片手に額の汗を拭き、袖口の濡れるのを苦にする必要がなくなるのだ。

市岡パラダイスの出現は、人をして新世界、寶塚及動植物園に一時に遊ぶの心地を起させるものだといふものがあるが、成程と肯かざるを得ざる次第である。

図４　「市岡パラダイス」開設記事
（「大阪毎日新聞」1925年5月7日付）

２　市岡パラダイスとスケートの隆盛

市電の開通によって、大阪市内中心部と大阪築港が結ばれ、さらに第一次大戦後の大阪の経済の拡大によって、その中間地帯の市岡地域の市街地化が急速に進んだ。そして、一九二五（大正一四）年七月一日大阪市港区西市岡町には市街地内の娯楽施設として、「市岡パラダイス」が開業している。

市岡土地株式会社支配人岡崎忠三郎が欧米の施設を取り入れて企画したもので、園内中央部に直径五四メートルの大池を設け、その中に人工の岩山（高さ九メートル）を築き、三方へ滝を落とし、それに五彩の電飾を施した。また池中に貸ボートを浮かべ、アシカ十数匹を放ったこともある。入場料大人三〇銭小人一五銭。園内施設は当時娯楽施設の尖端を行くもので主なものを挙げるとパラダイス劇場（桂座）ロサンゼルスのミリオン・ダラーシアター劇場の設計を取り入れ、八木工務店の施工、昭和二年竣工、延七五〇坪、鉄筋三階建、定員一〇〇〇名。アイススケート場（北極館）滑走面積八〇坪、わが国室内リンクの草分けで、ロシアのプロスケーターを招くなどアイススケートの普及に貢献した。市岡パラダイスは昭和五（一九三〇）年一月に閉鎖され、園内各劇場は各単独営業となったが、戦災によりパラダイス劇場のみ残して焼失した。パラダイス劇場も盛土工事のため間もなく閉鎖された(8)。

日本初の人工スケートリンク

前記のように、娯楽施設「市岡パラダイス」内に「北極館」という名称でアイススケート場が開業し、それが、日本初の人工スケートリンクであった。開業が迫った時期に、大阪毎日は、「市岡パラダイス」を「新歓楽郷」と表現し、様々な娯楽施設を紹介し、その後に以下のように続ける。

特に目立つもののほかに類例のないものを挙げるならば北極館と称するスケーティングハウスであろう。ここは冷蔵二十噸の設備を施してあるもので、世界人類の好奇の的となっている北極の有様を、大大阪の真ん中で見せようというのである。これは必ず、物に驚かぬ都会人をも驚かせることであろう。

（「大阪毎日新聞」一九二五年五月七日）

一九二〇年代半ばまで大阪は産業都市として発展し、多くの人口を抱え、都市問題にも直面し、郊外への「欲望」が増大したことは第三章で述べた。そして、所得の増加、余暇の増大等によって、郊外での余暇活動も次第に一部の富裕層だけのものでなくなってきた。逆に言えば、鉄道と新聞というメディアが、それまで一部富裕層の「欲望」であったものをより簡易に満たす方法を提示し、現場へと運んでいったともいえよう。その中で、大阪を中心として京都、神戸、奈良、和歌山を結ぶ私鉄が沿線事業を展開し、ますます「郊外」への欲望を強化させていく。京都奈良への古都巡礼、大阪湾沿岸の水泳、六甲山への登山やスケート、有馬や宝塚での温泉と観劇、大阪という都市の周辺には「郊外への欲望」がきらめく時代であった。そのなかで、港区市岡の埋め立て地に人口のスケートリンクが作られたのである。このアイススケート場は、都市研究者の中でも知られており、橋爪紳也は、以下のように記している。

> 市岡パラダイスがオープンしたのは一九二五（大正一四）年七月。新田を所有していたデベロッパー「市岡土地株式会社」の経営になるアミューズメントパークである。一一、六〇〇坪の園内には飛行塔、屋内スケートリンク、「仙人風呂」と称する大浴場などが設けられた。舞台をそなえた広い休憩室では、人形浄瑠璃等のエンターテイメントが常時、上演されていた。郊外型遊園地の先駆けのひとつと考えてよい。(9)

橋爪は「市岡パラダイスを郊外型遊園地の先駆けのひとつ」とする。しかし、「郊外型遊園地」の定義にもよるが、市岡という土地は当時であっても、距離的には「都心」に近い地域である。当時の大阪毎日新聞も、「氷の国　市岡パラダイス　夏の歓楽はここに集まる」という見出しで、「わざわざ郊外に出て行くことは時間と労力と経済とにおいて多忙な現代都市生活者にはふさわしくない」としている。

> 大都市の夏季納涼は市の内部になくてはならぬ。わざわざ郊外に出て行くことは時間と労力と経済とにおいて多忙な現代都市生活者にはふさわしくない。この意味から筆者は先ず大阪の新遊覧場市岡パラダイスを推奨す

る。……（省略）魔宮殿には巧みに人を魔化して一度見る価値は充分ある。奇抜な北極館は、これまさに氷国の出現で数万円金を投じた約百坪の結氷槽、六千余尺の鉄管を東洋における唯一の人造氷滑り場で盛夏のこの頃大阪の真ん中で真のスケートが出来様とは驚くの外ない。

（「大阪毎日新聞」一九二五年八月一日）

市岡パラダイス「北極館」ができたことにより都市中心部で、季節を問わず年中アイススケートができるようになったことで多くの庶民にアイススケートが認知され、普及を促したと考えていいだろう。年中滑走可能な屋内リンクの出現により、スケート技術の向上にも貢献したようだが、これについては次項で述べる。さらに、この当時、「郊外への欲望」が増大し、郊外に遊園地や住宅地が開発されたことは第三章で述べたが、都心の人びとに生まれた郊外娯楽への欲望を都市部へ引き戻すものでもあったと言えよう。

当時、この近くで育った放送作家の永瀧五郎は、次のように回顧する。

大人五十銭、子供二十銭の入場料を払うと、広い園内で一日中自由に遊べる。マキノ映画の封切館あり、漫才・安来節・浪曲の演芸館もあった。野外サーカスもあった。すべて入園料に含まれて出入り自由なのだ。特筆すべきは、アイススケート場があったことだ。恐らく大阪初のスケート場であったろう。園内の中央には石組が高く積み上げられ、人工の滝が音をたてしぶきをあげて落下していた。その附近には茶店が並び、四季それぞれの樹木が植えられて、花の絶えることがなかった。近郊近在の人々の手軽で安直な行楽地で可なり繁昌していたようである。(10)

永瀧の回顧のように、この地域は新たに開発されたとはいえ、二〇年代開発の進んでいた「郊外」とは違い、庶民たちの暮らしがあり、住宅が密集していた「市内」であった。従って、郊外の遊園地が「健康」志向とともにもてはやされた時代に、その輝きは急速に失われたのかもしれない。
市岡パラダイスは一九三〇年に閉鎖され、さらに、跡地で個別に営業を続けていた映画館も、一九三三年九月の室戸台風の高潮で浸水する。

大阪スケート倶楽部

市岡パラダイスの「北極館」が、日本最古の人工スケートリンクではあるが、その直後から、東京や横浜でも人工リンクが誕生している。他地域のスケート文化については不明であるが、少なくとも阪神間に関する限り、六甲山頂で始まったスケートという郊外娯楽とスポーツが、都市内にリンクができるようになって、さらに身近なものになった。このことを物語るエピソードを後のオリンピック選手は語っている。

大正一五年三月、日本初の人工室内スケート場市岡パラダイスの氷上に私の第一歩を踏み出し、スケーターの産声を上げたのでした。丁度その日は日曜日に当たり、手狭いリンクは人の波で埋まり、氷に踊らされて転ぶ人達の醜態があちこちで起こるたびに、観客席からドッと笑いが上がる。無論私も例に洩れず、その声を上げさせた一人で、悪戦苦闘すること二時間余り、漸く氷の持つ妙味に魅かれ始めて以来、雨が降ろうが、風が吹こうが、雪が降ろうが、リンク通いは一向に止められず、遂に市岡スケート倶楽部に入会したことから、私の人生はスケートに大きく塗り替えられたのでした。そしてこのクラブで、大阪府スケート連盟及び大阪スケート倶楽部の創始者田山さんにめぐり逢い、私との深い交流が、この時点で始まったのです。（以下省略）
老松一吉「大阪スケート倶楽部と私」(11)

「大阪スケート倶楽部」は、市岡パラダイスのアイススケートリンクで、まず「市岡スケート倶楽部」として結成された。ここからは、初の冬季オリンピック選手の稲田悦子も育っている。一九二六年、中之島に大阪朝日新聞によって「朝日会館」が建設され、そこにもスケートリンクが併設された。それによって、大阪スケート倶楽部の本拠地も朝日会館に移ることとなった。こうして関西のフィギュアスケートが、さらに文化発信の中心地に移ることで、ますます中産階級のスポーツ、そして「お稽古事」として発展していくことになる。

佐藤信一の回顧『大阪スポーツ史 大正昭和初期』（大阪市体育厚生協会、一九五四年）の最後に「大阪のスケートは、結局フィギュアスケートを屋内リンクで育てることになって一時は全日本で一位から五位までを占めるほど隆盛であった[12]」と締めくくっている。

本補論の論旨とは外れるが、関西や関西大学のフィギュアスケートの文化を近年の大学スポーツの強化の結果に帰する意見もある。しかし、その源流には、六甲山、そして市岡があり、それ以来現在に至るまで、阪神間には、トップスケーターを生み出す豊かな土壌があったからだといえるだろう。

注

（1）大阪市電編集委員会編『路面電車六六年の記録』鉄道史資料保存会、一九八〇年、三～四頁
（2）「最新大大阪市街地圖」和楽路屋、一九三一年
（3）港区役所『港区誌』一九五六年、五六頁
（4）同前五七頁
（5）佐藤前掲書（一九五四年）二〇～二一頁
（6）大阪市立図書館デジタルアーカイブより転載。

（7）前掲『港区誌』（一九五六年）六三頁
（8）同前六〇頁
（9）橋爪紳也『都市絵はがきI　なにわの新名所』東方出版、一九九七年、二八頁
（10）永瀧五郎『市岡パラダイス』講談社、一九八四年、三一～三二頁
（11）「大阪スケート倶楽部創立六十周年記念冊子」一九九〇年
（12）佐藤前掲書一九五四年、一二六頁

第四章　ラジオ体操の誕生

はじめに

新しい朝が来た 希望の朝だ　喜びに胸を開け 大空あおげ
ラジオの声に 健やかな胸を　この香る風に開けよ　それ 一 二 三(1)

この『ラジオ体操の歌』ができたのは一九五六年。現在まで続く新しい「ラジオ体操」の放送開始は一九五一年五月であるが、その五年後に作られた「戦後民主主義」を象徴するような明るい歌詞と軽快なメロディーは、今やノスタルジーに満ちたものとなり、若い世代にとって新しいCMソングと思われるようになっている。

この歌がラジオから流れて六〇年以上経った今、個人的にラジオのスイッチを入れ毎朝ラジオ体操をする人は極めて少なくなっているだろう。むしろ、高齢者たちが地域の公園で毎朝ラジオに合わせて集団で体操をする、その光景の方がまだ一般的かもしれない。ラジオもラジオ体操もすでに高齢者のものであり、ノスタルジックなものになりつつある。

ラジオ体操は、戦後の明るい雰囲気を背負って開始されたとしたが、それは戦後再出発したラジオ体操であり、初代の「ラジオ体操」は、戦前の一九二八（昭和三）年に開始されている。戦前のラジオ体操を記憶している人々はいまやほとんどいなくなったが、現代から見ればのんびりとしたピアノ曲に合わせた体操が、なぜ急速に普及したのだろうか。そして、その戦前のラジオ体操がファシズム的だといわれたにもかかわらず、戦後もまた新しいラジオ体操がつくられ隆盛を極めたのはなぜなのか、さまざまな興味が湧きあがってくる。

かつて加藤秀俊は、一九三〇年代のコミュニケーションを語るさいにラジオを取り上げている。一九二〇年代に発明されたラジオ放送は、日本においては一九二五（大正一四）年に放送が開始され、三〇年代に普及しはじめる。そしてそれは「ひとつの全国規模の『文化』形成の媒介機能を果たした」とする。これまでの新聞が、「物」であるがために、局地的であることが宿命づけられていたのに対し、ラジオは、「文字どおり、一瞬にして日本列島を隅々まで同一の情報でべったりと塗りつぶしてしまうことができる。」一九三〇年代のラジオのもつそうした機能を如実に示す例として、加藤はラジオ体操をあげる。

号令一下、数百万の人間が、手足の屈伸や身体の跳躍といった簡単な体操をしている風景を、ファシズムの原形と見る人がいるかもしれない。あるいは、外国の観察者が見たように、これを国民体育教育のための卓抜な社会的発明と考える立場もある。だが、そうした価値判断は抜きにして、ともかく、何百万もの人間が、日本列島のいたるところで、同時に、同一の情報に対して、同一の行動をもって反応した、という風景じたいが、ラジオという新しい媒体の機能を象徴するものではなかったか。こんな風景は、それまでの世界では見ることができなかった。そして、こんな風景が出現したのはまさしく一九三〇年代なのである。(2)

加藤のメディア論としての議論はきわめて示唆的であるが、「体操」あるいは体操する身体の側から見ると、ラジオ体操の誕生と当時の人々がそれに込めた意味はまた別の側面をもっていたようである。たしかに、新しいメディアとしてのラジオの機能を象徴するものではあるのだが、そこには、日本の近代化が日常生活のなかであふれだした一九二〇年代のさまざまな社会的要因、その一部はスポーツとメディアとして第一章から第三章で明らかにしてきたが、そうした要因がラジオ体操の登場を支え、またその後の発展とかかわっていた。何よりも、二十世紀初頭よりスポーツと体育の理論化や制度化を担ってきた人々がラジオ体操の創案と普及に大きく関わっている。

さらに、前章までに述べてきたように、身体の近代化という取組み（プロジェクト）は、スポーツという形態をとってのエリート学生たちの身体の鍛錬として発展してきた。そこに新聞社が媒介することで、民衆の多くはスポーツを娯楽として享受する観客、読者となっていった。そうしたスポーツする身体があふれる中で、ラジオ体操は競技スポーツの形態はとらないものの、メディアの力を借りて初めて、階層や年齢を超えてだれもができる「国民スポーツ」として登場する。

本章では、ラジオ体操が「国民スポーツ」として生み出され普及していく経過と、その中で、ラジオ体操推進者や一般の人々がラジオ体操にどのような意味を見いだしていったのかについて明らかにしたい(3)。

第一節　ラジオ体操の創案

1　ラジオ体操の「輸入」

日本のラジオ放送は一九二五（大正一四）年三月二二日、東京において開始された。その後、大阪、名古屋と続いて開局し、翌年八月には、これら三局が合同し、日本放送協会が誕生した。世界最初のラジオ放送は一九二〇年のアメリカのピッツバーグのKDKA局とされ、一九二二年に英国放送協会（BBC）の前身が誕生していることを考えれば、日本のラジオ放送事業への取組みは世界的にも早いほうだといえるだろう。そして、積極的に欧米のラジオ放送体制や放送番組をモデルとして、さまざまな模倣がなされたなかに「ラジオ体操」もあった。

『逓信事業史』によれば、一九二八年の御大礼記念に「何か大きな国民的事業を起したい[4]」と考えていた簡易保険局は、「被保険者並びに一般国民の健康状態の改善を促し、その幸福を増進せんとする奉仕的施設に就いて種々攻究の結果」、日本放送協会、文部省と協力して、ラジオ体操（当時の正式呼称は「国民保健体操」）を開始したとされる。[5]

それより三年前、アメリカの生命保険会社のラジオ体操事業を紹介した逓信省簡易保険局の猪熊貞治は、「国民の健康保持に韮く社会的幸福増進事業の一方法として、放送無線電話を利用するに至ったことは、生命保険会社の事業史上に特筆されるべき事柄の一つである」と、『逓信協会雑誌』（一九二五年七月）において記している。この記事が後のラジオ体操関係者たちにラジオ体操の存在を認識させた最初の情報だったようだ。猪熊は、一九二三（大正一二）年の春に、保険事業に関する調査を目的として欧米に出張し、その最初の土地サンフランシスコでの経験を語っている。

> サンフランシスコで私が電話会社を見学していると、休憩時間でありましたでしょう、その所の電話会社の交換手が休憩室でレコードを掛けて、その音楽に合わせてダンスをやっているのを見て、私はその時休憩時の運動として研究の価値があると感じました。[6]

さらに猪熊は、その後ニューヨークのメトロポリタン生命保険会社（以下、メトロポリタン社）を訪問し、ラジオ体操と出合うことになる。しかし、猪熊はそこで実際のラジオ体操を見たわけではなく、新規の事業についての質疑のなかで「ラジオをつうじた保健体操」構想が紹介されたため、翌年の春に、その資料を日本に送ってもらっている。この猪熊に続いてアメリカに出張した進藤誠一は、今度はメトロポリタン社のラジオ体操を実際にその目で見て、その概要について報告している。進藤は、簡易保険局を離れたあと、『逓信協会雑誌』（一九二七年、八月号）において日本でも同様の事業を行いたい旨を記している。

メトロポリタン社のラジオ体操は、加入者を主対象として、その健康増進のために一九二五年三月三一日に「Setting up exercises」という番組名で、ニューヨーク・マンハッタンの自社ビルから放送が開始された。自社ビル一七階にラジオ体操放送のためのスタジオが設置され、放送開始前夜には当時のフーバー商務長官のあいさつをワシントンから中継して特別番組を放送している。放送は日曜を除く毎朝午前六時四五分から七時四五分まで、一五分ずつ四回放送された。さらに週一回、病気予防や健康増進の方法についてなどを外部の専門家に委嘱して、その内容が「Tower Health Talks」として放送され、それが放送後印刷され配布されている。また、聴取者からのラジオ体操放送への反応の書簡を集めた『世界最大の体育部』（The World's Biggest Gym Class）も発行している。放送は、ニューヨークのＷＥＡＦ局からばかりでなく、ワシントン、ボストンほかの五局を中継局としており、メトロポリタン社の見積りによると、ラジオ体操を実施する聴取者は放送がカバーする範囲の一五から二〇パーセントといわれている。(7) この放送はアメリカ東北部をほぼカバーし、四千万人が聴く可能性をもっていたとされている。つまり、体操の放送に加え、印刷物を駆使しつつ聴取者からのフィードバックも組み込んでいく、当時としては斬新かつ大規模で体系的な企画であったといえよう。

そして、このメトロポリタン社の事業のやり方のほとんどすべてが、そのまま日本のラジオ体操にも取り入れられることになる。ただ、このメトロポリタン社がラジオ放送を通してのエクササイズ、「ラジオ体操」を発明したわけではない。すでにアメリカでは、このときまでにラジオを使っての体操放送はいくつかの局でなされていた。たとえば、世界初のラジオ局とされるピッツバーグのＫＤＫＡ局も一九二五年には「Morning Exercise」という番組を早朝に放送している。また、ドイツなどでも同様の放送があったという。(8)

2 ラジオ体操の創案

一九二八（昭和三）年五月二四日、簡易保険局、日本生命保険会社協会、日本放送協会の三者が第一回打ち合わせ会をもち、そこでラジオ放送で行う体操の考案を文部省に委嘱することを決定している。そして、文部省体育課長の北豊吉を委員長として、東京高等師範教授・大谷武一のほか、体操の専門家や教育者である六人、東京高等師範助教授・森悌次郎、東京女子高等師範教授・三浦ヒロ、東京府視学・森秀、東京市視学・藤本光清、国民体操研究所長・松元稲穂に考案委員を委嘱している。さらにそこに簡易保健局規定課長・生田武夫、同業務課長・猪熊貞治、太陽生命医長・竹田六郎、福徳生命東京支店長・岩切英三も委員として加わった。(9)

このときの簡易保険局長・田邊隆二は、先の官僚たちの欧米視察に加え、チェコスロバキアのソコール（またはソコル）運動の成功もあげ、メトロポリタン社のラジオ体操がモデルのすべてではなく、それは大きな構想の一つのきっかけであったと、後に回顧している。ちなみにソコール運動とは、チェコスロバキアで、一九世紀に起こった民族意識覚醒と民族復興をめざした運動であり、スポーツ、体育をつうじてそれを達成しようとするものである。この運動が一九一八年のチェコスロバキア共和国成立に大きな影響を与えたと、当時の日本の官僚たちに認識されていたのである。

考案委員長となった北豊吉もまた、やはり一九二三、二四年に欧米視察のさい、国民体育の充実ぶりを見聞し、日本でもその普及を考えていたという。[10] そして、レコードをとおしての「連盟体操」を試みていたが、なかなか永続的なものにならずに悩んでいたともいう。そして、「当時内心ラヂオ体操の実施を願っていたが」、文部省単独では困難であると思っていたところに、簡易保険局から話があったと振返っている。[11] 北が「内心」とのちに回顧するように、文部省が現実にラジオ体操を具体的にイメージしていたのかどうかは定かではないが、社会体育の発展を考えていた文部省が、チェコスロバキアのソコール運動などを知ったのち、日本においても国民体操の普及をイメージしていたことはまちがいないだろう。

そして、考案委員は七月から九月にかけて十数回の会合を重ねて、九月一二日には新しく考案した体操を関係者に披露し承認を得て、一〇月二九日には新聞記者を集めて、記者会見と実演がおこなわれている。彼らは実質四カ月たらずで新しい体操を考案したのだが、「ラジオを通じた体操」という海外のモデルがあったからこそ、このように短時間で考案することができたのである。さらに第六節で述べるように、日本にはこの時期までに多くの健康のための体操や行事が存在していたことも大きい。

このようなラジオ体操の創案過程の中で、日本放送協会の影はやや薄いようにも見える。簡易保険局の発案によってその実施が打診され、当時の協会理事・小森七郎は賛意を示し実施にいたったとされると されるように、日本放送協会の側のイニシアティブは感じられない。現実に、日本放送協会は逓信省の管轄下にあり、また放送開始三年の弱小組織としては、大きな記念事業を単独で進めたりイニシアティブをとって発案したりするということは不可能であったと思われる。したがって、簡易保険局からのこうした記念事業の提案に対しては、ラジオというニューメディアの社会的認知を高めるためにも歓迎したにちがいない。現代の用語を使えば、貴重な「コンテンツ」を発見したともいえるだろう。

こうして、現在に続くラジオ体操は、逓信省簡易保険局と生命保険会社協会、そして日本放送協会が協議を進めたうえで、文部省に具体的な体操の考案を委嘱するという経過があり、一九二八年一一月一日に放送が開始された。

3　もう一つの「ラジオ体操」

「ラジオ体操」は一九二八（昭和三）年一一月一日午前七時に放送が開始された。現在まで続いている番組として考えるときには、この一一月一日に東京中央放送局（ＡＫ）が開始した番組をもってその起源とするのが一般的である。

図１　国民保健体操ポスター
（1929年）

しかし、「ラジオ体操」の嚆矢と問われれば、大阪中央放送局（ＢＫ）が同年八月一日から日曜日を除いて放送した番組を日本の「ラジオ体操」放送の起源とすべきである。この番組は放送者によって企画された初の番組名「ラジオ体操」だった。大阪中央放送局が大阪府学務部体育課と協力して、すでにあった徒手体操のなかから十種類を選び、三種類ずつ一週間くりかえし、最終週に全種類を復習するという形式でおこなわれたという。午前六時、起床ラッパが演奏され、それに続いて大阪府体育主事・甲佐知定[12]をはじめ、大阪府下の中学校・高等女学校の女子教員二人を含む十人の体育教員たちが交代でマイクの前で号令をかけた[13]。この体操は、スタジオに生徒数人を入れ、彼らに号令をかけ体操をおこない、それを放送したが、伴奏はなかったため指導員の号令だけが流れたという。

一方の東京中央放送局も同じく八月一日、午前六時一五分から「ラジオ体操」を放送している。夏休み期間に、週二回、水曜日と土曜日に「少年少女夏期訓練」という番組を放送し、そのなかで体操をしたが、厳密には「ラジオ番組で流された体操」であった。この番組においては、ラジオ体操と名乗られていない点や毎日放送されたわけではない点からすれば、やはり大阪中央放送局の企画を日本最初のラジオ体操とするべきだろう。ちなみにこの東京の体操は、「国民保健体操」の考案委員でもある東京市教育局視学・藤本光清が、彼自身考案した十一種類の体操に号令をかけ指導したものであり、八月二九日に終了している。

第二節　保健・衛生思想の拡大

1　公衆衛生知識の普及

もともと日本における伝染病予防政策は、明治維新直後から種痘の実施によって天然痘罹患の減少などの効果を得ていたが、最大の課題はコレラ予防であった。しかしながら明治期には、その予防方法は生活環境の改善といった対策よりも、海外からの侵入の防止、患者の隔離といった方法に集中し、現代使われている「公衆衛生」という意味からはほど遠いものだった[14]。それが、大正期に入ると、しだいに公衆衛生知識の普及も含めての政策が展開されるようになってくる。

国定教科書のなかの衛生

第一次大戦後、日本は急速に保健衛生に関する政策を充実していくが、それは学校教育にも反映されていく。修身教科書を分析した石橋武彦によれば、「体操科も大正期に入ると、体操教授要目が制定され、一応他教科とならんで、学校教育の中に定着して実績を挙げるようになり、一方ではスポーツの普及なども加わって、単に病気を予防するという消極的な姿勢よりも、一歩進んで、身体を積極的に運動によって鍛錬することの重要性」[15]が認識され、そうした内容が修身教科書にも現れることになる。さらに、その内容も、健康・衛生の意義が、国家と個人や産業という関係のなかで論じられ、それ以前の記述に比べ、「科学的に緻密な筆致」の修身教科書になっているという。たとえば、衛生の記述について、まず、一九〇三（明治三六）年制定の第一期国定教科書の高等小学校修身・第二学年用教科書では、次のように記されている。

衛生に心を用ふることは、我一身のためのみならず、公衆のためにも大切なることなり。なんとなれば、おのれ、衛生に注意せざりしため、伝染病にかかりなどすれば、人に迷惑をかけ害をかうむらしむること多ければなり。これら、ぺすと、疱瘡、せくり、腸ちふす、じふてりや、はしか等のごとき伝染病の流行は、多くは、衛生のゆきとどかざるよりおこる。されば、つねに、公衆衛生につきての注意を怠るべからず。便所をよごし、飲料水に不潔物を投じ、塵芥を溝にすてるなどするは、いつれも、公衆衛生を重んぜざる者なれば、決して、かかることをなすべからず。[16]

衛生に関する社会的な義務を述べるものの、その具体的方法についての記述は少なく、また日常生活の衛生対策の一部だけに触れたものである。これに対し、一九二一（大正一〇）年に改訂された第三期の国定教科書小学五年用では、衛生、伝染病に関する知識をより詳しく記述し、そのあとに次のように続けている。

伝染病にかからないようにするには、常に身体を強壮にしておくことが第一です。また飲食物に注意し、身体、衣服、住居などを清潔にすることに努めなければなりません。伝染病の流行するときには、医師や衛生係の注意を守ることが大切です。万一、伝染病にかかつたときは、すぐに医師の治療を受け、他人に移さないやうに、十分に気を付けなければなりません。隠して届出をしなかつたり、迷信から医師の診療を受けなかつたり、又全快しないうちに人中へ出たりするのは、大そう危険です。衛生に関する注意が足らないところから伝染病にかかることがあると、それは自分の禍であるばかりでなく、公衆にたいそう迷惑をかけます。まして自分の不注意から病毒を他人にうつし、大ぜいの命をそこない、産業を衰えさせるようになっては公衆にたいして其の罪は決して軽くはありません。(17)

一九一八（大正七）年から一九一九年にかけて、いわゆるスペイン風邪が日本でも猛威をふるい、これを機にますます公衆衛生への意識は高まっていたが、その他の伝染病についても、身体そのものだけでなく身のまわりの清潔に気をつける など、日常生活における感染予防策から、罹患した場合の規範まで、子どもの健康教育、衛生教育として現代でも通用するような内容となっている。

2　衛生展覧会のまなざし

学校教育をつうじての衛生知識の普及は重要な普及方法であったことは当然だが、一般社会への衛生知識の啓蒙もまた、いわゆる通俗教育（のちの社会教育）として、おもに全国各地で開催された衛生展覧会（あるいは「衛生博覧会」）をつうじてなされていった。衛生展覧会は、明治期から第二次大戦直後まで数多く開催されているが、そのなかでも大正期から昭和初期にかけての時期に多く開催され人気を博していた。その主催団体も、日本赤十字社、学校関係、警察関係、宗教団体と多種多様であり、国家の各機関が衛生知識の普及に大きな関心をもっていたことがうかがわれ、また、民衆の関心も高まっていた。

田中聡によれば、それは身体に対する「猟奇的な欲望」ともいえる民衆のまなざしがあったとする。田中はこの衛生展覧会というイベントを「不可視の近代」を可視化するものととらえているが、[18]たしかに衛生展覧会は、それまで自明だったみずからの身体と外部社会の関係を新たな近代という視点でとらえなおし、目に見えるものにする試みであったのだろう。そこでは、自然の一部としてとらえられていた性や病気や死が図解や人形で語られており、現代の視点から見れば猟奇的なまなざしや表現があったことは否定できない。人々は、そこに合理的な学習姿勢よりも、ある種の性的関心をともなった好奇の目をもって向かったことは想像にかたくない。啓蒙し展示する側も、その時代の制約を受けながら試行錯誤していたといえよう。

そして、大正期の衛生展覧会に対し主導的役割を果たしたのが棚橋源太郎である。棚橋は、科学教育の立場から通俗教育施設のセンター的役割を果たした東京教育博物館の館長として、さまざまな展覧会を企画し、また「生活改善運動」を推進した中心人物の一人としても有名である。棚橋はコレラが大流行した一九一六（大正五）年に「虎列拉（コレラ）病予防通俗展覧会」を開催し、五〇日間の開催期間中に四万人の来館者があったという。[19]

人々がどのような動機・関心をもって衛生展覧会に参加したかはともかく、こうしてこの時期に、病気予防や健康維持への関心が高まっていったのである。そして、自らの身体を外部から客観的な視点でとらえるという「まなざし」の変化も確実に進んでいた。したがって、各人の生活のなかで合理的な対策を立てるべきであるという考えもまた広がっていた。こうした保健衛生思想の普及を背景として、簡易保険局はラジオ体操の構想を進めたのである。そして、もちろんメトロポリタン社と同じように、簡易保険局にすれば、ラジオ体操の普及は「国民の健康状態の改善」のためであり、それは保険事業に直接関連する事業であるという位置づけであった。

第三節　簡易生命保険の普及

1　生命保険思想の受容

日本で簡易保険が実施されたのは一九一六（大正五）年である。この簡易生命保険とは郵便局が扱う生命保険のことだが、前島密はすでに明治初年から構想していたという。しかし、当時の日本においては、死亡統計の不十分さなどを考えてもその実現は不可能ということで、まずは郵便貯金制度だけが一八七五（明治八）年に整備された。

明治維新後、西洋の近代制度が急速に流入するなか、やはり生命保険もイギリスの会社によってもたらされ、日本人にも販売されることになったのだが、それに対する一般の人々のとらえ方を考えても、国家による保険制度の整備は時期尚早であった。一八七七（明治一〇）年に「命の相場新聞」という一文が雑誌に掲載されている。

又奇妙稀代の舶来物が日本へ入り込みたり。例の新奇好きの日本人なれば、浮かとはまりて果ては失策なからんことを恐れ、先づ此一件の委しき内訳は知らずと雖ども、一ト通り道理丈けを述べ置かざる可からず。是れは此の節の新聞でござい。横浜在留の英人ジヨンヰルリアルホールが思ひ立ちにて、日本人の命ちの請負ひをするとの広告でござい。殿方も思召しあらば於頼みなさい。一ケ年が十二円でござい。請負ふた跡で死なしやつたら五百円出します。十二円は於安いものじゃ。於掛けなさい〳〵との触れ出しは聞いて恟り、肝潰れ驚き入たるばかりなり。（略）人の命は老少不定、無性に長が生きしたくても生きられず、未だ死にたくなくても死なねばならず、此の生き死にが自由にならねば即ち生き死にの程合ひも決して知る訳には参らず、若し又いつまでにて死ぬると云ふ事が前以て慥かに知れてある事にして有ったら、それこそ此の世は大変最う手前が地獄の旅立ちも近か近かなれば、娑婆塞げの置土産に、仕残しの罪作りを仕舞はんと、泥的間夫的博奕酔狂何の遠慮も内緒ならで、公然として乱暴を働くべきは相違なし。司法省にても裁判所にても、死期の知れたる罪人にては幾月幾年との懲役も言ひ付け難く、[20]

生命保険に対するこのような考えを「無知」だと笑うことはできない。その当時一般に支配的であった死生観、いわば人生の刹那性の立場から、人生を計算し貨幣価値によってそれを保障しようとする考え方の不合理さを批判しているのであり、それは生命保険の思想に対する一つの反論として現在でも有効なものかもしれない。

一方で、新しい制度を知り、その制度のおもしろさに魅せられた意見も新聞の投書欄に載せられている。一八七七（明治一〇）年の「読売新聞」に掲載された「共済的設備の確立を要求す」という投書がある。

人は活物なれば、一度は必らず死ぬものゆゑ、一家の主たるものは、別して後事の備へをなさねばなりません。若し一朝無常の風に誘はれて帰らぬ道に旅立するときは、其家族は忽ち路頭に迷ふやうなことがありますから、どうかして此困難を救ふ工夫はありますまいか。欧羅巴にては、金持ちが貧乏人を救ふ為に社を結び少しづゝ金銭を出し合ひて、これを積置き、難渋するもの、手当とする方法があります。又「ライフインシュレンス」とて、毎年乃毎月に出金して、本人が死亡後に幾円かを残りの家族に渡すといふ約束をする方法もあります。[21]

これは現代の新聞投書というよりは、読者への啓蒙をめざした寄稿文のようだが、貯蓄や保険への考え方をとおして、個人の身体や人生を個人主義的な「合理主義」のもとにとらえようとしている。そして、家族の生活を、ムラ共同体やイエという大家族制度ではなく、個々の身体が背負わなければならないという認識が明確になりつつあることも理解できる。ただ、このような考え方や生命保険の理念を理解するものは少数であり、まだ一部の有産者を除けば生命保険とは無縁な生活を送っていたのである。

2　簡易保険制度の成立

そもそも簡易保険とは、「その生活水準・所得水準の低さのゆえに生活保障・所得保障についての切実なニーズを有しながらも民営普通生命保険への加入の途を閉ざされていた労働者・勤労者そして一般庶民に対して、生命保険への加入を容易ならしめたものであり、一九世紀中葉にイギリスの民営保険会社によって開発された[22]」ものであるという。当時のイギリスの労働者にとっては、普通の生命保険は手の届くものではなく、一方で、「家族・近親の死に際し世間なみの埋葬・葬祭を行うことが、独立した市民として地域社会で生活していくための必須にして最低限度の条件となっていたため、資力の限られている労働者も、家族・近親の葬祭費用だけは前もって準備しておく必要があった」。したがって、イギリスの簡易生命保険は、日常的には死亡保険（death insurance）や埋葬保険（brural insurance）と呼ばれていたという。そして、①加入時に被保険者の健康診断などを必要としない無診査保険であり、②被保険者の同意を必要としない、③最高保険金額が設定されていた、④無配当保険であった、などによって「簡易」保険とされ、イギリスでは一八八〇年代から急速に発達・普及していった。ただ、日本のモデルとなる国営の簡易保険は、一八六五年に郵便局をつうじて開始されたが、集金制を採用しなかったことや最低保険金額が労働者の所得水準を大幅にうわまわっていたことなどの理由により、普及することなく一九二八年に事業を停止している。

日本においては、明治二〇年代から、理学博士・藤澤利喜太郎が構想し、逓信省の嘱託として調査を開始したとされる。彼の構想による保険とは、「中間階級を扶育保護し、もってその健全なる発達を促進する一手段として、老後における生活費の補足、もしくは死亡後差向きに必要な費用を安として、中間階級を通じて平均した場合に付見積もった金高を保険金の最高限とし、無診査に依り手数を省き、全国普及の郵便機関を利用して、国家自ら支払の責任を負ふ郵便保険[23]」であった。

この表現からもわかるように、会社による生命保険とは別に、国家による生命保険制度の設立とは、十分な蓄えをもつ富裕層ではない人々への簡易保険制度の確立を意味していた。こうして始まった簡易保険制度完備への努力は明治末まで続けられてきたが実現せず、大正期に入りやっと議会の案件となっていき、実施に向けての具体的調査が海外も含めておこなわれる。

一九一四（大正三）年三月の第三一回帝国議会に、立憲同志会から「小額生命保険官営建議」が提出され、その理由書のなかに次のような文言がある。「小額生命保険制度の如きは、中等階級以下の社会をして能く恒産を治め、秩序生活を営ましめ、以て健全なる社会を組織し、社会的欠陥を防遏する所以にして、社会改良政策上最時宜に適したるものと認む[24]」と。

そして議会での審議を経てようやく成立した簡易生命保険制度だが、一九一六（大正五）年五月一一日に大隈重信首相は、逓信局長会議で次のような訓示をしている。

簡易保険は下級の人々に大なる利益を与ふるものなり。早晩、更に進んで法律で強制して行ふ労働保険起るに至るべく、また一般の人が落ち付いて目前の利益を計らず、将来を計るの考を起すに至るべく、この簡易保険に依り一般の保険思想を増すの効果ありと信ず。独のビスマークは、天才的政治家たるの手腕を以て、一方には社会党禁止例を布き、以って社会党を圧迫すること冷酷を極め、他方には社会政策を以て労働保険の制を設け、養老、疾病、災害の保険を開けり。

其の当時、英も仏もこの方面に対しては頗る冷淡なりき。その効果は独の労働者の上に大なる利益を与へたり。英国は今日に至り莫大なる財を投じて養老保険を開き、為に重税を課し革命さへ起こらんとするに至り貴族院と庶民との間に大混雑を起せり。仏国伊国の如き未だこの制なし。ビスマークは四十余年前にこれをなせり。実に先見の明ありと謂ふべし。簡易保険は重大なる一の政策なり。これが成功と失敗とは将来の社会政策に大なる関係あることを忘るべからず。(25)

ここで「中間階級」や「下級者」という語がさかんに使われるように、会社や工場の労働者たちを社会的な存在として視野に入れた「社会政策」としての簡易保険制度であったことが理解できよう。大隈が言うように、簡易保険は、新たに社会階級として登場しはじめた労働者たちを社会内存在として育成する、いいかえれば善良な国民を形成していく政策の大きな制度としてとらえられていた。まさに、「アメとムチ」政策の一つの現れであったが、裏返せば、大正期にいたって、日本国家がその国家経営の資金源として、彼らの言う「下級者」たちにも期待できるほどに下級者たちが経済的にも台頭してきたという言い方もできる。

こうして、ようやく開始されることになった簡易保険ではあるが、その対象としていた「薄資者階級」にその保険の理解を得ることは難しいものがあった。一九一六(大正五)年五月の箕浦逓信大臣は地方長官会議における訓示として次のように述べている。

多数下級者の地位に対し緩和救済の法を講ずる目下の情勢において頗る急務たるを疑はず、簡易生命保険は即ちこれが一端に資するものにして、単に利用者に対し将来に於る経済上の保障を与ふるのみならず、其の実行の間、知らず識らず貯蓄の良習に慣れ克己自制の念を養はしむるに於て、その効果大なるものあるを信ず。(略)

ただ、簡易保険本来の趣旨たる、前述の如く社会改良及び下級者生活状態の改善にあるが故に、その経営は通信官署主としてこれに任ずると雖も、直接民政の衝に当らるる各位は勿論、広く教化済世の任にある者の後援に俟たざるべからざるもの甚だ多し。就中中級社会に保険思想を普及せしむることの如きは其の主たるものにして、生活の余財に乏しきものを導いて生命保険の如き恒久にしてかつ秩序ある制度の利用に向はしむること必ずしも容易なりとせず。[26]

3　簡易保険の普及

年度	契約件数
1916(大正 5)	266,954
1917(大正 6)	504,085
1918(大正 7)	581,758
1919(大正 8)	586,572
1920(大正 9)	788,448
1921(大正10)	1,157,921
1922(大正11)	1,522,940
1923(大正12)	1,407,552
1924(大正13)	1,926,149
1925(大正14)	2,500,093
1926(昭和 1)	2,507,116
1927(昭和 2)	2,453,705
1928(昭和 2)	2,502,585
1929(昭和 4)	2,157,554
1930(昭和 5)	2,434,292
1931(昭和 6)	2,800,819
1932(昭和 7)	2,883,356

図2　簡易生命保険契約件数[28]

そこで、さまざまな周知手段がとられることになる。当時、広報や市場調査の方法は発達していなかったが、それでも、「保険」というアイデアを知らせ、次に理解させ、そして加入の説得をするという方針は確立していた。そして、この説得には各郵便局の局員による戸別訪問がとられていた。『逓信事業史』によれば、第一の周知方法としては、一般への保険の理解を得るために、創始当初は、最も直截赤裸々に、人世の無常を説き、人をして自ら先見予備の思想を涌起せしめることに努めた[27]」という。こうして、その「人世の無常を説いた」ビラなどに用いられた詩歌はつぎのようなものだった。

終に行く道とはかねてききしかど昨日今日とは思はざりしを

明日ありと思ふ心の仇桜夜半に嵐の吹かぬものかは

こうした無常観と保険思想がただちに結びつくのか、それとも個人が人生を計画し将来に対し準備するという保険思想の「合理性」が矛盾すると考えられたのか、当時の人々がこのようなPRメッセージに対しどのように反応したかは不明だが、『逓信事業史』には、「事業開始後最初の二年間に養老保険よりも終身保険のほうが多かったのも多少この奨励方針に影響されたと思われる」と総括されている。これに対し、その後第二期（大正八、九年ころ）には周知方針を変更し、より明るい呼びかけ、人生を肯定的にとらえ、この時期の標語は「渡しに舟、人生に保険「安心と幸福」などであったという。

また、一般への周知には、前述のさまざまな博覧会も利用され、一九一九（大正八）年に大阪で開催された「生活改造博覧会」における展示のなかにも簡易保険についてのキャッチコピー的なものがある。

あの人はつい此間まで、せつせと働いて居られたのにまあ、お気の毒と云ふ話は、沢山お聞きてせう。直ぐ！直ぐ！簡易生命保険に御加入なさい。月に晩酌一本節約すれば、加入ができます。

死んで金をもらってもつまらないと言ふ人は、妻子を忘れているからであります。指輪や、着物で女房の機嫌をとり、肝要な後々の用意を忘れている人は、真の愛を解しないからであります。(29)

さらに、第三期（大正一〇、一一年頃）は個人の生活安定というばかりではなく、保険加入が「社会奉仕の手段」であることが唱えられた。第四期（大正一二年頃）には、「相互扶助」「共存共栄」という言葉が用いられ、前期の「奉仕」から進んで、個人が国家社会のなかに暮らしていることが強調され、簡易保険が社会内に存在する個人の義務であるような宣伝がされた。また第五期（大正一三年から昭和三年頃）には関東大震災からの復興が叫ばれ、「冗費節約」「勤倹貯蓄」の運動が官民をあげてなされるなか、簡易保険についても、節約と貯蓄の手段としての一面が強調された。そして、この時期には、終身保険よりも養老保険の加入者が増加している。

こうして、ラジオ体操が開始される前の約一〇年間に、簡易保険は徐々に日本人のなかに浸透していったが、明治の初期からの取り組みを考えてみれば、それは、日本人の人生観・生命観・家族観の変化とも関係しているといえる。一般的な節約や貯蓄という観念に加えて、自己の生命の値段を計算すること、家族の生計が一個の身体にかかっているという自覚、自身の死後についても家族の経済生活への想像力、あるいは責任感、こうしたものがリアルなものと感じられるようになってこそ、この制度は普及するのだが、そうしたリアルさの中心にいたのが、都市化のなかでムラ共同体から析出された個人、都市に台頭しはじめた労働者階級、そして新中間階級であった。

4　保険事業としてのラジオ体操

さて、こうして日本社会に定着しはじめた簡易保険だったが、その簡易保険事業がどうしてラジオ体操に目をつけたのかについて、『逓信事業史』は次のようにまとめている。

簡易保険局に於ては生命保険の公共的性質と、その被保険者の大多数が所謂中産階級以下に属し且つその健康状態が一般に不良なる事実に鑑み、その健康の保持並びに増進に努むることが被保険者の幸福を増進する上に於て肝要なるのみならず、一面に於いて簡易保険事業そのものの健全なる発達に資する所以であり、同時に生命保険の公益的目的を達成する所以であるとの見地から、事業創始の当初より被保険者の健康維持並びに増進のためには特別な努力を払ひ、健康相談所の設置、巡回健康相談の施行、保健印刷物の頒布及び結核予防運動の助成等各方面に亘って著しき活動を続け来ったのであるが、特に昭和三年は国を挙げて祝福慶賀し奉るべき御大礼を記念奉ると共に、この時期を画して、被保険者並びに一般国民の健康状態改善を促し、その幸福を増進せんとする奉仕的施設に就いて種々考究の結果、（一）健康増進を目標とする家庭生活の改善に関する懸賞論文を募集し、その当選論文を刊行し広く各家庭に頒布して家庭生活の改善に資すると共に、（二）時世の要求を洞察して国民保健体操を創始しこれが実行を奨励し以て国民の元気作興の原動力たらしめんとする二大施設を実施したのである。(30)

つまり、簡易保険は、その加入者を増やすばかりでなく、被保険者の健康の保持増進もまた事業の使命であり、そのことが死亡者を減少させ、保険事業が発達することにもなるということである。したがって、「健康の保持・増進」や「病気予防」のためのさまざまな事業もまた簡易保険事業にとって重要なものと位置づけられる。ラジオ体操は簡易保険事業の宣伝イベントとしての性格ももっていたことは確かだが、その本質的な部分を占める事業でもあったということもできる。

第四節　ラジオ体操の普及と健康

1　普及の方法

第一節で一九二八年にラジオ体操の「放送が開始された」と述べたが、ラジオ体操は、ラジオを唯一のメディアとした体操ではなかった。アメリカのモデルを見て考案者たちはラジオ体操と呼んだが、当初、それはあくまで通称でしかなかった。というのも、一九二八年のラジオ受信機普及は五〇万台程度であり、放送開始後四年を経たとしても、このメディアを利用して簡易保険局のいう「国民的」事業とするにはまだ不十分であった。しかし、一方で逓信省は全国にある郵便局という巨大なネットワークを利用でき

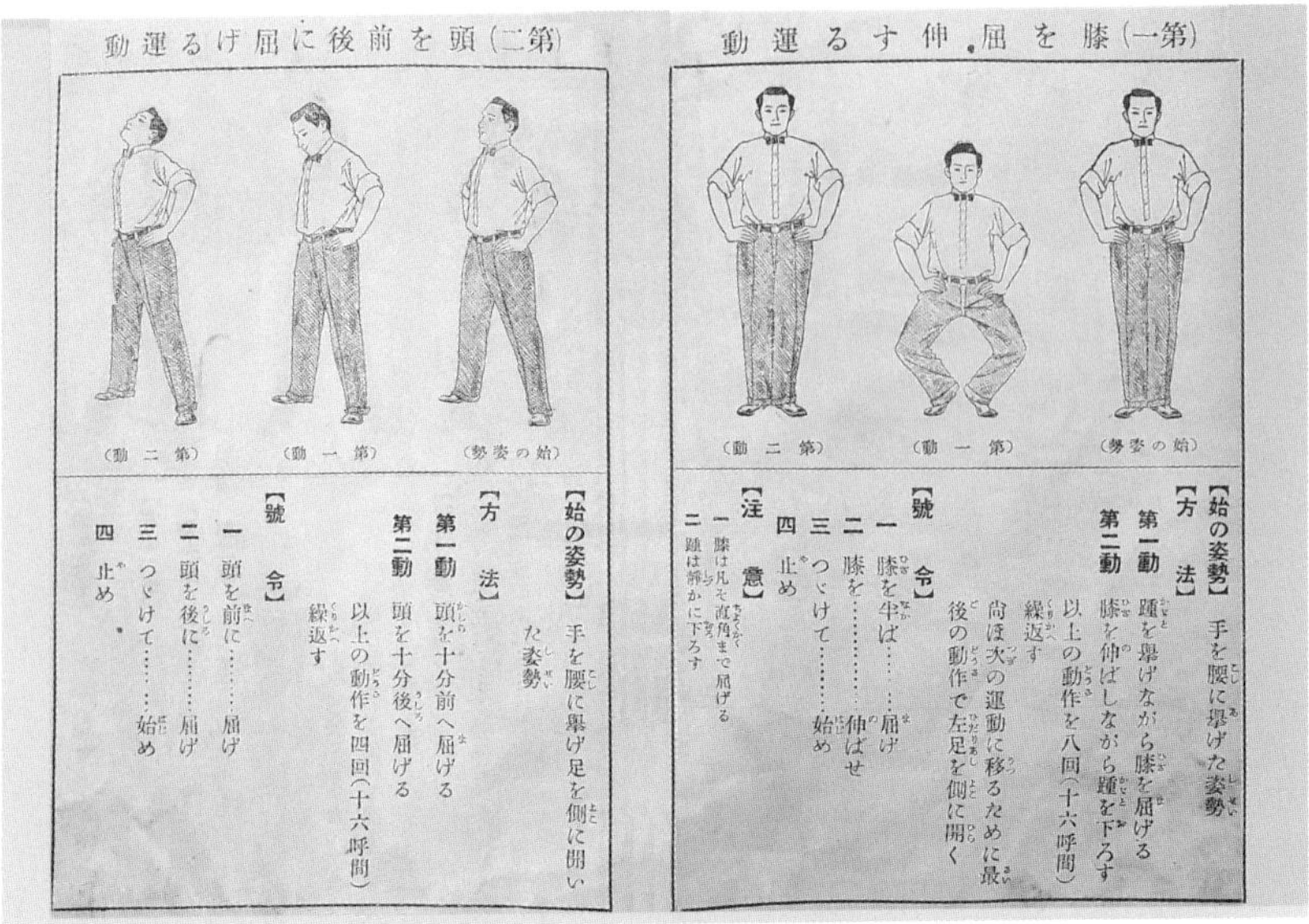

図３　国民保健体操図解
（『國民保健體操』生命保険会社協会、簡易保険局、1928年）

た。当時、郵便局員たちが「国民保健体操図解」をもって全国を回ったという。

その郵便局員や全国での講演会を通じて、ラジオの普及以上にラジオ体操は普及することになる。一九二八年一〇月、放送開始に先立ち、簡易保険局は全国の逓信局に「ラジオ体操に関する件」という通達を出し、ラジオ体操の普及活動を依頼している。そして各逓信局が管轄下の郵便局あてに通達を送り、各郵便局員がラジオ体操の要領、図解、伴奏楽譜などを持ってその宣伝に努めることになった。そして、普及のための実演と講演会が放送開始直後の一一月二四日の札幌を皮切りに開催され、森悌次郎や大谷武一らが一九二九年にかけて全国をまわっている。そのなかで、名古屋での第一回実演会は一九二八年一二月一五日に愛知第一高女（現・愛知県立明和高校）で開かれたが、当時の「新愛知」（現・「中日新聞」、一九二八年一二月一六日付朝刊）は「名古屋で催された保健体操実演会　官民合同主催の下に講演と実演で大盛況」という見出しで伝え、実演の様子も写真で紹介している。ただ、この記事では「国民保健体操」とだけ紹介し、「ラジオ体操」という言葉は使用されていない。それほどに放送開始当初は「ラジオ」で放送する体操というイメージではなかったのである。

さて、当時の名古屋逓信局保険課長であった弓木幹夫は、その日の講演会と実演会の様子について、のちに次のように回顧している。

当日は多数の一般人を集める目的で、学生とか年少者は初から断ることに宣伝して置きましたから、入場者は皆熱心な大人ばかりでありまして、時は寒い、忙がしい十二月十五日午後一時というのに、定刻前既に千人以上に達し、間もなく二千余の聴衆で満員となり、県立第一高女の講堂は演壇の周囲すら一歩の余地のない程の盛観を呈したのであります。

開会の挨拶と体育に関する講演に続いて大谷技師の体操の説明と模範実演、それから中等学校男女教師二十六名の実演、名古屋古新小学校男女児童二十二名の実演が次ぎから次ぎへとピアノの伴奏に連れて初めて此体操が大衆に紹介されて参る其時のシーンとした場内で併かも珍らしげに熱心に見詰める大衆の緊張した模様と、真に立錐の余地のない寒い会場で、ぢーっと之の情景を見て居られた当時の猪熊書記官と、指導並に実演の方々の真剣さとに依て私は異常な激動を受け将来に対する普及奨励方針と施設の上に大なる何物かを捕へ得たのでありました。(31)

2　ラジオ体操放送の広がり

さて、これまでラジオ体操は、昭和天皇即位の大礼に合わせて、一九二八年一一月一日に東京中央放送局で放送を開始し、翌二九年二月一一日から全国中継網の完成によって全国放送となったというのが通説であり、その時から全国津々浦々に江木理一の号令が響いたといわれてきた。

江木理一は、陸軍戸山学校で士官（三等楽長）として勤めていたが、ラジオ体操放送開始直前の一〇月二七日に命令が出て、ラジオ体操放送の準備に入ったといわれている。音楽に合わせて体操の号令をかけるということから、音楽に精通した体操のできる軍人として江木に声がかかったという。江木は放送開始の日から、一〇年間にわたって休むことなく号令をかけ続けた。そのことから、ラジオ体操放送開始以来、江木の号令によって全国が動いたという印象が生まれ、戦前のラジオ体操の象徴的存在として語られてきた。しかし、現実には全国中継はなかなか実現しなかった。

たとえば大阪放送局は、一九二九（昭和四）年一月一〇日から東京局からのラジオ体操番組を中継しているが、その一カ月後、同年二月一二日からは自局制作番組に変更して、朝倉慎三らの号令で放送をしている。また、一九三二（昭和七）年七月二一日には第二体操も放送されるようになるが、この時期、全国中継体制は崩れ、大阪放送局と名古屋放送局（ＣＫ）は、同時刻に独自の体操番組を放送していた。最終的に江木理一の号令によって全国が同時に動くようになったのは、放送協会の支部制が廃止され、権限が東京に集中することになった一九三四（昭和九）年以降のことだった。

ラジオ体操そのものの広がりは、上記のように逓信省のネットワークを利用した普及活動や、またラジオ受信機の普及とともに拡大していくが、後述するように、団体あるいは集団でのラジオ体操が「公的に」推進されるにいたって、まさに世界に例を見ない社会現象になっていく。

3　健康への欲求

ラジオ体操の始まった一九二〇年代は、前章までに述べたように、全国中等学校野球大会やオリンピック参加など、スポーツがメディアにのって一般の人々にも広く浸透しだした時代である。それは人間の身体あるいは身体の動きへの関心が生まれた時代だともいえる。また、それまでとは違う身体観が一般の人々に生まれた時代だといえるだろう。ラジオ体操は、そうした新しい身体観・身体文化を反映して生まれた。そしてさらに、人々はラジオ体操をとおして新しい身体観を身につけていくことになる。

簡易保険局はラジオ体操普及のために、一九二八（昭和三）年から一九二九年にかけて全国で保健衛生に関する講演とラジオ体操実演の会を開いている。この講演会「国民保健体操（ラヂオ体操）の周知奨励講演会」には、ラジオ体操の考案者たちをはじめ、各地の教育関係者、医師らが加わっている。この講演会が保険体操の普及を目的としている以上、その周知奨励とは、ラジオ体操が新しい健康法としていかに有効であるかを訴えることであったが、もちろん、これ以前にも多くの健康法が存在していた。

田中聡によれば、その多くは薬であったり、いわゆる養生法であったり、あるいは自然回帰をめざすかのような儀式であったりした[32]。それに対しラジオ体操は、文明の進歩にしたがった科学的・合理的な健康法であり、かつ健康を純粋に身体そのものの問題ととらえ、身体を訓練することによって健康が達成されると考えた点で、ほかの多くの健康法とは異なっていた。

国家間の生存競争

さて、この講演会の記録のなかで健康・身体・体育を語るとき、彼らの多くは、まず欧米との比較で日本人の体格の悪さや死亡率の高さなどを説明する。そして、これから欧米列強と競争していく日本にとって、健康・体育の改善が緊急課題であると主張する。このような論調は、個人間であれ、国家間であれ、生存競争に勝ち抜いた適者だけが生存するという社会的ダーウィニズム論を踏襲したものであり、第一章でも触れたように、明治後期以降多くの体育教育者や思想家の心を支配していた。例えば、明治期から日本の体操界の中心人物であった永井道明もまた、ラジオ体操開始一七年前の一九一一（明治四四）年の

『文明的国民用家庭体操』という著書のなかでみずから考案した「家庭体操」をすすめるが、はじめに体操の意義をつぎのように述べていた。

適者生存と云ふこと、或は優勝劣敗と云ふことが、宇宙の大原則であるとすれば、特に体育に注意する者は、優勝者となり、繁栄を来たして生存することが出来る。それに反して、体育を忽せにする人は、劣敗に陥り衰退して、遂には滅亡する筈である。国民としても又国家としても体育のことに意を用ひるものは強盛になり、そして蔑ろにする者は、衰弱するといへども固より自然の結果である。(33)

そして、永井の見解から二〇数年を経て、ラジオ体操の普及にもこの弱肉強食、適者生存の論理が基本的には使われている。たとえば、大阪中央公会堂で一九二九(昭和四)年三月におこなわれた講演会にも、第一〜三章にも登場した医学博士で大阪毎日新聞社顧問・木下東作が登壇する。木下はこの時期、前年のアムステルダム五輪大会に女子で初出場し銀メダルを獲得した人見絹枝を育てたほか、すでに現代でいう「スポーツ医学」の権威的な存在となっていた。彼の講演は、国家と国民体育、スポーツの関係を語っている。

世界のAクラスの国の中、A1、A2、A3、A4、A5の五つを五大帝国とするならば日本もAクラス国としてその中に入っているのでありますが、国民に果たして其の国を支持するだけの実力あるや否や疑問であります。

世界大戦のときに於ても国家の基礎は国民の身体であると云ふ感かありました。またスポーツの盛んな国ほど立派に国を樹てて居ります。英国は老大国の嫌がありますが、尚年来培われたスポーツの力に依つて立派に国を

樹ててゐます。(34)

これに続けてアメリカ、フランス、ドイツを例にあげ、各国がどれだけ体育・スポーツに力を入れ、国民の身体を強くしているかを強調し、それに比べ、日本の体育政策を含めて体育の弱さを嘆いている。論は「Ｂクラス」のチェコ、「Ｃクラス」のフィンランドにまで及び、日本の体育はそれにも劣ると嘆く。そしてスパルタや古代ローマの繁栄と衰退はその国民の身体の強化と悪化にあったとして、日本がＡ１の国になるためには、国民の体育を強くしていかなければならないと結論づける。

彼はそのなかで、スポーツ選手ではない一般人の「健康のレベルを高めていく」ためにはラジオ体操が最適であると奨励している。

木下に限らず、国家の強さと国民の身体を関連づけ、それを「欧米列強」と比較し、日本の体育の向上を訴えるという論理は、ほかの講演にも共通したものである。ただ、この木下にしても、個人の身体は国家のものであるとか天皇のものであるとかという論理は用いていない。いわゆる「健康報国」ともいえる論理を全面的に展開する主張は、この時期にはむしろ少数派である。ただ、その中では、「不健康は不道徳」と論じる山梨県知事・鈴木信太郎が、知事という立場もあったからなのか、そうした立場をとる一人であった。

私の考では、不健康は自分一人の不幸であるばかりでなく、社会的にも不道徳で有ると思ふ。病気の原因は先祖から伝はったものであるが、たいがいその場合その人の悪い行ひの結果である。我が国は世界五大強国の一と云はれて精神的には三千年来の歴史を有するので確かに一番であるが、有形的、物質的、経済力、富の蓄積においては著しく諸外国に劣つてゐるのである。（略）我国は地勢に恵まれぬから、人の力によって、一石とれる田から二石も三石も穫ることを考へなければならぬ。大切な体を病気していつも蒼い顔をして薬ばかり呑んでゐては実に困ったものである。それだから病気になった人はつとめて病気を癒すことにし健康の人はあくまで強く決して病気に罹らない様にしなければならぬ。不健康は国に対してもすまないし、社会的にも不道徳である。愛国心のない人であると云つても差し支へないと思う。(35)

鈴木は健康という価値からの逸脱を、個人の「能力性」次元の逸脱だけではなく、国家への「忠節性」次元での逸脱ととらえ、最後に、「自身の健康に注意して絶対病気に罹らないようにするのが国家社会に対しての義務である」と締めくくっている。

日本人の脳は重い

さらにもう一人、函館の講演会では「ドクトル」という肩書の齋藤輿一郎が「日本を世界三大強国」にまで押しあげる。

日本人は非常に偉い国民でありまして、世界において最も利口な、最も知識のある国民であると私は信じてゐるものであります。何故かといふと諸君もご承知の通り、日清戦争を見ても、日露戦争を見ても、日本人が勝つてゐるのであります。日本人はまことに偉いからして日清、日露の戦争に勝つて世界三大強国の一つとして謳はれるに至ったのであります。(36)

このように始めるが、「一等国民」の日本人が身体・健康の面で諸外国に劣っていると指摘する。彼も、前記の人々と同様に欧米との比較を中心にするが、それ以上に当時の日本人の「知識人」たちの欧米への劣等感がみごとに表現されている点では彼がぬきんでている。

どうして日本人は偉い国民であるか、斯う申しますると、私の常に主張するが如く、近来日本人は学問界に於も、技術界に於ても、汎ゆる方面に於て立派な成績を現して居るのであります。（略）欧羅巴人と日本人の脳髄の目方を比較して見まするると、欧羅巴人の平均目方は三百六十四匁で、日本人の目方は三百六十五匁、支那人は三百六十三匁となるさうであります。さうすると日本人の脳髄は欧羅巴人の脳髄よりも一匁重く、支那人のに較べると二匁重いといふことになるのであります。

このように、当時でさえその科学的根拠、あるいはそのデータの出所が疑われる数字をもちだしながら、そのきわめて微少な差異に意味を見いだそうとしている。もちろんこのような言説は当時一般に流布していたものと推測できるが、そこには、ヨーロッパ人との一匁（三・七五グラム）の差よりも中国人との二匁の差が確かな差として意味をもつものであったのかもしれない。モデルとしている西洋に比べても「ひけをとらない」、あるいは「そうありたい」という願望が一匁に表現され、アジアのなかで日本人は優越しているという「確証」が中国人との二匁の差に表現されていると解釈できないだろうか。

しかし、このような荒唐無稽な自説を展開する齋藤にしても、ラジオ体操の有効性を語るのには極めて現実的である。ラジオ体操は「最も学理に適合し」、「きわめて簡単にできる体操」だとしたうえで、小学校で学業優秀であっても中学で神経衰弱やその他の病気で倒れるものがかならず出るとする。

学校の体操ばかりで身体を丈夫にしやうといふのでなく、さらにこの国民保健体操を毎朝諸君がご飯を食べてから、学校に行く前二分か三分かかつて此の体操をしてさうして学校に行くと、必ずや身体が丈夫になり、又そればかりでなく非常に学問も出来るやうになつて、上の学校に行った時も必ず立派な成績で卒業することが出来、将来立派な日本国民になることができると思ふのであります。

このように効果を説明したあと、次のように結論づける。

支那を見ても、亜米利加を見ても、露西亜を見ても、太平洋を見ても、大西洋を見ても、吾々日本国民は安閑としてはゐられないのであります。吾々はどうしても吾々の身体を丈夫にして立派な人間となり、我が叡聖文武の天皇陛下のため尽くさなければならない。

彼の主張は全体として、国家間の競争に国民の身体が大きくかかわり、その国家のために個々の身体が貢献しなければならないというものである。しかし、すでに述べたように、こうした単純な「健康報国」論、つまり身体をそのまま国家へと接続する考えは少数派であるし、この時代においては、彼の過激な国家主義的な言葉も当時の政治家や官僚に共通した演説の最初と最後の儀礼的な国家への同調行為程度のものであったのかもしれない。もちろん、こうした言説の積み重ねが次の時代において現実の制度構築の上で大きな意味をもつようになるのではあるが。

4 生存競争とラジオ体操

帝国主義列強との競争に打ち勝つという国家目標と個人の身体をつなげる考え方が、ほかの多くの講演者たちになかったわけではない。しかし彼らが大衆に向かって説を唱えるとき、前出のドクトル齋藤にしてもそうだが、多くの場合、健康の価値は、その個人生活の維持という視点から語られていたのである。

日常的・個人的な文脈のなかに位置づけられてこそ、その言説はリアルなものとなる。先の言葉を使えば、健康という価値、つまり個人の「能力性」における逸脱への不安を強調することであった。新潟医科大学学長・沢田敬義は次のように言う。

此の生存競争の匹しい世知辛い世の中に立つて行くには、立派な体力と人格が必要である。其の人格と体力を養成するにスポーツが役立つが、体操と云ふものも亦生存競争に打ち勝って行くに必要な体力と人格を養成するに役立つもので有る(37)。

また香川県の学校衛生技師は健康を次のように説明する。

生存競争の劇しい世智辛い世の中に親兄弟女房子まで引き連れて生活してゆかうとするには、是非とも健康な精神と偉大な体軀の持ち主でなければなりません。健康であってこそ一家和楽の中に暮し人生としての意義もあると思ひます(38)。

このような「からだを資本」とする主張は講演のなかでも大きな柱になっている。そして、こうした主張が説得力をもつのは、先の生命保険の項でも述べたように、日本人のなかに、健康不安、個人の身体に関する不安が、家族や家族の経済との関連で認識されはじめたからだといえるだろう。

かつて農村共同体においては、個々の身体は生殖によって再生産され維持されていき、また生産活動においても、ほかの人の身体と代替されうる身体として把握されていた。ところが明治維新以来の近代化は、徐々にその農村共同体から都市という場に個人を吐き出しはじめ、とりわけ一九二〇年代にいたって工場労働者をはじめとしたサラリーマン層を増大させていった。これらの人々はみずからの身体にだけ依存して生活する人々であり、旧来の共同体、そしてイエを離れて都市に「家庭」をもった人々である。その身体は家庭を背負う一回限りの固有性をもったものとして現れてくる。まさに生命保険は、この身体の一回限りの固有性および道具性の認識を象徴したものであったが、この時期、都市への人口流入、新しい生活様式の展開と背中あわせに、近代固有の身体への不安が人々に認識されはじめた時期、そして生命保険の考え方が人々に現実感をもって迎えられるようになった時期であったといえよう。

こうしたなかで、健康は個人の生活・人生をつくっていく能力の象徴となっていき、個人が計画し達成していくべき価値となった。人々は、体操やスポーツ、そのほかの具体的・合理的行為をつうじて、健康という価値をみずからの身体において達成しようとしたのである。

5　簡易な健康法としてのラジオ体操

全国各地で開催された講演会において、多くの指導者たちが訴えたのは、そうした現代文明社会の厳しさであり、そのなかでの達成目標としての健康だった。そして、その目標への簡易かつ有効な手段としてのラジオ体操であった。

一方、簡易保険局が募集した感想文を集めた『国民保健体操を語る』のなかでも、よりいっそう個人レベルでの健康がうたいあげられる。もちろん、ラジオ体操を普及促進したい簡易保険局が募集し選別した感想文であり、当時の民衆の「生の声」というわけではなく、推進主体が提示する価値に同調する人々の声なのであるが、それにしても人々が「健康」についてこだわった記録であることに間違いはない。ある女子工員は、「金銭にて購えぬ幸福」という題の感想文を書いた。

『健康は幸福の母』と、人生の幸福中健康ほと尊いものは無い、この頃は金の世の中たと人か口癖のやうに言つてゐますが、いくら金の世の中でも人間の健康を求むることは制限がされてゐます。だから金よりも尊いのは人間の健康であります、静かに我が身を振り返ってみまするとと神様は常に私共を働くやうに丈夫な身体をおさづけくださつてゐます。誠に有り難いでは御座いませんか。私共は尊い神様からおさづけになつてゐる身体を健全な上にも健全にし、人生の幸福にと向上せねば相すみません。

健康増進のため、私共が勤めさして貰つていいます会社では去年より国民体操を実施されています。体操と云へば何たか学校行きの人位にお思ひになるでしょうが、此の体操は決してさうでは御座いません。男も女もお年寄りもお坊ちゃんもどんな人がなさつても、しごく簡単であります。(39)

そして、彼女の会社でラジオ体操を始めて以来、「私ばかりでなく、他の大勢の人もそれぞれの故障が全快して只今では身体の悪いといわれるほどの人」はいなくなったという。彼女にとっての健康とは、まずは神様が与えたものであるが、それを維持発展させるのは人間の努力であるという論理である。

次に新潟の自動車運転手の近藤五郎の報告である。近藤は「胃弱を治す」として、胃弱が続きひどい胃痙攣で苦しんだこともあるが、ラジオ体操を規則正しくやった結果、胃弱も治り風邪も引かなくなったと報告する。この感想文にも見られるように、胃の調子がよくなった、風邪を引かなくなった食欲が増進したという効果が多く報告されている。

高松の林喜市呂は、「平和な家庭に」という感想文を寄せる。彼によれば、「かれらの家には病人が絶えたことがない。本当におかしい家だのう」と「親類のものたちから嘲笑され」ていた。「君の身体が何時も弱いのは、運動が不足なためだよ、どうだね、今度ラヂオ体操つてのが考案されたのだか一つ試みてみないかね」と勧められ、一週間ほど継続すると食欲も出てきたという。また子どもたちも朝の床離れが良くなり、風邪も引かなくなった。「そのお陰で私の身体も非常に調子が良くなり、母の健康も回復して今では妻女との間も打ち解けて親しくなつて、明るく、平和な団槃の楽しい家庭にかへつてゐます。家庭の不和―それは暗い家庭の生活から起こるようです。（略）ラジオ体操―それは単に健康増進のためばかりでなく、家庭団欒の唯一の仲介者でありますᅠ[40]」と、健康の大切さを説明するのに、その上位にある価値として「家庭の平和」「家庭の幸福」を挙げ、健康と家庭と幸福の関係を明確に自覚し語っている。

さらに、なかには統計をとり、工場従業員の体操実施後、病気が減少したという報告をした山形県の工場経営者もいる。彼自身も胃腸炎で苦しんでいたが、一九二九（昭和四）年の一月一日に家族従業員四七人で始めて以来、その胃腸病も出なくなったという。「又従業員は一人の休業者なく面白い程能率を増し、昨年程愉快な夏を過ごしたのは創業以来二十年になりなすが初めてであります。殊に腺病質の子供が血色がよくなり、毎年決まつての「暑さまけ」にも拘らず著しい頑丈さには驚きました。[41]」

このように続けて、四七人のラジオ体操実施前と後の罹病数を比較している。ラジオ体操が当時どのように受け入れられたのかは、まさにこうした統計的数字に象徴されている。もちろん、簡易保険局としてもラジオ体操にこのように数字で表現できる効果があるという合理性を強調したかったからだろう。また、簡易保険局自身も、ラジオ体操の健康に及ぼす効果について統計的調査をおこなっている。調査は一九二九年六月と一九三〇年一一月に実施された。対象はともに簡易保険局内の職員で、体操実施前にカードを配布して胃腸、消化器、月経異常など七項目の自覚症状を記入し、体操実施後に症状がどのように改善されたかを自分で記入していくものだった。その結果として、「恢復率」などの数字を並べているが、まとめれば、①各器官の症状はある程度消滅した、②男子に効果は大、③年齢、所属、勤務年限の相違によって差異はない、④二回の調査結果は大体一致、といった結果を得たとする[42]。

現在から見れば、こうした統計調査の信頼性には欠けているように思われるが、主催者である簡易保険局は、ラジオ体操の実施とその保健機能について、真剣に考慮し保険事業の根幹的部分の一つにしようとしていたことがうかがわれる。このように、簡易保険局や一般の人々がラジオ体操の効果を統計的に語ろうとしたことからも、健康というものが合理的に計画され達成されるべき能力価値として人々に意識され、それへの努力がラジオ体操に託されることになったことが理解できるだろう。

第五節　身体そのものの「合理化」

1　西洋的身体への憧れ

ラジオ体操を提案した側も、それに応じ参加した人々も、ラジオ体操に健康という価値統制への同調努力を表現してきたことを述べた。しかし、健康とはあくまで身体を近代的生産活動に対して潜在能力をもった状態にしておくことであり、その能力を行使する側面にまでその意味は及んでいない。つまり、健康とはあくまで近代に適応する一般的な状態に身体をしておくことを意味していた。そして、多くの人にとって、体操による身体の鍛錬と健康は自然に結びついていた。ところが、これら講演会記録や感想文を読めば、「健康」という価値達成をこえて、より積極的に身体の合理化・近代化がラジオ体操に託されていたことがわかる。いいかえれば、近代的生産様式に身体そのものを同調させる、もしくは矯正していくということも含まれていたのである。

ラジオ体操普及のための講演会においても大正期をつうじての体育論と同様に、西洋との比較において日本人の体格・体形の悪さが問題となる。たとえば、福島県体育主事・富田彦二郎は、日本女性の体形や姿勢が悪く、体も貧弱であって、西洋女性のほうが美しいとする。

古来我国では、立てば芍薬座れば牡丹歩む姿は百合の花と言った様な女子の美を花に譬へて居ります。雨にぬれたる海藻と言ったようなナヨ〳〵とした吹けば飛ぶ様な姿を良いとして賞賛されたのであります。この美とい ふ考へ方に二通りあります。一つは動美で一つは静美といつて静かな所の美であります。我国では礼儀作法としても小笠原流といった様な畳の上での動作を尊んだのであります。日本の婦人は座つて居ることが多く従て足に鬱血を生じ足が練馬大根の様に太くなつて来た。また日本の踊りは西洋の踊りと異なって良くない。西洋の踊りは胸を張り足を伸ばして活発であるが、日本の踊りは胸を縮めて脚腰を曲げてやる消極的退嬰的である。然しこれを曲線美として賞賛する。同じ曲線美といつても日本の曲線美は違ふ。（略）美人として賞するに白粉を塗った女、化粧をした女は唯うはべばかりの美人であります。真の美人といふのは調和均整の取れた体全体そのものであります。我国民は立派な着物を着た柳腰といった様な、腺病質の女を最も美人と考へて居たのであります。(43)

富田のこの見解は彼独自のものではない。この時代に広く浸透していた考えであり、また現在でも変わらず、むしろ強化されているものかもしれない。小野芳朗によれば、一九二〇年代当時、日本の伝統的な美人とされる要素を否定し「健康美人」を賞揚する言説が溢れていたとする。(44)

「知識が開けず、したがって誤った美的観念をもっていた時代の日本の女は、少し前屈みの胸の平たいのが上品の様に考えていた。あれは病身者の姿勢である。（中略）いやに長い婦人の頸は、さも弱々しく、さりとて団子のような猪頸も不恰好なものである。それも性来そんな骨組みならどうとも仕方がないが、もし適当の発達を促したら、病的に痩せているものはふっくらと肥り、また、脂肪ぶとりのダブダブの頸はかえって良い格好に細くなり得る」（高嶋博／高嶋ひろ子『女性肉体美学』広文堂書店、一九二一年）

「日本人が好きだった月の眉に柳の腰、風にも耐えないやさしい美人を礼賛した時代はすでに過ぎた。現代人は何か強烈な刺激を求めている。美の要素は、第一が顔、第二が色、第三が姿勢で、臀部の豊大な

ること」（水谷次郎『世界美人行進曲』日本書院、一九二九年）

小野は、こうした言説を「国家衛生という目的が、文明国から世界をリードする国へと膨張を続ける日本にとり、後にスローガンとなる『生めよ殖やせよ』、しかも強壮な男女を、という要請となって当時の美人像まで侵食していった」と位置づける。

ただ、先の富田にしても、昭和初期という時代に制約されてはいるが、女性の美を鑑賞の対象としてだけ語っているわけではない。彼によれば、仏教・儒教の女性観が日本の女性を従属的な地位においてきたことを批判している。もちろん、彼の言うように日本人は顔の美に執着するのに対し、西洋人は「足の曲線美」を尊重するという論が正しいかどうかは別として、彼はそこから女性美の基準も誤ったものが広がっていたと指摘する。そして、生活様式の改善、つまり着物から洋服への切り換え、座る生活、非衛生な台所の改善などをとおして身体そのものを改善しようとする。

さらに、「西洋人は立派である。活発である」とか、「外国の婦人は美容体操といって、身体の曲線美ということにいろいろと工夫を凝らしてやっておられますが」などという言葉からもわかるように、富田もまた、当然のように西洋人の身体をモデルとして考えている。彼にとっての生活の改善・近代化とは生活の西洋化をも意味しており、身体の矯正・改善とは身体の西洋化でもあったといえる。そして矯正目的としての西洋人の身体は、近代化され合理化た生活を担うものとして現れ、目標であるがゆえに美しいものと認識される。そして、身体に関する日本の伝統的な美意識（たとえば柳腰）もまた否定されるのである。

このような西洋人を理想の身体モデルとする考え方は、一般人にも浸透していた。感想文でもそうした表現が登場する。高岡高等女学校四年生の富田富子は次のように始める。

日本人は背が低い足が短い。かう云はれてゐた時代はもはや昔と思はれる位今ではピッタリ型についた洋服、そしてなだらかな脚線の美しさ、そこには外人にも劣らぬ程整った体格の人を見る事が出来ます。そしてその美の多くは運動によって洗練された健康美のあらはれでなくてなんでありませう。併し振返って他を見る時、それは極く少ない一部分に人のみではないでせうか。背の低い足の短い人々が醜い格好でチョコ〳〵と小路から出てくるのをどんなに多く私達は見かけるでせう。某所某所で町角などで少し体格がいいなと思ふ人々は大抵学生あがりか、又学生ばかりです。そして日本人は他国人に比べて快活な明るさがないと云っても好いやうです。いかに快活であってもどこか人に打ちとけず馴染まうとはしません。これはどんな幼い子供にも見る事です。

初対面の人に最初の勘定を害するのは多くこの為でせう。おそらく日本人で良い第一印象を人に与へるものはないでせう。ヂメ〳〵と何時も日当たりの悪い都会の汚い露地のやうにおしちぢめられて日光に浴しない、運動を念頭におかぬ陰気な生活が身体や精神上にも影響するのでせう。さびしそうに小さくかかんで気兼ねそうな姿をしています。(45)

十代の女性がここまで、身のまわりにいる人々の身体および身体技法を忌み嫌い、その原因を日本人に帰属させてしまうことには、彼女の個人的な生活文脈の中から理解すべきことがあるのかもしれない。彼女のなかでは、古くて、みすぼらしく陰気な古い日本人と、西洋人および西洋モデルを少しでも取り入れた新しい日本人の対立図式を設定することで、みずから地方都市の女学生として育っているさまざまな葛藤をその図式のなかに解消しているということも考えられよう。それはともかく、少なくとも彼女にとって、理想的で快活な身体をもつものとして「他国人」＝西洋人像が存在していることは確かである。おそらくそれは、活動写真や西洋絵画で見た西洋人であり、万一現実に出会ったとしても英語教師や宣教師という特定の職業階層の人々であっただろう。そうした欧米人と、富山の日常生活のなかに存在する自己も含めての日本人を比較する妥当性について考えることなどは、彼女に限らずほとんどの日本人はしなかっただろう。すでに西洋人は身体モデルとして、彼女のなかに存在しているのだから。
このような西洋身体のとらえ方は、国家として日本が欧米列強に劣っているという論理を個々の身体にまで還元し、「健康」という価値達成の比較検討の結果ではなく身体そのものが劣っているという認識であり、日本人の身体そのものの自己否定であった。ただ、彼女のこの過剰な日本人の身体の自己否定論は、ラジオ体操推進者によって採用された感想文なのである。身体の改造、少なくともその一部はラジオ体操に託されていたことになるだろう。

2　近代的身体への矯正

奈良県師範学校校長・渡辺周太郎は、「体育の必要」と題した講演で、日本人の身体を「生産活動」に結びつけて語る。

段々世の中が進化するにつれ文化が発達し生存競争に打勝には先ず身体であります。一例ではありますが私の学生時代には大きな板硝子は日本の工場では出来ず、総て舶来でなければないと云ふ事を聞いてゐたのであります。なぜ出来なかったかと云ひますれば日本人は背が低く且つ腕力に乏しく体力がない為に仕事に耐へることができなかつた為であるから、どうしても体育を改革せなければならぬと云ふ事を先生から聞いたのであります。それが今日では皆舶来物でなく日本で出来る様になつたと云ふ事は何であるか、それには事業の改良せられたと云ふ事もありませうが体育が進化して来たと云ふ事も第一であります。(46)

彼はこのように、日本人の体格の貧弱さと工場生産を直接関連づけ、より明確に近代的工場生産に適する身体の矯正の必要を表現している。こうした近代への身体の適応について野村雅一は次のように指摘する。

所属する共同体に特有な身ぶりや職業に固有なしぐさを身につけることによって特殊化した身体は、共同体の拘束から解放された職業における機械化や流動化のすすんだ現代では機能的には一般化する傾向がある。(47)

そうした身体の一般化は、近代固有の身体の均質化要求といいかえることができるだろう。それはまた、ミシェル・フーコーの言う監獄の論理、身体に規律・訓練を加えることによって従順な身体をつくりたす政治的技術の行使、「効果と速度の必要条件たる、或る身振りと身体と全面的な姿勢とのあいだの最良の関係(48)」を作りあけていくことでもある。

3 健康優良児の選定

健康であること、そして適正な身体をつくること、こうした規範は、学校教育や社会教育の機会でだけ宣伝されたのではない。一九二〇年代、ラジオ体操の開始前後には、それまで大々的にスポーツ事業を展開するに至っていた新聞社もまた当然のように、「健康」と「身体」という価値の市場に参入していた。たとえば大阪毎日新聞と東京日日新聞は一九二九(昭和四)年に健康増進キャンペーンを展開している。

もとより消極的保健の大切なことはいふまでもない。しかし、これよりさらに進んで、ただ病魔に冒されぬといふのみならず、一層強健なる体軀を練り上げ、壮健なる頭脳を備へ、爽快なる感情を湛へ、より長き生を保つて、学を修め業につとめ、現在に生き将来を図るならば、個人も国家も、どれほどその生活を充実せしめることを得るであらう。

(「東京日日新聞」一九二九年三月一日付、社説)

このように、ラジオ体操の普及奨励で語られた「達成すべき価値としての健康」が、ここでも同様に唱えられ、そこでの健康のあり方や達成の方法は、衛生展覧会における健康のとらえ方とは明確に変化してきている。そして、こうしたキャンペーンをより具体的に、そして可視的なものとして考えられたのが「健康優良児表彰」というイベントであった。

一九三〇（昭和五）年二月一日、大阪・東京朝日新聞社が、健康優良児表彰事業を開始している。その開始社告において事業の趣旨を説明している。「少国民の健康問題は国家的な大問題でありながら余りに閑却されてゐます。体質が体格に伴はぬのは文明国全体の傾向ですが、体質の向上即ち病気におかされない体を造るのが大切です」

また、文部省学校衛生官・岩原拓の談話として、「次代の日本人をつくる少国民の体格は年を逐うて良くなってはいるが、体質は反対に寧ろ悪くなっているのは統計の示すところで、少国民の健康問題は真剣に考究されねばならない問題となっている（「東京朝日新聞」一九三〇年二月一三日）

文明による医学・衛生の進歩が健康を向上させるという考えと、文明こそが健康を損なうのではないかという危惧は、日本の近代化のなかでつねに語られてきたし、ラジオ体操においても語られるのだが、ここでもそのアンビバレントな意識が語られている。有山輝雄によれば、「一九二〇年代の産業化・都市化のなかで、こうした両価的な意識が絡み合ったところに健康優良児表彰が成立していたのである。そして、アンビバレントな意識のあり方の故に、健康への期待は膨張していくことになる。[49]」この期待は、選定という競争のかたちで国民により広がることになる。

朝日新聞社が発表した審査方法によれば、対象となる年齢は、「尋常小学校五年に在籍せる男女児童にして大正七年四月より八年三月までに生れたるもの」と定めた（第二回からは尋常小学校六学年に改定）。そして、まず、「一、全国道府県より男女六名づつ選出された優良者より男女各一名づつ選び、この採点方法は百点を満点とし、（イ）身体状況六〇（身長二〇、身長と体重の比率二〇、身長と胸囲の比率二〇）（ロ）運動能力三〇（ハ）その他一〇（学業等の方面）とし、これをまた第二のふるひにかけて、全日本の少国民を代表する。男女十五名づつ三十名を選び最後に写真と健康カードの上より厳密公正に総合的観察をして」（「東京朝日新聞」一九三〇年四月一八日付）日本一の優良児を決定する。

こうして数量化された基準にしたがって、健康は社会的に実体として客観化され、そしてそれは達成すべく競争できる価値となったのである。ちなみに、この『健康優良児表彰』キャンペーンは、戦後ますます重要な新聞事業として開催され、一九七八（昭和五三）年まで続けられる。[50] さらに、そこから「健康優良学校表彰」へと移行したが、これについても、「ノーマライゼイション」や「メインストリーミング」といった概念が広がる中、学校として「健康」を推進する意義とは何か、「健康な子どもたち」を表彰することは何を意味するのか、こうした疑義に対するコンセンサスが一九九〇年代には取れなくなり、主催の朝日新聞社は一九九六年にその事業を終了する。[51]

第六節　早起きと集団体操

前節で述べた近代的生産様式への適応の一つとして、「身体の近代的時間への同調」もとりあげられよう。時間を守る、また規則正しい生活習慣といった価値が、日本の農業社会の価値としての「早起き」と結びつけられたのである。

1　「早起き」への疑問

ラジオ体操の放送は、戦前は基本的に午前七時に始まった。現在のラジオ体操は毎朝六時三〇分から放送され、その冒頭では、日本人なら誰もが耳になじみのある「新しい朝が来た」という歌で始まる。もちろん、戦前のラジオ体操の歌は「昇る朝日の」で始まった。どうして朝早く起きて体操するようになったのだろうか。少し後になるが、一九三七（昭和一二）年東京で開催された「世界教育会議」に参加した人々がラジオ体操の会を見学し賛辞を贈ったとされるが、アメリカからの参加者が以下のような感想を漏らしている。

日本の人々の健康に関する関心を喚起し、自ら進んで身体鍛練に努めさせようとしてゐる貴協会のご努力は立派なものですし、また好結果を挙げてゐると存じます。
然し乍ら私は、日本の子供達はもつと睡眠をとる必要があり、夜遅くまで起きてゐる習慣のある子供たちをそんなに朝早く起こすことは間違ひではないかと思ひます。私の国では安眠をとる事は運動と同じ程度の重要性を持つてゐると考へられて居ります。(52)

このような疑問は、アメリカ人のものだけではない。当事者の一部である放送者からも発せられる。ラジオ体操放送の開始後、間もなくしての仙台放送局からの声である。

「こんな寒い土地で毎朝早くからやる人なんかありますかしら」「サアそれは全部とは云へんが、マア一人でも二人でも実行して呉れればそれだけ効果あるわけだネム（ママ）早起きするたけでもよいからね」調整室でE部長さんを取り巻いた若い連中共、部長さんにラヂオ体操、早起きの効能を説かれるが、多少寿命を縮めても朝寝のしたい連中はかり中々反対論も盛んだ。処へ飛込んだこれも朝寝坊A君、此反対論を早速受継いて「ホンマヤ、ラヂオ体操なんかしなさる人狂気のサタヤ」とどなったものだ。そこに居合せたH君「オイ〳〵部長さん毎朝なさつて居るんだよ」と注意すれば、A君吃驚「イヤコリャ」と頭を抱へたが引込みがつかず、調整室指して一目散。
（「ラヂオの日本」一九二九年四月号「JOHK」欄）

さらに、ラジオ体操の放送開始から六年後であるが、「文藝春秋」（一九三四（昭和九）年八月号）は、「私の朝」という特集を組み、当時の著名人に対しアンケートをとっている。このなかで、「ラジオ体操をしますか」という問いに対し、「しない」との答えが多数派を占めている。たとえば、御木本隆三は「ラジオ体操というものを知りませぬ」とし、森律子は、「ラヂオ体操は少々自分には早過ぎます故致しません」とし、さらに鑞山政道夫人は「寝坊ですから間に合いません」といずれも否定的な回答をしている。

また、石川寅治は「ラヂオ体操は種々の点から嫌いです」と「早起き」以外の点でも否定的な回答を寄せ、さらに専修大経済学部長・道家齋一郎にいたっては、「あんなのは安眠妨害で迷惑至極です。とくに夏の朝などは窓を開けてやられるから近所から聞こえて来て閉口です。朝の気分を破ることは甚だしい。変死人の知らせと同様止めて貰いたい」と、露骨に嫌悪感を表明している。

以上のいくつかの例は、社会階層としては上層の人々の見解ではあるが、ラジオ体操についての否定的見解の中心は「早起き」に関してであった。

2　早起きは三文の徳

上述のような「早起き」についての疑問、あるいは批判的態度にもかかわらず、現代においても「早起き」はそれだけで価値のあるものとして語られることが多い。そして、ラジオ体操の効果の多くは「早起き」とかかわって語られる。ラヂオ体操感想文集『国民保健体操を語る』のなかにも、「早い時間」でのラジオ体操が報告されている。

それは、現在の職場におけるラジオ体操の原型の一つともいえる事例であり、大阪の呉服店の従業員による「朝寝の矯正」と題した感想文である。これによれば、呉服店では店主がラジオ体操をおこなっていたが、あるとき店員を集め、「明朝からラヂオ体操を始めるから、五時四十分迄に、一人も残らず皆二階の八畳間へ集合して貰ひたい」と命令的に言われたという。それに対し店員の反応は、「眠いのに一時間も早く起こされちゃかなわんな」「五月蝿い事を始めるんだな」「体操をするのは良いとして早起きが辛いな」というような愚痴や不平が一週間ほど続いたという。しかし、次第に「ラヂオ体操が一番楽しい日課であるといふ習慣が出来まして、体操時間に遅れて起き出すものは一人もなく時間には必ず二階の八畳間へニコニコ顔にて集合」するようになった。そして、「ラヂオ体操に依りて朝寝の悪習も完全に矯正されたことを喜んで」いるという感想文である。(53)

「早起き」は、ラジオ体操が開始される以前から集団化され、「早起きの会」が各地で催されてきた。田澤義鋪らとともに日本の青年団運動を推進した山本瀧之助は『早起』（希望社出版部、一九二六年）を著している。その冒頭で「まづ早起には三つの大切なる意義が存する。その一つは、早起は時間の開墾である」としている。さらに、早起きは量的にも「一日を充実せしめ」、また「質を善くする」と言う。午前中は「元気」でありよく働け、また質としても早起きには善人が多いという。続いて、彼は朝起きの「五徳」を説明する。それは、健康、修養、経済、風紀、安心だと言う。そのほか、早起きによってもたらされるものとして、夜の遊びの防止、経済の節約、活動時間が長くなり長生きしたことと同じだ、などがあげられる。山本にすれば、伝統的な農村共同体の規範であった日本型の早起きに依拠しながら、青少年の思想善導、そして近代社会における労働の能率向上、いいかえれば優秀な労働力をもった国民形成のための万能薬のように早起きを考えていた。

こうした「早起き」の会は、明治後半から、青年団に限らず在郷軍人会や修養団などがそれぞれに主催し全国でおこなわれていた。

在郷軍人会の雑誌『戦友』に掲載された福岡県の事例を抜粋すると、次のようである(54)。

一、睡眠と生理的関係より、夜遊び、店遊び、夜更し等を根絶し大いに遊蕩淫佚の弊風を打破し冗費を軽減せしこと。二、操練の結果長上者に対する敬意、服従の観念を増し規律を重んじ諸規則を履行時間励行の美風を得、青年の意気を大いに質実剛健ならしむるに至りしこと。（中略）最初は一小部分の父兄より安眠妨害又は児戯に類する等の非難ありしも暫くにして一般に作業効程の増加消費額の減少を認め、却って有力なる後援奨励を為すに至りし

このように、開始当初の地域住民の反発も記しているが、その実施方法は、起床時間は四時半、集合が五時、合図は、ラッパ、太鼓、寺院の鐘で、寺院や学校に集合すると詳細に規定している。さらに、課目として「皇居遥拝、または集合場所における神社参拝、体操五分乃至十分、兵式教練十五分、精神講話または命令注意会報の伝達、相談、決定五分乃至十分、解散。」となっているが、在郷軍人会ならではの内容の中に「体操」が組み込まれている。

図４　「早起帳を貰って」
（「大阪毎日新聞」1916年8月4日）

さらに、一九一六（大正五）年の大阪での夏の朝起き会について、「大阪毎日新聞」には「小学生徒団の朝起行列」という見出しと「朝起帳」をもらう子どもたちの写真入りで、次のような記事が掲載されている。

夏の子供の夜更しと朝寝坊を防ぐために、大阪市西区江戸堀小学校では、夜明けの「朝練会」といふものを実行して居る。それは、毎朝々々学校へ夜明け前に集合して、チョット校長の話を聞いてから一斉に軍歌を歌って、男生も女生も一列に江戸堀小学校の負担学区内を江戸堀も京町堀、雑喉場、土佐堀と歩き廻るのだが、其の歌を聞くと、どの町もどの町もいひ合はしたやうに起きて出るので、いはば其の列に居る学童以外の父兄や姉弟をも起こして歩くことになる。そして土佐堀の元裁判所跡に来て、深呼吸をさせ、簡易な体操をさせて解散するばかりだが、父兄には馬鹿に評判がよい。要するに夏の子供が夜更しをするうちには善くないものを喰ふ、腹を悪くする。其の結果は朝寝をしたり体を悪くしたりするのを、かうして抵抗的に防止しやうと考へたのだと、八上校長は談してゐたが、学校の横町に住んで居る近間の父兄等は此の挙を賛成して、二日の朝には暗がりからの飴湯の煮冷ましを裁判所跡に持つてきて子どもたちに接待するといふ勢ひだが、其の中の一人はこんな話をして居た。この朝起会のお蔭で家内中が残らずの朝起になって、朝飯前に中々の仕事が出来ます。そして子供等の朝飯もすすみます。朝早くから騒ぐので日が暮れると眠がつておのづと家内中の夜遊びが止むやうになって参ったのには驚きました。かうして夏休みを過ごさしてもらふなら、モー今年は避暑に出したりすることを止めますといつて居たが、子どもたちも皆な喜んで早朝から出てゆくやうである。（「大阪毎日新聞」一九一六年八月四日朝刊）

このように、「早起き」を推奨する実践活動の伝統のなかに、朝の集団体操が当然のように組み込まれていた。それは修養団の雑誌にも記録されている。

毎朝の国民体操を統一して行うこと、月一回向上日とでもいう日を選びて精神及び身体の修揈を行うことを決議した。（略）決議の翌日、工場の一隅で、今まで雑草は生い繁り、鉄屑散乱到底足の踏み入れ場所もない三百坪の荒地を、僅か四十分で三十名たらずの団員諸君の熱烈な美化作業によって平坦砥のごとき運動場と化してしまった。そして毎朝七時半より全団員が満面に笑みを溢れさせ、元気一杯で国民体操を行うを見るようになった。誠に愉快である。かくて我々は、相励まし合い、共に汗と愛との権化となって献身報告の実を挙げつつある次第である。(55)

（「提携」一九二二年九月号）

こうして、ラジオ体操以前に、青年団や修養団といった日本の近代化の中で日本精神を発揚する立場から朝起き会や集団での体操などが推進されており、それは、農村共同体における農作業の規範としての「早起き」と、近代工業社会における「時間厳守」と「規律」とが合体し、新たな信仰となっていく過程でもあった。先に登場した社会階層の人や知識人ではない大多数の人々は、この早起き規範の集団統制から逃れることはできなかった。そして、その信仰をすすめることは推奨者にとっては、「集団の目覚め」「共同の目覚め」とでもいうべきものになんら疑いをもつものではなかっただろう。そして、ラジオ体操もまた、そうした「共同の目覚め」装置として、早起き信仰のなかに位置づけられることになったのである。

ラジオ体操「感想文」の中にも、この早起き運動とラジオ体操の接続を証言するものがある。

新潟県柏崎尋常小学校訓導の坂田四郎吉は、「簡易なる合理的体操の一般家庭生活化が国民保健上に急務なることを思ひ、其の普及を目的として、大正十二年以降、毎年暑中柏崎町に早起体操会なるものを起こし」たという。初年度十数人から、次の年には数百人の参加者があり、青年会の主催として、「朝起き会は当町の重要行事となり、壮観なる一名物」となり、数千人もの参加を得ていると言う。そこにラジオ体操が開始され、この朝起き体操会にもラジオ体操を採用したとしている。(56)

こうして早起きの運動は、ラジオ体操と接続することによってその合理的な根拠を得ていったし、またラジオ体操も、早起き会の基礎のうえに放送開始早々に大きく発展する素地をつくっていたということができよう。

3　ラジオ体操直前の体操

さらに、「早起き」運動とは直接には関係なく、ラジオ体操開始以前にかなりの集団体操があったことに改めて強調しておきたい。

明治期に結成された「修養団」は農村で青年教育をめざす修養団体であるが、一九二〇年代には都市の大工場などでも団員を増やし、一九二〇（大正九）年にはその団員数は四万人に達していたという。この団体のおこなう修養行事のなかに、のちにラジオ体操の考案委員の一人となる松元稲穂が一九二〇年に作成した「国民体操」も組み込まれていた。前項において修養団の雑誌『提携』にも登場したこの国民体操は「天突き体操」として「ヨイサヨイサ」のかけ声とともに修養団で長くおこなわれる体操となった。松元稲穂は日本体育会体操学校を卒業後、広島や香川の女子師範で体育教師をしたのち修養団に飛び込みこの体操を普及したという(57)。

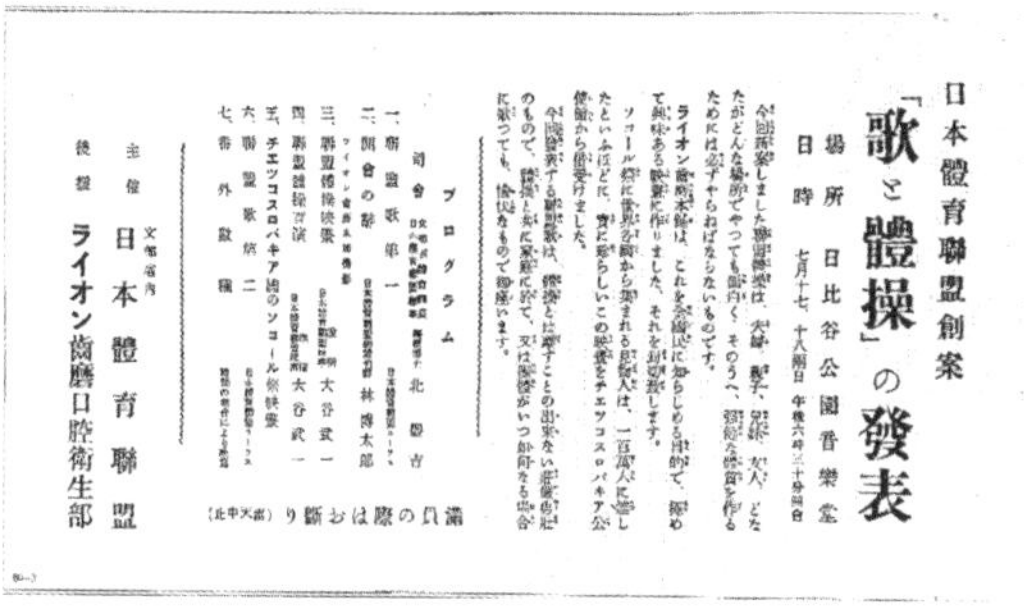
日本體育聯盟創案
「歌と體操」の發表
場所　日比谷公園音樂堂
日時　七月十七、十八兩日　午後六時三十分開會

今回創案しました聯盟體操は、大人、子供、男女、老人、どなたがどんな場所でやっても向く、そのうへ、[illegible]な體質を作るためには必ずやらねばならないものです。
ライオン齒磨本舗は、これを全國民に知らしめる目的で、極めて興味ある映畫に作りました、それを封切致します。
ソコール祭に世界各國から集まる見物人は、一百萬人に達したといふほどに、實に素らしいこの映畫をチエツコスロバキア公使館から借受けました。
今回發表する聯盟歌は、體操とは離すことの出來ない[illegible]のもので、體操と共に家庭に於て、又は團體がいつ如何なる場合に歌つても、愉快なもので御座います。

プログラム
司會　[illegible]　北豊吉
一、聯盟歌第一
二、開會の辭　林博太郎
三、聯盟體操映畫　大谷武一
四、聯盟體操實演　大谷武一
五、チエツコスロバキア國のソコール祭映畫
六、聯盟歌第二
七、番外餘興

滿員の際はお斷り（雨天中止）

主催　文部省内　日本體育聯盟
後援　ライオン齒磨口腔衛生部

図５　連盟体操（「歌と体操」の発表）
（「東京朝日新聞」7月17日付）

また、関東大震災翌年の一九二四（大正十三）年に東京市も「市民体操」を制定、「わが東京市は昨秋の大震災に遭遇し今や復興の大事業を眼前に控へ、之を完成するには幾多の苦闘をしなくてはならない。それには先ず、互の肉体の健康といふことが第一である(58)」と巻頭でねらいを述べているが、ラジオ体操の考案委員となる東京市教育局体育課長藤本光清もおそらくかかわっていたであろう。

さらに、ラジオ体操考案委員を委嘱された大谷武一や森悌次郎、森秀、三浦ヒロらがかかわっていた日本体育連盟では、ラジオ体操が考案される直前の一九二八年七月に、ライオン歯磨と協力して「『歌と体操』

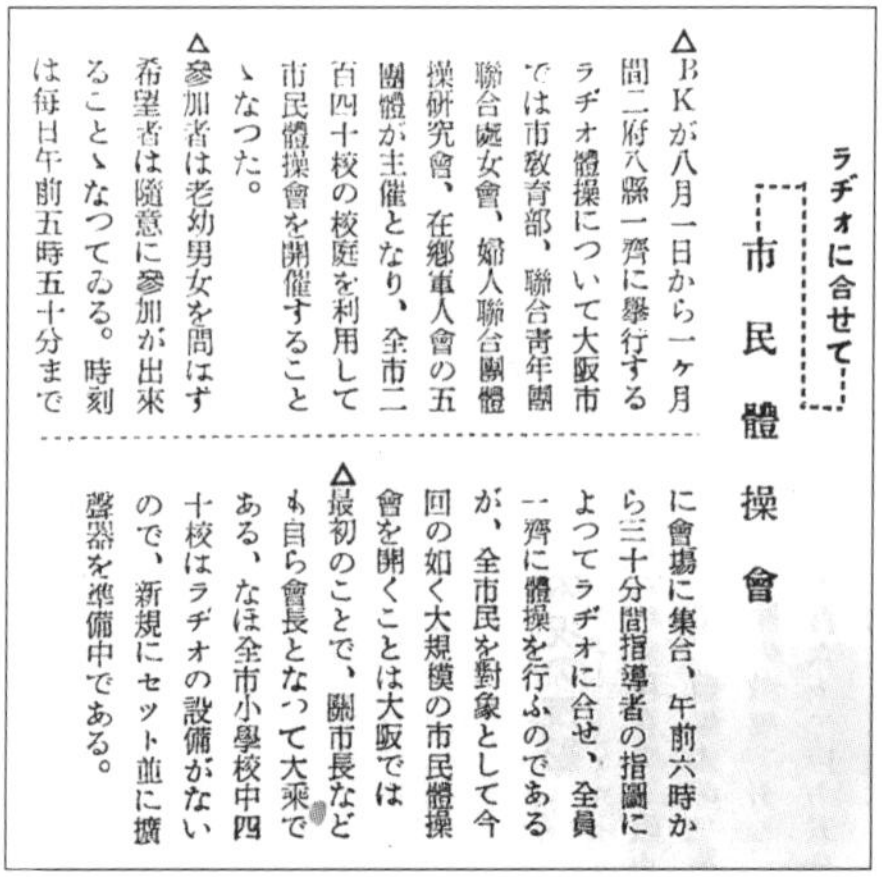
ラヂオに合せて

市民體操會

△BKが八月一日から一ヶ月間二府八縣一齊に擧行するラヂオ體操について大阪市では市敎育部、聯合青年團聯合處女會、婦人聯合團體操研究會、在鄕軍人會の五團體が主催となり、全市二百四十校の校庭を利用して市民體操會を開催することゝなつた。

△參加者は老幼男女を問はず希望者は隨意に參加が出來ることゝなつてゐる。時刻は毎日午前五時五十分までに會場に集合、午前六時から三十分間指導者の指圖によつてラヂオに合せ、全員一齊に體操を行ふのであるが、全市民を對象として今回の如く大規模の市民體操會を開くことは大阪では最初のことで、關市長なども自ら會長となつて大乘である、なほ全市小學校中四十校はラヂオの設備がないので、新規にセット並に擴聲器を準備中である。

図６　「市民体操会」告知（大阪市）(59)

の発表」の会を日比谷音楽堂で開催している（図５）。この会では、第一節で述べたラジオ体操考案時の考案委員長である北豊吉が司会をし、考案の中心にいた大谷武一がこの「連盟体操」の指導をしている。人物の重なりと時間的な短さを考えれば、ラジオ体操の直接の「原案」はこの「連盟体操」であったといっていいだろう。逆に言えば、直後のラジオ体操の開始によって、この連盟体操は体操の歴史の中に埋もれていくことになった。

こうして、ラジオ体操考案の直前に存在していたそうした体操の総合として、さらに健康や体操にかかわる当時の人々の意識の総合として、ラジオ体操はできあがったのである。

４　思想善導と夏のラジオ体操の会

ラジオ体操の放送開始直後の講演や感想ではその集団性についての意義をとくに強調しているものはないのだが、家庭、学校、職場以外での集団体操が考えられると、そこには、青年団や修養団などの活動理念に対応した「思想善導」(60)という考えからの集団性の意義も強調されてくるようになった。

ラジオ体操が開始されてまだ二年を経過していない一九三〇年夏、東京で初めて夏休みの「ラジオ体操の会」を開いたのは、万世橋署の児童保護係の巡査・面高叶とされている。彼はのちに、「夏休みで規律的緊張味を欠く児童に精神的と保健的の両方面に良い効果があるに違ひない」と考え、会を計画したと振り返っている。面高巡査は、第一回のラジオ体操の会を神田和泉町の広場で一九三〇 年七月二一日に開き、児童約百人と町会役員や青年団員が二、三十人参加したとされる。この面高巡査の試みが、のちの「ラジオ体操の会」という集団体操のきっかけになったとされているが、夏休みに朝早く起きて集団体操というアイデア自体は、すでに述べたようにラジオ体操以前から各地で実践されてきたものであり、面高巡査の実践は、その後の国家による思想善導のためのラジオ体操の組織化への契機となったことを示すために強調された「神話」ともいえるものである。

さて、この試みを契機として、翌一九三一年七月八月と東京でラジオ体操の会がおこなわれた。この会は、東京府、東京市、簡易保険局、東京逓信局、東京中央放送局、在郷軍人会、青年団連合会、少年団が主催団体となり、「身体を壮健にすると共に、大いに国民精神を作興する」という目的が掲げられた。さらに翌年には図6のように大阪をはじめ全国的規模となり、夏の会期中にのべ二五九三万人が参加したといわれ、以降毎夏、参加人員を増やしていった。

こうした集団化によって、ラジオ体操の意義も変化してくる。たとえば、「民族精神、国家観念の涵養に至大の効果」ありとされ、さらには「我国民精神を作興し、我国民の古来からの美風である隣保共助の精神、即ち協同一致の精神を発揮する上にも多大の効果がある」[61]と、ラジオ体操は、その集団性によって協同性や民族精神の象徴行為として認識されるようになっていく。

おわりに

本章はラジオ体操についての論考ではあったが、ラジオというメディアの役割については詳細には触れていない。第一節で書いたように、「ラジオ体操」とは通称であり、正式名称は「国民保健体操」であった。たしかに初期のころには、現実にラジオを通して毎朝体操をした人はそれほど多くはない。しかし、もちろんラジオの役割がなかったわけではない。海外の事例を取り入れつつ、当時のニューメディアであるラジオ放送で「科学的」で「合理的」な体操を放送したことは何よりも重要な出来事であった。

しかし、それ以上に「ラジオによる体操」という認識自体が重要であった。当時、「ラジオ」という言葉には「モダンな」や「科学的な」といった意味合いがあり、「ラジオ鍋」「ラジオ焼き」などに「ラジオ放送」とは関係なく用いられた。その中で実際にラジオ放送を使用している通称「ラジオ体操」に込められたのは、まさに「モダン」で「科学的な」体操という意味だった。モダン、科学、健康、と「ラジオ」に込められた意味があふれる時代に、ラジオ体操は迎えられたのである。ラジオ体操とは、日本の近代が生み出した生存への不安、この不安に対する適応行為なのだという本章の主張は、一定の証明ができたと考える。

ただ、その前の「早起き会」や修養団の動きと後の「ラジオ体操の会」の展開を見ると、「ラジオ体操」という現象は、そうしたモダンなものとしての位置づけとともに、西洋の「健康」と日本（東洋）の「養生」が合流した結果ではないかという新たな仮説にたどり着く。つまり、近代と前近代の葛藤というものではなく、いわば輸入された西洋近代に対する、その近代化過程の中でもがく日本精神を標榜する団体が生まれ、その団体による日本近代に適応する努力と軋轢の中で生成されたのが様々な修養的訓練であり、具体的には「早起き」会であり、集団体操であった。それらの思想が、簡易保険局の作ったモダンな体操にも組み込まれつつ、その展開過程で、結局は修養的訓練の立場からの意味付けへと収斂し、地域で組織化され集団化されていったのではないだろうか。

言い換えれば、一九二〇年代、スポーツの国際化、学校における新たな体操教育の普及、社会における公衆衛生や健康への注目、そして民間各団体における新たな体操の試行錯誤と、このように社会内に健康への欲望と統制が充満した中で、ラジオ放送という「起爆装置」が媒介することによって一気に「ラジオ体操」という現象として爆発したといえるだろう。

そう考えれば、ラジオ体操とは、二〇世紀初頭から推進されてきた日本近代の適応と超克のための精神的身体的体操の展開過程の一つに過ぎないのかもしれない。

注

（1）「ラジオ体操の歌」（藤浦洸作詞、藤山一郎作曲）一九五六（昭和三一）年三月発表
（2）加藤秀俊『文化とコミュニケーション』増補改訂版、思索社、一九七七年、一九二～一九三頁
（3）この点については、黒田勇『ラジオ体操の誕生』（青弓社、一九九九年）で全面的に展開したつもりだが、本章では、本書全体の明治期以来の身体の鍛錬、スポーツの発展の中に改めて位置づけて考察した。
（4）『ラヂオ体操を語る』簡易保険局、一九三六年、四頁
（5）逓信省編『逓信事業史第五巻』逓信協会、一九四〇、七〇二頁
（6）猪熊貞治「放送無線による保険事業宣伝」『逓信協会雑誌』一九二五年七月
（7）『米国メトロポリタン生命保険会社保健体操ラジオ放送事業概要』簡易保険局、一九二八年八月
（8）ラジオ体操七〇周年記念史編集委員会編『新しい朝が来た』簡易保険加入者協会、一九七九年、九頁
（9）『教育週報』一九二八年一一月三日付
（10）文部省体育課長・北豊吉は、ヨーロッパ・アメリカの体育・スポーツ事情を視察しているが、三浦ヒロも、大正十二年末から大正十四年末までヨーロッパに留学し、各国の体育・体操事情を視察しているが、とくにデンマークでいわゆるデンマーク体操に影響を受けて帰国した（三浦ヒロ『欧州の体育を見て』芦田書店、一九二六年）
（11）前掲『ラヂオ体操を語る』一四頁
（12）甲佐知定は、天王寺師範教諭として柔道や水泳の指導に尽力したとされ、大阪体育連盟を創設、その後、文部省体育係長を勤めた。佐藤前掲書（一九五四年）二一七頁。
（13）『ラヂオの日本』一九二八年一〇月号。第二章でふれた「健母会」のメンバーたちも協力したと思われる。
（14）川上武『現代日本医療史』勁草書房、一九六五年

(15) 石橋武彦『修身教科書に現われた保健体育思想の研究』不昧堂出版、一九七一年、二九五頁
(16)『高等小学修身書（第一期国定修身教科書）第二学年用』第二十一課「公衆衛生」
(17)『尋常小学修身書（第三期国定修身教科書）巻五』第七課「衛生（其の二）」
(18) 田中聡『衛生展覧会の欲望』青弓社、一九九四年、一一頁
(19) 同前九八頁
(20) 竹森一則（伊藤喬編『日本保険史』同朋舎、一九八七年）六五～六六頁。読みやすさを考慮して句読点を適宜加えた。
(21) 同前六四頁
(22) 真屋尚生『保険理論と自由平等』東洋経済新報社、一九九一年、一七二～一七三頁。以下、イギリスの簡易保険については本書による。
(23) 前掲『逓信事業史』三三二頁
(24) 同前三五二頁
(25) 同前四五四頁
(26) 同前四五二頁
(27) 同前五二三頁。以下第一期から第五期までの期間区分も『逓信事業史』による。五二〇～五二四頁
(28) 同前八二〇頁から作成
(29) 橋詰良一『生活改造資料』婦女世界、一九二〇年、一三六～一三七頁
(30) 前掲『逓信事業史』七〇二頁
(31) 前掲『新しい朝が来た』四八頁
(32) 田中聡『健康法と癒しの社会史』青弓社、一九九六年
(33) 永井道明『文明的国民用家庭体操』文昌閣、一九一一年、五頁
(34) 木下東作「国民体育とはなんぞや」『国民保健体操講演集（一）』簡易保険局、一九二九年所収、七三頁
(35) 鈴木信太郎「不健康は不道徳」『国民保健体操講演集（二）』所収、筋易保険局、五九頁
(36) 齋藤興一郎「健康第一」同書一四七～一五七頁
(37) 沢田敬義「所感」同書七七頁

(38) 武智誠蔵「国民の健康増進に就て」同書七九頁
(39) 羽山重子「金銭にて購えぬ幸福」『国民保健体操を語る』所収、簡易保険局、一九三〇年五三～五四頁
(40) 林喜市呂「平和な家庭に」同書七二～七五頁
(41) 近藤五郎「胃弱を治す」同書一三三～一三六頁
(42)「国民保健体操の実施効果に関する調査（一）」『調査時報』所収、簡易保険局、一九三〇年
(43) 富田彦二郎「女子体育に就て」前掲『国民保健体操講演集（二）』八七頁
(44) 小野芳朗『〈清潔〉の近代』講談社、一九九七年、二〇五～二〇八頁
(45) 富田富子「健康美の黎明」前掲『国民保健体操を語る』六三～六四頁
(46) 渡辺周太郎「体育の必要」『保健体操講演集（二）』二一一頁
(47) 野村雅一『しぐさの世界』NHKブックス、一九八三年、二〇頁
(48) ミシェル・フーコー『監獄の誕生』田村俶訳、新潮社、一九七七年、一五六頁
(49) 有山輝雄「健康優良児」（津金澤聰廣／有山輝雄編『戦時期日本のメディア・イベント』所収、世界思想社、一九九九年）一二頁
(50) 高井昌吏／古賀篤『健康優良児とその時代』青弓社、二〇〇八年、一九七～二一〇頁
(51) 同右、五六頁
(52)「外国教育家に映った〝ラヂオ体操〟の会」「放送」七巻八号、一九三七年、三九頁
(53) 平松元七「朝寝の矮正」『国民保健体操を語る』所収、簡易保険局、一九三〇年、七七～七八頁
(54) 山本瀧之助『早起』希望社出版部、一九二六年、一五二～一五四頁
(55) 前掲『修養団運動八十年史（二）精神と事業』一四二頁から引用
(56) 坂田四郎吉「神前に集う朝起体操会」前掲『国民保健体操を語る』八一頁
(57) 修養団運動八十年史編纂委員会編『修養団運動八十年史（二）精神と事業』修養団、一九八五年、一三九～一四一頁
　松元は九州帝国大学の櫻井恒次郎、東京高校の永井道明、そしてのちにラジオ体操考案委員に委嘱されたときの委嘱者である北豊吉などを訪れ、「直接の指導と援助を仰ぎ」この国民体操を考案したとしている。その考案年は資料によりさまざまだが、本人は「大正六年二月十一日紀元節をトして出来上がった」としている（『健康読本　国民体操』彩雲堂、一九二六

年、五頁。）

（58）東京市『市民体育資料』一九二四年

（59）『大大阪』一九三二年七月号、一一七頁

（60）伝統的な日本精神への復帰を目指す社会教化的運動は、第一次世界大戦後の大正デモクラシーの高揚期に拡大した、自由主義、個人主義的な風潮や、さらに、社会主義思想などに反対する教化活動を強めていたが、とりわけ関東大震災を契機として、文部省が主導し社会教化団体をまとめる連合会を組織され、国家的に「思相善導」の社会教化運動を推進していった。一九二〇年代後半、「思想善導」という語は新聞紙上にも頻繁に登場することとなる。（山本悠三『近代日本の思想善導と国民統合』校倉書房、二〇一一年、三一～八九頁、参照）

（61）中山龍次「一億人の今夏ラヂオ体操の会」『放送』第六巻第十号、一九三六年、一〇五頁

第五章　メディア・イベントとしての「マナスル登頂」

はじめに

雪よ岩よ　われ等が宿り　俺たちゃ街には　住めないからに
シール外して　パイプの煙　輝く尾根に　春風そよぐ(1)

前記「雪山賛歌」が流行したのは、一九五〇年代から六〇年代にかけて、コーラスグループのダークダックスが歌うことで広く知られるようになり、登山愛好者だけではなく、「歌声喫茶」などでも歌われ、登山文化を代表する歌だと言っていいだろう。

一九五〇年代から六〇年代前半にかけて、この歌に限らず、山や高原、アルプスを題材にした歌が流行した。たとえば「青い山脈」（藤山一郎、一九四九年）、「アルプスの牧場」（灰田勝彦、一九五一年）、「高原列車は行くよ」（岡本敦郎、一九五二年）、「山男の唄」（ダークダックス、一九六二年）などなど。

もちろん、戦後の「明るさ」「未来への希望」など、戦後社会の日本人による時代イメージと、「やま」や「高原」が共鳴する記号群だったのであろう。その中でも、冒頭の「雪山賛歌」は同じ「やま」を題材としながら、他の歌とはやや趣を異にしている。そこに表象されている意味には、旅行への欲望、旅情の発露としての「やま」や「高原」をうたった流行歌群に対し、「挑戦」や目標への達成努力という近代社会の提示する理想を背負う主体と、下界の現実が対比された歌詞からも、ある種のエリート意識が読み取れる。

戦後のこの時代、すなわち一九五〇年代、日本の登山は余暇活動として一つのブームをなしながら、一方でいくつかの挑戦的な登山が行われている。その中で最も注目されたものが、ヒマラヤ山脈にある世界第八位の高峰「マナスル」登頂であろう。『日本百名山』を著した深田久弥はマナスル初登頂について、次のように語る。

> マナスル登頂の残した功績は大きかった。今まで登山に無関心だった人たちもヒマラヤ登山の意義を知り、その知識を得た。これを期として日本のヒマラヤ遠征の機運が大いにおこり、その後の登山隊はたいていマナスル方式を手本とした。国内の登山が盛んになったのも、マナスルの影響が大いにあっただろう。日本の登山史にとって、まったくエポック・メーキングな金字塔であった。(2)

敗戦後十一年における「マナスル登頂」の成功は、敗戦後の混乱から高度成長期という次の時代への一つの画期となったともいえる。深田の言うように、当時のメディアを賑わした「エポック・メーキングな金字塔」であったが、実はその翌年からの「南極観測」の成功によって、そのインパクトは登山関係者を除いて忘却されているようにも思われる。

本章では、一九五六(昭和三一)年当時の日本社会に大きなインパクトを与えたとされる「マナスル登頂」とはどのようなイベントだったのか、そして、それがその背景となる日本における登山文化とどのように結びつき、敗戦後一〇年の日本人はどのような意味を付与したのかを明らかにしようとするものである。

第一節　マナスル登頂とメディア・イベント

1　マナスル登頂の概要

マナスル登頂は、一九五二年八月に登山準備のため、今西錦司隊長以下六名の踏査隊のネパールへの派遣から始まった。一九五一年にサンフランシスコ講和条約が調印され、翌年、その発効とともに海外登山が可能となり、京都大学山岳学士会（AACK）は早速ヒマラヤの八〇〇〇メートル級への登山の計画を企画し、京都大学教授今西錦司はその目的地を未踏峰マナスルとして計画は動き出した。一九五二年二月にはAACKの西堀栄三郎がネパールに入国し、調査と登山許可の申請を京都大学の名で行ったが、八〇〇〇メートル級の山を京都大学だけで独占するべきではないという意見から、マナスルの登頂計画は日本山岳会に委譲されたという[3]。一九五二年四月、日本山岳会はヒマラヤ委員会を組織し、マナスル登頂計画の全責任を負うこととなる。五月には許可が下り、八月今西錦司を隊長とした踏査隊がマナスルの偵察へと向かい、現地調査の目的を遂行し無事帰国した。

その後翌年、一次登山隊は三田幸夫（慶大山岳部OB）が隊長となりマナスルへと向かうが、頂上手前三七五メートルで悪天候のため退き返した。さらに、翌一九五四年の堀田弥一郎（立教大学山岳部OB）を隊長とした二次登山隊は、マナスルの麓の住民の抵抗にあい登頂を断念せざるを得なかった。翌一九五五年、資金不足から遠征は見送られた。そして、翌一九五六年に槇有恒（慶大山岳部OB）を隊長として三次登山隊が送り込まれ、五月九日、ついに今西寿雄隊員とシェルパのガルツェンがマナスルの登頂を果たした[4]。

二〇〇六年、登頂五〇周年を記念して当時の隊員の松田雄一が日本山岳会の機関紙に寄稿し、当時の模様を次のように回顧している。

第三次登山隊、槇隊長以下一二名は、マナスルの山麓まで順調にキャラバンを進めたが、ここで再びサマ村民の登山阻止に遭遇した。しかし今回は槇隊長の誠意ある交渉で四〇〇〇ルピーの僧院修復費用（当時の金額で約二〇万円）の寄進で解決することができた。

この隊は二五歳から六二歳までの年齢構成であったが、すべての隊員を平等に扱う槇隊長のリーダーシップのもと、ガルツェンを隊員に加えたチームワークは素晴らしかった。槇隊長は、とくにルートやキャンプ地の選定には慎重であった。プラトーや北峰からの雪崩、アイスフォールの通過には、万全を期し、高所へキャンプを進めるめ る前に、槇隊長の指示で、展望のきくナイケ山の中腹まで登り、終日雪崩の観察をさせられたことなど、今でもよく覚えている。

幸い、登頂時期の好天の予測も的中し、五月九日、今西寿雄、ガルツェン・ノルブの二名が第一次登頂に成功。引き続き一一日、加藤喜一郎、日下田実も第二次登頂に成功した。後に登山隊に同行した毎日新聞写真部員の依田孝喜の撮影した映像をもとに「マナスルに立つ」の題で映画化されており、ナレーションには当時人気俳優であった森繁久弥が起用されている。詳しい行動については槇有恒著『マナスル登頂記』（毎日新聞社刊）にゆずることにするが、依田孝喜撮影によるドキュメンタリー記録映画『マナスルに立つ』（映配・毎日映画社制作、文部省特選）は映像としても記録（とくに八〇〇〇メートル山頂での動画は世界で初めて）として申し分なかった。そのため、ドキュメンタリー映画部門のロードショーで新記録を樹立し、多くの人の共感をよび、わが国に登山ブームをもたらす要因にもなった(5)。

松田が振り返るように、毎日新聞社の後援事業は新聞報道だけでなく、出版、映画においても成功し、大きな反響を呼び新聞事業としても大きな成功を収めた。さらに同年一一月三日、登頂を記念した記念切手（図1）が郵政省から発行されたことにも象徴されるように、戦後一一年を経ての日本の復興期の一大イベントでもあったといえよう。本章では、このマナスル登頂がどのようにメディアによって伝えられたのか、そして当時の日本にどのようなインパクトをもたらしたのかについて、メディア・イベント論の視点からも改めて考察してみたい。

2　メディア・イベントとは

ダヤーンとカッツによる「メディア・イベント[6]」の概念が九〇年代に日本でも紹介される中で、吉見俊哉は、メディア・イベントという概念には三つの重層的意味が内包されるとした。①新聞社、放送局など企業としてのマス・メディアによって企画され、演出されていくイベント、②マス・メディアによって大規模に中継され、報道されるイベント、③マス・メディアによってイベント化された社会的事件＝出来事、の三つの側面である[7]。吉見は津金澤らとともに、日本近代のメディア・イベントを研究する文脈の中で、日本における新聞社の事業を含めているが、ダヤーンとカッツはテレビによる生放送を前提として分析を進めている。本論においては、ダヤーンとカッツのメディア・イベントの考え方を借用するが、基本的には、第一章、第二章でも述べたように、かつて津金澤らが取り組んだ日本における新聞事業としてのメディア・イベントの範疇で「マナスル登頂」を扱っている。つまり、ダヤーンとカッツの概念よりも、広く定義づけておきたい。というのも、日本においてもテレビ放送はすでに一九五三年に開始されてはいたが、テレビの普及は極めて

図1　「マナスル登頂記念」切手

低く、何よりも海外での登山を中継する放送技術はなかった時代であった。

ところで、ダヤーンとエリユ・カッツによるメディア・イベントの三タイプ（a）競技型（b）制覇型（c）戴冠型のうち、本論で扱う「マナスル登頂」はまさに制覇型に分類される。ダヤーンとカッツにおいては制覇型の代表例としてはアポロ一一号の月着陸を取り上げている。そこでの制覇型の特徴として、「ルールを破る傾向。偉大なものは、それまで受け入れられてきた制限に挑む。（中略）制覇型のメッセージは、偉大な男や女がやはり私たちのあいだにもいて、そうした人の手に歴史はかかっている」ようなタイプとされ、さらに「主役となる演じ手」は「英雄的カリスマ性」を必要とし、「視聴者」はそれを「畏怖の念」を持って眺めるのだという。[8] 日本隊のマナスル初登頂を彼らの「メディア・イベント」論になぞらえれば、「主役となる演じ手」である登山隊は、八〇〇〇メートル級の山の「登頂不可能」というルールを「可能」に書き換えたということになる。ただ、後に述べるように、初登頂をめぐる国際競争として「オリンピック」のたとえを使用するなど、あくまで日本社会内部における言説としてではあるが、「競技型」としての側面も有していた。

第二節　日本における登山

1　中高年の「登山ブーム」

一九九〇年代半ばから、「中高年の登山ブーム」といった新聞記事が増加するように、中高年の登山は、一九九〇年代に増加し始め、文部省登山研修所の統計によると一九九七年の登山人口は約五八八万人でそのうち七〇パーセント以上が四〇歳以上の中高年であるという。[9] また、二〇一〇年代になっても、「団塊の世代」の登山志向の高さは変わらない。[10]

二〇一一年段階の「登山・ハイキング」の行動者率をみると、「男性では六五～六九歳が一三・二％と最も高く、次いで六〇～六四歳が一二・七％、女性では六〇～六四歳が一二・〇％と最も高く、次いで五五～五九歳が一一・〇％」であるとする。

なぜ、中高年は山を目指すのか。藤田健次郎は、「中高年層が好んで山に行く動機や理由には、自然志向、仲間との親睦交流、ストレス解消・健康増進を含めた遊びという要素がある」と分析する。[11] また、雑誌『山と渓谷』においては、二〇代から六〇代以上の各年代二〇人ずつ合計一〇〇人の読者に「山に登る理由は何か」を尋ねている。全体として一位は「展望・景色が好きだから」で、二位「健康づくり」である。年代別には、二〇代、三〇代は「展望・景色」とともに「達成感・ピークハント」が上位を占め、四〇代は「リフレッシュ」が一位、「健康づくり」が二位となり、五〇代、六〇代以上で一位「展望・景色」で二位「健康づくり」となっている。[12]

それでは一九九〇年代になって中高年が山へと向かった理由は何なのか。まず一つの理由として、交通手段、通信手段の飛躍的発達、登山装備の飛躍的改善などにより、登山がかつてほど危険、あるいは冒険的なスポーツではなくなったことによるだろう。ただ、青少年の登山者の減少傾向を見れば、それだけでは説明がつかない。

先に松田雄一が回顧したように、一九六〇年前後の登山ブーム時に一五歳から三〇歳であった人は、一九九〇年には四五歳から六〇歳になっている。年齢からくる「健康志向」と「青春時代」への懐古もあるだろう。さらに、この懐旧の思いの中には、かつてのあこがれのスポーツである登山への挑戦という意味もあるかもしれない。のちに述べるように、登山はエリートのスポーツであり、とりわけストイックなスポーツというイメージがあった。それだけに、若い時にはできなかった登山を改めてやりたいという気持ちになるのかもしれない。

また深田久弥の『日本百名山』(一九六四年)によって、登山目標が数的に明確になったことも中高年の登山にやりがいをもたらしたと言えるだろう。現在では中高年の登山が流行するにつれ、旅行社が企画するツアー登山や中高年対象の登山ガイドブック、登山教室が増え始めた。これも後に述べるように、一九三〇年代後半の国家的な取り組みとしての登山やハイキングが奨励されたことと類似した形態で、今度はより商業的に中高年登山の市場が開発されたことにより、さらに中高年の登山者を増やすこととなった。

2 「登山」の黎明

そもそも、ひとはなぜ山に登るようになったのか。明治以前の日本においては、登山そのものに好奇心や探検心・冒険心を抱き、初登頂・初登攀を目指し、スポーツのトレーニングを積むように、心技体を鍛えるという理念はなかったという。登山は生活の一部であり、信仰の手段であった。鈴木正崇は『山岳信仰』の前書きで次のように記している。

(山は)人々の生活の根源をなす水源地であり、河川や湧水は田畑を潤し農作物を育んで日々の暮らしを支えるとともに、森林や動植物、さらには鉱物などの資源をもたらす豊穣の源泉であった。しかし、時に山は噴火、山崩れ、洪水などによって人々を死の淵に追いやることもある。まさに山は畏怖すべき大自然であり、神仏の居所、降臨の地、神霊の顕現など多様に意味づけられて、人々の暮らしとともにあった。[13]

かつて、山に登るのは、生活者が食材等を取りに入る以外は、修験道の修験者であり、その信仰に関わる一般の人々の登山であった。修験道は、真言宗、天台宗の密教から派生した「宗派」であり、もちろん、そこには幾ばくかの娯楽の意味も含まれていたが、交通手段や登山装備が現代とは比較できないほど低劣な時代には、登山はやはり「「苦難」「苦行」以外の何ものでもなかったようだ。ただ、江戸時代となると、修験道法度も制定され、修験道の組織も整理統制されるようになる。そして、「羽黒山、大峰山、彦山などの修験の拠点や山岳信仰の中心地は、権力者の寄進に頼るだけでなく、信者の組織化を推進し、登拝講の生成に努め、民衆の経済的上昇に支持されて発展する。山麓には、参詣する道者の便宜を図る御師の集落を形成して、信仰と娯楽を組み合わせた。周辺地域では、男性は十五歳の登拝を通過儀礼とする習俗が定着し、遠方の場合は、代表を派遣して登拝する代参講が盛んになった」とされる(14)。

要は、修験道による山岳信仰においても、江戸時代には民衆化が進み、娯楽の要素も入ったと鈴木は評価する。

さらには、日本を代表する富士山においても、貞観期の活発な活動期を経て平安時代末期の沈静期に入ると、遠くからの遥拝の対象から登拝の対象となった。そして、江戸時代になると江戸を中心として「富士講」が盛んとなり、一時期は幕府によって禁制令も出されるほど流行したという。富士登山は、確かに信仰上の登拝ではあったが、江戸からの富士登山旅行は、登山とともに江ノ島での「精進落とし」もセットされており、「参加する若者にとっては成人式であるが、世間を知り、娯楽を楽しむ機会にもなった(15)」という。

江戸時代には、信仰と娯楽、聖と俗が融合しつつ、「山登り」という行為が庶民の関心を呼んでいたと言えるだろう。

3　明治以降の登山

前項のような近世の富士登山を見ると、近代以降の登山とそれ以前に決定的な断絶があるとは思えなくなる。たしかにヨーロッパの近代スポーツという観点からの登山ではないが、江戸末期から、そして明治以降も日本の山々の登山者は少なくなかった。とりわけ明治以降、登山愛好以前には、「測量」を目的とした登山があり、明治政府の役人たちが測量を目的として高い山の頂上を目指していた[16]。登山という行為そのものを楽しむ近代的登山（アルピニズム）という考え方は、確かに明治の中期に持ち込まれているが、西洋の登山思想とは言うものの、ヨーロッパにおいても近代以前には「登山」はスポーツではなかった。日本や他の地域と同様に、何らかの宗教的な意味をもつ行為だったことは言うまでもない[17]。

さて、英国発祥の近代的登山の考え方が日本で普及するきっかけになったのは、一八九四（明治二七）年に地理学者の志賀重昂の『日本風景論』の出版によるとされる。この本は、志賀がイギリスの美術評論家で山岳美論を唱えたラスキンや、イギリス人登山家で宣教師W・ウェストン[18]に影響を受けて書かれたものとされる。『日本風景論』が出版された年には、日本は日清戦争を戦っており、ナショナリズムが高揚する中で『日本風景論』も日本の素晴らしさを伝えた日本礼賛の書物として読まれ、その後も読み継がれてきた[19]。

一九〇五（明治三八）年には「日本山岳会」が発足する。日本山岳会は、機関紙『山岳』を通して、信仰登山がメインだった日本において、それまで少数派だった登山を楽しむ人々の拠り所となり、また近代登山思想の普及の役割を果たしたとされる。そのなかでも日本山岳会の創設者の一人である小島烏水は、志賀の影響を強く受け、アルピニズムに関心もち、後にウェストンによって、イギリスには「アルパイン・クラブ」という山岳会があることを知り、ウェストンの勧めもあり、山岳会設立を決意したとされる。そして、日本山岳会発足後一〇年で、それまで信仰対象としても登られることのなかった日本アルプスも、すべて登頂されることとなった。

そして、一九一〇年代から二〇年代にかけての高等教育機関の拡大期には、大学や旧制高校に山岳部やその前身となる「旅行部」の創設が相次ぐ。後にマナスル登山隊の隊長として日本隊を初登頂に導いた槇有恒も、慶応義塾大学在学中の一九一五（大正四）年に慶応義塾山岳会を創設している。

この間の登山の発展と変化については、三度にわたって日本に滞在したウェストンの記録からも読み取ることができる。最後の日本滞在であった一九一一〜一九一五年にかけての日本の登山の様子は「日本アルプス再訪」に記されているが、この時期には特別なエリート層だけではない登山客の様子が描かれている[20]。

4　一九二〇〜三〇年代における大衆登山とエリート登山の分化

二〇世紀初頭から一九三〇年代にかけて、登山は「現在の大衆登山とつながるグループと尖鋭的な登山を目指すグループとに、二極分化[21]」していったと小泉は指摘する。当時の学生たちはヨーロッパの登山を学び、雪山登山やロッククライミングなど、より困難なルート選び、初登頂や初登攀を目指して登山活動を行っていき、この時期までにスポーツとしての登山が確立された。「尖鋭的な登山」を目指すグループは大学生や若いOBが中心となっていたため、当時の大学進学率の低さから考えると、登山は陸上競技や野球よりもさらに高い層の社会的エリートのスポーツであった。そして、この時期に著名な登山家や大学生の遭難事故がいくつか起こり、社会に衝撃を与え、それがさらに厳しい登山に駆り立てることになったという[22]。

一方、「大衆登山」へとつながる形態としては、二〇年代の余暇の増大と都市中間層の台頭とともに、簡易な郊外娯楽としてまずは拡大していく。その一例として、大阪毎日新聞『夏季付録』（一九二四（大正一三）年七月一三日付）において「最好期来る 登山と海水浴」という見出しの下で、阪神間の人々にとって郊外レジャーのとして六甲山登山が紹介されている。第三章で詳しく述べたように、明治時代から六甲山に別荘を持つイギリス人が娯楽として六甲山頂でゴルフを楽しんでいたが、一部の人々の娯楽だったゴルフに比べ、登山は健康と修養のために広く受けられ、大正から昭和にかけて全盛期を迎えたと指摘される[23]。

「大衆登山とつながるグループ」の登山は、一九三〇年代に国家の政策にまで発展したハイキング（徒歩旅行）ブームによっても普及拡大していく。一九三〇年代は国家によるツーリズム・観光事業への取組みが開始された時期であり、地域社会では旅客を誘致し地域経済を潤すため観光資源の開発や整備が行われた。この観光宣伝の活発化によりツーリズムは拡大されていった。そのきっかけとなるのが、関西のハイキングブームである。

一九三二年大阪市は都市政策の一環として、ドイツのワンダーフォーゲルにヒントを得て「大阪遠足聯盟」を結成した。その結成に際しては、「我大阪市は産業都市として、市民の日常生活に都市生活の弊害を受けることが少なくない。而して之を医するには、市民に郊外進出を奨励し、大自然に親しむことが最も適当」と謳われている[24]。さらに、この大阪遠足連盟は、連盟会員外の参加も考慮し、関西の各私鉄と連携し、「山野跋渉会」「市民遠足デー」も実施した[25]。そして、先にみたように二〇年代から郊外活動に熱心だった阪神急行電鉄（現阪急電車）は、一九三四年に「阪急ワンダーフォーゲルの会」を組織し、徒歩旅行をも経営戦略に組み込んでいった。

こうした都市政策としてのハイキング奨励は、一九三四年には国家レベルでも計画実施されることとなる。鉄道省による「ハイキング・キャンペーン」は、JTBの成立とも関わっている。「旅行を国民生活の源泉力足らしめんとして、…国民保健運動並びに精神作興運動に積極的に進出」しようと宣言し、鉄道省は、東京日日新聞、大阪毎日新聞やJTBとともに、ハイキングコースの選定や標語の募集選定を行い、国鉄だけでなく、各会社もそれに合わせての割引運賃などを決定し協力していった[26]。

これらの事業は、確かに「都市民衆を『自然』と結びつけることで都市の『不健康性』を矯正せんとする」国家による国民管理政策の一環としてとらえることができるが、ハイキングブームの一面には「暇も金もない大衆がささやかな形ではあるがツーリズムに参画するようになったという、ツーリズムの底辺の拡大があった[27]」のであり、この時期は、大衆、あるいは都市の新中間層が健康を求め、郊外の余暇活動を「欲望」し、エリート層のものであった「登山」がピラミッドの底辺へ拡大した時期でもあった。

その後一九三〇年代後半、戦時色が強くなるにつれて、ツーリズムの意味合いもまた変化する。旅行もまた国民精神総動員運動のもとで位置づけられ、「心身鍛錬の観点」から各種体育・スポーツ・ハイキング・登山・スキー・海水浴は「体位向上」のために奨励されるようになる。JTBも、ハイキングを「青年徒歩旅行」として、体力向上、行軍力強化のためとして企画し、一九三八年には、「青年徒歩旅行の夕」や「青年徒歩旅行展覧会」などを繰り返し企画している[28]。こうして、二〇年代から三〇年代にかけてのモダニズムの風潮にも乗った新たな大衆娯楽としての健康にかかわるツーリズムは国家主義的に再定義されつつ、さらに拡大していくことになった[29]。

ただ、登山の「大衆化」については「尖鋭的」登山家からは批判もあった。高岡によれば、一九三五年当時の日本山岳会会報の寄稿文に「ハイキングをする人々のマナーの悪さ」を指摘したものがあり、「彼ら（昔からの登山家）にとって『ハイカー』とは、山を『俗化』する軽佻浮薄な『大衆登山』の代名詞だった」としている[30]。この時期、登山について二つの流れとなって発展してきたとしても、大衆社会におけるエリートによる大衆、あるいは大衆文化批判は、登山においても必然的に発生したと言えよう。

その一方でエリートによる海外での登山は、一九一七年石崎光瑤によるカシミールのマハデコム登頂、一九一八年の鹿子木員信がカチェンジュンガ山塊の黒カブアとかなり早い時期に始まっている。その後、海外駐在のエリート層がスイスアルプスを登山し、また英国統治下のインドからヒマラヤや米ロッキー山脈に挑戦する者たちが出てきた。その中では一九三六（昭和一一）年の立教大学山岳部によるナンダコット峰（六八六七メートル）初登頂が戦前の最高峰であり、最後の本格的な海外遠征登山であった。[31]これについては次節で詳しく述べる。

第三節　新聞事業としての登山

1　探検から登山へ

新聞と登山の関係から言えば、他のスポーツと同様に、登山愛好家のための報道ではなく、その「冒険談」にこそ報道価値があった。直接の登山ではないが、ヒマラヤ方面への冒険記事の嚆矢となったのは、おそらく河口慧海による「西蔵（チベット）探検談」である。一九〇五（明治三八）年に当時鎖国政策をとり、まったくの秘境の地であったチベットに潜入し三年間滞在した後、帰国した僧侶の河口慧海の探検記をまず大阪毎日新聞が『西蔵探険談』として連載し、[32]その後時事新報も同内容を掲載、当時の各地方都市の新聞でも掲載され、当時の新聞紙上では「探検記が目玉商品となった」といわれるほど、[33]河口の冒険談はもてはやされた。

さらに、後にマナスル登山隊の隊長となる槇有恒が一九二一（大正一〇）年にヨーロッパアルプスのアイガー東山稜に初登攀したときの手記も大阪毎日新聞、東京日日新聞が独占的に掲載している。槇は現地で登山隊を組んでアイガー東山稜の初登頂に挑むのだが、大阪毎日新聞は槇が同紙に記事を書くことを条件として援助を行っている。「一二〇年史」には、次のように記されている。

槇の壮挙は各紙とも国際電を使っていたため、東日・大毎を除く他紙では槇有恒の名前が当初は「横巻」になっていた。アルプスの地元では「ヘル（案内人を雇った主人の意味）・マキ」と称されていたユウコウ・マキだが、国際電が翻訳される際に、日本青年「横巻」氏になったのである。

　例えば、大阪朝日の見出しは「邦人横巻氏が作った　アルプス登山の新記録」。その後に続く東京電話の項で「槇有恒氏か」と疑問視している。東京朝日の「一一日国際ベルン発」では「日本青年横巻氏（槇氏の誤りならん）」としている。東京で取材して、槇有恒だとわかったようだ。

　これに対して東日・大毎では、すでに二カ月余り前から槇有恒のアルプス登山を報じるなど、かねてフォローしていた。東日（七月一日）には、「世界の山々を　踏破する日本青年　アルプス山岳会員間に　ヘル・マキで通る槇有恒君」との見出しで、アルプスと槇有恒の写真（前年に智雄氏がスイスで撮影）を大きく掲げて紹介。さらに、翌日付から槇のアルプス・ヴェッターホルン登攀記を連載していたのである。

　槇有恒はアイガー登攀の後、同年末に三年間の欧米遊学を終えて帰国する。さっそく、新年一月一日から槇の手記が載る。「山登りの第一人者　槇有恒君の手記」と題して、第一回にアイガー東山稜登攀の詳細に半面を費やすなど、連載が続く(34)。

図２「槇有恒の手記」
（「大阪毎日新聞」1922年1月1日）

　前記のように、近年に発行された年史においてもライバルの朝日新聞を皮肉るような回顧であるが、おそらく、これが新聞による海外登山の初の「後援」事業であっただろう。

　これは、新聞社にとって「探検的」事業への関心から、登山が独立して報道価値があると考えられるようになったことを意味している。それまでの「冒険談」的関心から、登山というスポーツ的達成への関心が芽生えたとも言えるだろう。

さらに言えば、最終的にはマナスル登頂の時の隊長となる槇有恒と毎日新聞の三五年に及ぶ関係は、ここに始まったのである。

2 初の新聞社後援登山

さらに一九二五（大正一四）年七月、大阪毎日新聞社後援で槇有恒らがカナディアンロッキーのアルバータ山に登山する。これが正式には、新聞社後援による海外遠征登山の嚆矢といえるだろう。というのも、一九二一年の「アイガー東山稜登攀」は、留学中の槇を援助したものであり、日本からの出発から全体として新聞社が後援するのは「アルバータ登山」が初めてであった。記事においても、「本社探検隊の一行、シアトルに着く[35]」という見出しで、現地到着を大きく取り上げている。この時期には東京日日と大阪毎日は合併していたが、東日の記事では、「アルベルタ探検」の発表が、このシアトル到着までなされなかった理由として、「あまりに早く発表すると欧米の山岳家に先鞭をつけられる恐れがあったので遺憾ながら今日まで発表が出来なかった[36]」とし、同日の大阪毎日では、「一行が目的の山とはどこか？北米に到着してゐる今日、秘密にする必要はなくなった」と、欧米との競争があるかのような印象を読者に強く与えている。

そして、それから一か月後の八月一日付の両紙に上記のように、「槇氏一行から突如快報　アルバータ山嶺を踏破す」との見出しで登頂成功が報道され、「本社の世界的事業」という小見出しが付け加えられている。記事にも登場する細川護立侯爵は、この遠征を槇有恒に勧め、また援助をしたと言われている。

その後、槇らの帰国後、続報が掲載され講演会等も開かれている。ただ、山岳関係での反響は大きかっ

大正十四年八月一日　(土曜日)　東京日日新聞

槇氏一行から突如快報
アルバータ山巓を踏破す
前人未踏の峰頭に一夜を明かして
記念の氷斧を殘して下山
玆に本社の世界的事業たる
カナデイアン・ロッキー探檢成功

【ヴアンクーヴアー特電】(卅日發)　この電文はカナデイアン・ロッキー探檢の槇氏一行がその目的としたアルバータ山頂を極めて下山し馬でジヤスパーへ急使を派して發したもので、同電報は卅日午後七時半ヴアンクーヴアーに到着したものである、玆に世界の登山家が「恐しき山」として仰ぐだに恐れた前人未踏のアルバータ山は我が探檢隊によりて遂に其山頂を極められたのである、槇氏の認めた電文は左の通りである

七月廿一日我々は時に激流と戰ひ時に峻嶮なる岩石と奮闘しつゝ登攀すること十六時間の後遂に當初の目的たるアルバータ峰の絶頂に到達した、我々はこの渾圓球上人跡未だ到らざる靈峯の絶巓を踏破したる記念として細川侯爵の氷斧を殘してその記念すべき一夜を峰頭に過ごし翌廿二日麓に歸つたが下山には十四時間を要した、我々一行の意氣大いに揚り得意に醉うてゐる

「愉快々々」を連呼して
飛び起きた細川侯
昨深夜輕井澤の別莊に快報を聞き
寢臺を辷って大喜び

僅かの時間に
意外の成功
一行の元氣を
喜ぶ岡部氏邸

快報至る！

図３「アルバータ山嶺を踏破」
(「東京日日新聞」1925年8月1日)

たものの、彼らの初登頂が一般社会に大きな反響を呼んだとまでは言い難い。それは、前章までに展開したようなマラソンや野球、あるいはオリンピックといった「眼前の」スペクタクルではなく、遠い海外での「冒険談」であり、読者の想像力を強く掻き立てるものではなかった。つまりは、エリートたちの海外登山というスポーツのスペクタクル性がそれほど読者には理解されていなかったこと、さらにカナダの未知の山についての一般的な知識はなく、地理的にも大きな関心を喚起するものでなかったと思われる。また、記事の「突如快報」とするように、登山の途中経過は全く伝えられず、登頂成功も、馬を使ってふもとの町まで伝え、そこからバンクーバーに電報、それから日本への連絡であり、「制覇」過程の報道がないままでは、現代から見れば制覇、あるいは達成の盛り上がりに欠けるものだったといえよう(37)。

3　「ナンダ・コット」登頂成功報道

立教大学山岳部は、一九三六(昭和一一)年一〇月五日にナンダコット峰(六八六七メートル)の初登頂に成功した。毎日新聞の立場からの戦前の登山後援としては最大のものであり、「その時、頂上に翻ったのは、日章旗、立教大学校旗と大毎・東日社

大阪毎日新聞　夕刊

ナンダ・コットを見事征服す！

決死的の壯擧成功

"世界の屋根"に日章旗

登山史上に輝かしき大記錄

日本人（立教大學登山隊）不朽の功績

アルキラインにて　竹節本社特派員發

天皇陛下御風氣

神嘗祭には御代拜

図４　「ナンダ・コットを見事征服す」
（「大阪毎日新聞」1936年10月17日夕刊）

旗の三本だった」[38]とされる。そして、日本山岳会としても公式的には初のヒマラヤ遠征であった。さらに、この登山については、大阪毎日新聞の竹節作太記者が同行し、「聖峰を征服するまで」という手記を連載したほか、帰国後多くの特集記事を書いている。さらに、新聞記事だけでなく、彼による記録文献や映画が残っている。

初登頂を伝える記事は、一〇月一七日付夕刊であり、登頂成功から一〇日あまり経っての報道となった。「ナンダ・コットを見事征服す！　決死的の壮挙成功〝世界の屋根〟に日章旗」との見出しで、「日本」及び「日本人」の壮挙が称賛される。小見出しにも「日本人（立教大学登山隊）普及の功績」として、「立教大学」よりは「日本人」として表現されることは、それまでと、そして現在も変わりはないかもしれない。

そして、全体として日本の業績達成が称賛されるのは当然だが、そこに、これまでとは異なるニュアンスも含まれるようになる。

今回の収穫を一言すれば従来の外人登山隊全部が恐れていた高山病が日本人に禍せず、隊員は健康で月余を氷の上で過すといふ輝かしい記録を収めた、また登山術も勝れ世界一の稱あるダージリン・タイガーもわれらには遠く及ばなかつた、われらの収めた収穫は日本山岳界が将来ヒマラヤへ挑戦するに大きな光明を発見したものであることを断言して憚らない。

（「大阪毎日新聞」一九三六年一一月一七日）

「ナンダ・コット征服の輝く報告」の連載記事をカルカッタから送る竹節記者は、さらに日本人の食べ物も、称賛の対象となる。「ヒマラヤ登攀には日本人が世界一だ」との見出しで「〝餅〟は食物として理想的」と日本の食べ物を絶賛している（「大阪毎日新聞」一九三六年一一月二日）。ただ、この記事は、これまで西洋人の遠征のみだったが、初めて日本人の遠征で、雇ったシェルパにしても現地の食べ物にしても東洋人同士でうまくいくという内容であり、インド人、ネパール人の文化の類似性を強調して、東洋人としての包摂と西洋人の排除という意味を読者に喚起させるものだった。

大阪毎日新聞

又も上海に抗日暴動

八千の暴徒殺到し
豊田紡工場を破壊
形勢更に険悪化の兆
遂に陸戦隊が出動
内外綿工場にも波及

忽ち機械の
重要部分破壊
事務員数名も負傷
群衆刻々増加

徳王陣頭に起ち
赤軍討伐を開始
関東軍でも重大関心

氷崖の難場は
見事・開けた！
もう頂上に立つた氣持

聖峰ナンダ・コット征服記

氷河上の大空を
大鷲が悠々飛翔

図５　「聖峰ナンダ・コット征服記」と中国関係記事
（「大阪毎日新聞」1936年11月18日）

「ナンダ・コット初登頂」の記事は、大阪毎日、東京日日の一面を大きく飾ったが、新聞報道紙面は、「ナンダ・コット」関連ばかりではない。登頂に成功した一九三六年といえば、「柳条湖事件」に端を発した「満州事変」（一九三一年）、「五・一五事件」（一九三二年）、そして一九三六年二月の「二・二六事件」を経て、急速に「国家主義」的傾向が社会の各方面に拡大していた。その一方で八月にはベルリンオリンピック報道で新聞は盛り上がり、また、それ以降も、次回一九四〇年東京オリンピックの準備に向けての記事が続いていた。

例えば、「ナンダ・コット遠征記」が掲載された一一月一八日、一九日の一面（図５）を見ても、「今日明日中に一大決戦」「内蒙古在留邦人　危機に直面」「上海に抗日暴動」「赤軍討伐を開始」などの見出しが並ぶ。国際情勢の中での「戦争」関連の言葉が氾濫し、そのような社会の様々な記事の中に「ナンダ・コット」報道も位置付けられていたことを考えれば、「ナンダ・コット」の「快挙」がどのような文脈で日本社会に浸透していったかは明らかであろう。例えば、登頂の隊員たちを「五勇士」と表現するように、新聞もまたその時代の雰囲気を共有する言葉を選択するようになっていた。

「ナンダ・コット」遠征の後援事業の特徴のひとつは、記者が同行しその経過を記録した点である。現地からの遠征経過の詳細な報道は、それまでにはなかったものであるし、また、記者自身が撮影機を持参したことも初めてであった。登山隊は、一二月一日に神戸港に帰着、そこから大阪毎日新聞本社に移動し、翌日には大阪市中央公会堂で、帰国後、早速、講演会と映画の上映会を開催し、その後神戸、京都と続いて、いずれも大盛況であったとされる。

こうして、遠征への同行取材と現地からの報道、そして帰国後の後援と映画による視覚化という「ナンダ・コット」登頂の後援事業を通して、それまでの海外登山遠征の報道とは異なる新たなスポーツイベントの「メディア・イベント」的な展開パターンを確立したといえよう。しかし、日中戦争の開始によって、大阪毎日新聞にとってもこの登頂を一大成果として社会にさらに展開していくことは難しくなった。

4　朝日新聞の後援事業

一方、朝日新聞は、日中戦争の開始とともに、海外登山の道を閉ざされた今西錦司たちの朝鮮中国国境の白頭山への登山を後援している。これも、後のマナスル登頂につながるもので、今西たちは、のちの大陸の高山への挑戦のための準備と位置づけたとされる。[39] ちなみに、これを契機として、千島、樺太、朝鮮、台湾などの当時の日本領土の辺境への探検、登山に各大学が取り組んだとされる。さらに、今西らは戦後人類学で活躍する梅棹忠夫らとともに、南のポナペ島や大陸の大興安嶺の探検も行い、高度な報告書を残している[40]。当時の日本の領土拡大政策に合わせるかのようにアジア各地の「探検」を行い、結果としてその政策に貢献することにもなったと言えよう。

第二次大戦後であるが、朝日新聞は一九五五年九月二二日朝刊で「日本学術会議が国際地球観測年（略称ＩＧＹ）の事業として南極へ学術探検隊を派遣するにあたりこの歴史的壮挙に参加し、全機能をあげて後援する」と報道し、その後の「南極観測」の後援を大々的に行なっている。この南極観測については、マナスル登頂の同年に始まり翌年にかけての一大イベントとなった。とりわけ一九五七年の第一次観測隊が残した犬のうち、翌年の二次観測隊の再到着まで生き残ったタロとジロの物語によって、マナスル登頂以上の大きな反響を呼ぶことになった。これについては井川の「メディア・イベントとしての南極観測支援事業」に詳しい[41]。

第四節　メディア・イベントとしてのマナスル登頂

一九五六年のヒマラヤ初登頂については、前節までに見てきたように、日本の戦前からの海外遠征登山の蓄積と、大阪毎日新聞の海外遠征登山への後援の実績、あるいは伝統を受け継ぐものであった。「一三〇年史」は、ヒマラヤ初登頂をオリンピックになぞらえ、そして長年彼らが援助した結果として、次のように誇らしげに記録している。

一九五六（昭和三一）年五月九日、日本山岳会隊はネパールのマナスル（八一五六メートル、当時は八一二五メートルとされた）に初登頂した。世界に一五座しか数えない、ヒマラヤ・ジャイアントと呼ばれる八〇〇〇メートル峰。文字通りの高峰のひとつに日本人が初めて登頂した壮挙で、いわゆる〝ヒマラヤ・オリンピック〟での金メダルだった。

登山隊を後援した毎日は、一八日朝刊の一面で社説と余録を除き、全面的に報道した。カトマンズ発、浅岡光正特派員の特電に付けられた「巨峰マナスル登頂ついに成功」の見出しには、本社の思いが込められているようだ。毎日がマナスル登山の全面的な後援を京都大学側に約束してから五年がかり。計画が京大から日本山岳会に委譲されて、わが国の山岳界が総力を挙げて挑み、三度目の登山隊で、やっと登頂に成功した。総経費は一億円を超え、毎日はその資金を担ったのだから(42)。

1　成功までの経過

第一節で述べたように、マナスル登頂に関わる記事については、毎日新聞は一九五二(昭和二七)年の偵察隊の派遣から詳しく報道している。一九五二年八月一八日の最初の記事は、「ヒマラヤの巨峰マナスル探検」の大見出しの他、「偵察隊一行・二十五日に空路出発」「アジアの秘境を開く」という見出しの下で、マナスル登頂を目指し、まず偵察隊の派遣から開始されることを告知することから始まった(43)。この偵察隊の報道は、最初の記事から同年の年末までの五か月間で二六回を数えている。

そして、年が明けて一九五三(昭和二八)年一月八日には、この後、初登頂成功までのマナスル登頂報道のキーワードの一つである「ヒマラヤ・オリンピック」という言葉が提示される。

この偵察隊派遣を経て、翌一九五三年、そして五四年と二年続けてマナスル登頂に挑戦しているが、失敗している。第一節で記したように、一九五三年、一次登山隊は三田幸夫(慶大山岳部OB)が隊長となりマナスルへと向かうが、頂上手前三七五メートルで悪天候のため退き返した。さらに、一九五三年の堀田弥一郎(立教大学山岳部OB)を隊長とした二次登山隊は、マナスルの麓の住民の抵抗にあい登頂を断念せざるを得なかった。そして一九五五年の遠征は資金不足から見送られた。この間も、当然、毎日新聞が支援し、五三年に一〇二本の記事、五四年には一二九本の記事、そして遠征が中止された五五年でも六一本の記事が掲載されている。

これらの記事は、遠征の模様についての直接の報道記事から、日本での反響、遠征資金募金をはじめとした支援体制の告知、遠征の意義など、継続的でありかつ多岐にわたっていて、内容的にも量的にも戦前のアルバータ山登頂やナンダ・コット登頂とは比較にならないほど大規模なものである。ただ、新聞報道と後援事業という側面では、ナンダ・コット登頂における経験が今回にも引き継がれることになる。

一九五三年から三年にわたる断続的ではあるが長期の記事掲載は、読者にヒマラヤ、そしてマナスルについての認知を広げることとなった。そして、それは挑戦に失敗する歴史ではあったが、結果として、五六年の初登頂成功までにマナスル登頂の困難さ、そして挑戦の達成への期待を読者や日本国民に認識させるに十分な時間となった。

そして、一九五五年末の第三次登山隊の派遣決定の社告に続いて、一九五六年の元日の一面には、「一九五六年の新事業」として「マナスル登頂決行」が改めて取り上げられる（図６）。「独立日本、八千万国民の投資とその偉大なる科学、産業の成果を全世界に誇示しようとする我々の企図に寄せられた国民的な御声援に感謝するとともに、御期待に応えたいと念願しております」と、このマナスル登頂が、敗戦後、占領を経て独立した日本の力量を世界に問う事業であり、国民的な期待に応えるための象徴的な事業であることを改めて宣言している。こうして「マナスル登山の年」がスタートする。

そして、登山隊の出発（二月二日）から、インドのカルカッタ到着、カトマンズ到着と連日のように報道しつつ、その間に、ネパールやヒマラヤの自然や文化状況も伝え、次第に目標に向かう登山隊の行程に焦点を当てていく。さらに、毎日新聞の事業として招聘したソ連の「ドン・コサック合唱団」の公演がマナスル登頂の募金を兼ねることとなり、二つの事業が連携して語られることになる。

そして、いよいよ登頂直前には、「第三次日本・マナスル登山隊：ヒマラヤの山と人―登頂を前に　ああ！頂上まで四百メートル」（五月一六日）、「第三次日本・マナスル登山隊：依然、悪天候続く」（五月一七日）、「第三次日本・マナスル登山隊：すでに頂上攻撃か―現地無電伝う」（五月一七日）、「第三次日本・マナスル登山隊：登頂に明るい見通し―新コース発見さる」（五月一七日）と、クライマックスが近いことと、その達成が困難を極めているという記事が掲載され、マナスル登頂の「スペクタクル」が文字と写真によって喚起されていく。

1956年の新事業 その一

全豪学生ラグビー軍を招く

"ドン・コザック"公演

世界最高の合唱団

マナスル登頂決行

現代日本美術展

毎日新聞社

図６　社告「1956年の新事業」
（「毎日新聞」1956年1月1日）

この「世紀の偉業達成」に至るストーリーを、日本にいる人々は毎日新聞の朝夕の記事でしか追うことができなかった。ヒマラヤにおける挑戦の時間と日本における報道の「時差」は一週間ほどあったが、上記の記事の中で「すでに頂上攻撃か」は、現地の現実と報道との時間のずれを意識させるもので、これによって逆に読者の想像力をより高めていくものになっただろう。ラジオ放送が一般的な時代になってはいたが、「秘境」からの中継放送はできず、このイベントにおいてはラジオと新聞はある意味でハンディのない競争ができたのである。

2　マナスル登頂成功

「巨峰マナスル登頂ついに成功」と一面に大きく報道されたのは五月一八日の朝刊であった。「九日、一一日の二回とも」という小見出しもあるように、登頂成功から一週間余りが経過していたが、通信技術が発達していなかった当時は、ヒマラヤ山中の登山隊から日本まで情報を伝えるのに、「飛脚」と電報を用いて一週間ほどを要していた。

同日の一面では鳩山首相、清瀬文相、重光外相がそれぞれに「全国民の喜び」とコメントを寄せ、また三面では秩父宮妃、ヒマラヤ登山後援会世話人細川護立、国立遺伝学研究所長（京大教授）木原均、日本山岳会副会長松方三郎、南極地域観測隊副隊長西堀栄三郎、総理府内閣調査室次長（前カルカッタ総領事）粕谷孝夫のコメントが掲載されている。さらに、九面ではマナスルの踏査隊、一次・二次登山隊の隊長が祝福している。

巨峰マナスル登頂ついに成功
9日、11日の二回とも
世界山岳史に輝く金字塔
五年間の苦心実を結ぶ
マナスル主峰を背景にひるがえる"日の丸"

図７　登頂成功の報
（「毎日新聞」1956年5月18日）

同日夕刊一面では、エベレストの初登頂を果たしたイギリス登山隊隊長ハントのコメントが「成功を信じていた」という見出しで掲載され、さらに、同じ一面に作家であり登山家の深田久弥による「肩身が広くなった ノーベル賞に劣らぬ光栄[44]」との見出しでコメントが掲載されている。翌五月一九日も祝福のコメントは続き、ニュージーランド、オーストリア、ドイツのいずれもヒマラヤの八〇〇〇メートル級の山の山頂に立った各国の登山家達が祝福している。こうして、改めて世界が競争する中の偉業であり、世界に評価されたという意味付けがなされていく。

毎日新聞の後援事業ではあっても、これだけの「世界的成功」を他紙も無視できなかった。マナスル遠征の計画や出発、その後の経過は、他紙においても毎日新聞よりは少ない報道量ではあったものの逐次報道されていた。したがって、朝日新聞も同日に報道している。カトマンズ発ロイター電として、「マナスルついに征服」という大見出しのもとで「頂上攻撃二度とも成功」「日本人初・八千メートル突破」と小見出しがついている。さらに、「毎日新聞東京本社に入った情報によると」とのクレジットの下で、「ヒマラヤ登山後援会」提供の写真を掲載している。ここでも、第一次遠征隊長三田幸夫のコメントを掲載し、「成功のかげに科学の力が大きくものをいった」と、成功と科学を結び付けている。ただ、この記事に並んで、「明日から立山訓練　南極探検　用具のテスト」と、朝日新聞が後援する「南極探検」の準備についての記事も掲載している。

さらに、読売新聞も同日、「マナスル頂上を征服」の見出しの下、写真と地図も含めて、毎日新聞本社に入った「電報によると」とのクレジットで記事を掲載、同様に三田幸夫前隊長と日本山岳会松方三郎副会長のコメントも掲載している。読売新聞も二月二日の遠征隊の神戸港出発以来、一七本の記事を掲載しており、毎日新聞の全面的な後援のもとに実施されたとはいえ、マナスル登頂が単に新聞社の事業を超えて「国民的なイベント」であったことをうかがわせる。

初登頂の報が入った翌日の五月一九日の毎日新聞社説では「マナスル登頂の成功」と題して以下のようにその業績を称賛している。

世界第八番目の高峰、ヒマラヤのマナスル山頂を目指していた日本登山隊はついに成功した。一九五三年のイギリス登山隊のエヴェレスト登頂成功以来、八千メートル以上のヒマラヤの高峰は英、伊、独、仏、オーストリアなどの登山家によって次々に山頂をきわめられたが、このヒマラヤ登山史の中に、わが槇隊長をリーダーとする登山隊の名が加えられたことは、まことに意味深いことであり、五カ年の苦心がようやく実った喜びを禁ずることができない。

こんどのマナスル成功は、もちろん何より天候に恵まれたためだろう。九日と十一日の二回も登頂成功の報は天の時が幸いしたことを語るものだ。しかし、すべての大事業がそうであるように、槇隊長を中心にした隊員の団結、周到な科学的準備、そのうえに不幸にして成功しなかった先人の経験などの積み上げ、つまり人の和がなかったら、今日の成功はもたらされなかったかもしれない。エヴェレストに成功したハント隊長は、世界第一峰をめざす三十年の歴史が成功させたと語ったことがある。山に登ることそれ自身に不屈の精神が必要であることはいうまでもないが、長年にわたって計画を進めるのにもやはり同じことがいえる。

この点について、五年前にマナスル登頂計画が発表されて以来、主催者である日本山岳会と毎日新聞社に対して国民の各層から、経済的に、精神的に、あるいは技術的にあらゆる後援が寄せられ、いわば国民的支持の下に行われた壮挙だったことを我々は感謝とともに思いかえす。こういう国民的支持こそ、今度の成功の大きな背景であった。

（中略）

人間の体力と精神力の限界をギリギリまで発揮する登山、しかも長期にわたる不屈の計画と科学的準備の必要なマナスルの成功は、ある意味で、日本人の力を象徴的に示したものといえる。そしてそれは世界のどこの国の人々にもたたえられる力の示し方である。エリザベス二世の戴冠式の日にエヴェレスト成功の報を受けたイギリス国民が、いうにいわれぬ明るい感情に支配されたように、マナスル成功が日本人に与える精神的影響は決して小さなものではないだろうと思う。

（「毎日新聞」一九五六年五月一九日）

この社説には、計画から四年間にわたるマナスル登頂に関わる社会的な意味付けが網羅されている。世界との競争の上に達成した偉業であり、日本人の団結心と科学の成果であり、そして国民的な支持があってこそであり、またその達成が日本人に精神的な影響を与えるというものである。以下、一連の報道の中で、マナスル登頂がどのように意味付けられてきたのかを見ていこう。

3　競争型イベント　世界との比較「ヒマラヤ・オリンピック」

マナスル登頂の一連の報道のキーワードの一つが「オリンピック」である。計画が実行に移された一九五三年段階から、「ヒマラヤ・オリンピック」という語が使用されている。日本人にとって「オリンピック」とは、日本が世界に認められる、さらに言えば西洋に認められる一大機会であり、戦前より、オリンピックは日本にとって重要な意味を持っていた[45]。第一章でも述べたように、一九〇八年に大阪毎日新聞がオリンピックを「発見」して以来、戦前のアムステルダム、ロサンゼルス、ベルリン大会の日本選手の活躍は、現在の大新聞の発展期とも重なり、重要な報道コンテンツとして成長し、その結果、オリンピックは世界のどの国よりも重要なイベントとして日本人に記憶されてきた。戦後も、一九四八年のロンドン大会は敵国として招待されなかったが、日本の国際社会への「復帰」、国際社会での「評価」の象徴として、「オリンピック」は意味づけられていた。

一大プロジェクトであったマナスル登山において初登頂を達成したことは、多くの先進国家との競争意識の中、そこでの勝利を意味した。それはまさに日本人としての誇りと自信につながる共通の経験と位置づけられ、それが「オリンピック」という表現を使用させたのであろう。しかし、各国がそれほど国を挙げてヒマラヤ各峰の初登頂を競っていたわけではない。一九五〇年代は、第二次大戦の惨禍から回復し、各国の登山家たちが、海外、とりわけヒマラヤの高峰に挑戦する余裕ができてきた時代であったということは確かに言えよう。そして一九五〇年代は、八〇〇〇メートル級のヒマラヤの山々が次々と初登頂され、他国にとっても威信をかけたイベントであった面もあろう。例えば、一九五三年のイギリス隊がエベレストの頂上に到達したのは五月二九日であったが、伝送技術の関係で六月二日エリザベス女王の戴冠式の朝に報道された。しかし、これはあくまで「偶然に（by coincidence）」に達成されたものである[46]。

ちなみに、エベレスト初登頂がどのような記事で報道されたのか。一九五三年六月二日の英国の日刊紙「タイムズ」（The Times）には「ヒラリーとテンジンが頂上に到達」という見出しで二人の写真とともに記事が掲載されている。見出しもとりわけ大きなものではなく、最初の挑戦の失敗から、後援団体の紹介、そして登頂の経過、さらに別枠で、一九三三年以来のエベレスト登頂への挑戦の歴史について解説され、最後に、ニュージーランド首相からの祝いのコメントが掲載されている[47]。ただ、世界最高峰のへの初登頂にもかかわらず、日本のマナスル登頂のような「興奮」したニュアンスは記事の大きさからも内容からも感じられない。もちろん、タイムズはエベレスト登頂を後援していたわけではないにしても、登頂した二人、つまり隊員のヒラリーとシェルパのテンジンという二人の個人が称賛されていることも日本の記事とは異なる点であろう。

マナスル登頂成功の報が入る直前の五月一五日毎日新聞朝刊の連載記事「ヒマラヤの山と人々」において、一九五三年にイギリス隊によるエベレスト初登頂をはじめとして、イタリア隊のK二初登頂などヒマラヤ一五座の八〇〇〇メートル級の山々を各国の登山隊が登頂している状況を「ヒマラヤ・ラッシュ」と表現している。さらに、翌五月一六日の同連載記事では、各国登山隊が未登頂のヒマラヤの山を征服しようとネパールに集結している様子を「ヒマラヤ・オリンピック」と表現している。しかし、英国やイタリアの当時の新聞記事を見る限り「ヒマラヤ・オリンピック」やそれに類する用語は使用されていない。他の初登頂にしても、「国の威信」をかけて取り組んでいたという証拠は見つかっていない。これは日本にとっての国際競争＝オリンピックであったに過ぎない。

図８ 「仰ぐ感激の日章旗」
(「毎日新聞」(1956年5月28日朝刊)

もちろん、前述の通り、日本においては「オリンピック」という表現は、国際的なもの、そして日本人が海外で評価される場という特別の意味合いを持って使用されてきた。その意味では、「マナスル登頂」をオリンピックの価値や意味合いに接合することで、国際的な快挙という意味合いを持たせたかったことは、これまでの新聞報道の経過から見ても十分に理解できるし、敗戦後一一年の読者・国民もそのことに「心を躍らせた」ことは推測できる。

一方で、本来のオリンピック大会と同様に、海外ではこの「快挙」は大きく報道されていない。「タイムズ」においては、五月一八日付で“MANASLU CLIMBED BY JAPANESE”の見出しで九九ワード、二三日付で詳報として“NEW ROUTE FOUND”の見出しで一五一ワードの記事が掲載されたにすぎない。(48)そして、その中には当然ながら「オリンピック」との比喩はない。

さらに国際的競争を意識させるという点では、「日の丸」の写真が多用されていることも特徴であろう。マナスル登頂後の山頂での写真はもちろんのこと、登頂以前の連載記事においても「日の丸」は何度も登場する。登頂成功の連絡が入った一八日には、頂上に立つ隊員の画像は到着していないので、マナスル頂上を背景としてベースキャンプにはためく「日の丸」を掲載しているが、この写真によって、この挑戦全体と登頂隊員、そして読者が「日の丸」を媒介として、「日本人」による制覇、「日本国家」による達成という意味付与がなされている。これによって、実体としては存在しない競争する外国勢の姿を可視化する効果も持ったと考えられよう。

そして、五月二八日に初めて掲載された頂上に立つ写真が一面に六段抜きで大きく掲載される（図８）。そこには「頂上で日の丸とネパール国旗を掲げるガルツェン」とのキャプションをつけ、ネパールにも言及している点では、戦前の国家主義的な表現とは異なるが、それよりは大きな活字の見出しで「仰ぐ感激の日章旗」と、写真全体としては「日本による達成」との意味合いが強くなるように配置されている。

４　科学の強調

もう一つの成功のカギとして表現されるのが「科学」である。五月一七日毎日新聞朝刊では「陰に数千の科学陣」という見出しで、登山の装備品についても言及している。また同日夕刊では「マナスル登頂の陰の力 募金・装備・食糧に情熱と科学の粋をつくす」と「科学」が強調されている。

もちろん、「科学」の強調は毎日新聞の新聞事業としての範囲にとどまるものではなかった。一九五六年五月一八日朝日新聞朝刊では、前述のように、「成功の陰に科学の力」とそれぞれ見出しが付けられ、酸素発生器や軽量化されたボンベ、山岳食などの高性能ぶり、そしてそれを作った工員の苦労が書かれている。

また、登頂成功の前々年の一九五四年には、槇有恒が日本山岳会会長として登山に用いられる装備について、「その準備する食糧や装備について一国の科学や産業の水準の高さを示すといわれるほどである」と、ヒマラヤ登山をその国の経済や科学水準に関わらせて語っている[49]。マナスル登頂で使用した装備品はすべて日本製であり、登頂した隊員の精神力、体力、技術力のほかにも科学技術の進歩という点でも、世界に対抗しうる日本の誇りとして取り上げられている。読売新聞においても同日の夕刊で「〝登山科学〟の勝利　日本隊のマナスル征服」という見出しのように「科学」という言葉を用いている。

さらに翌一九日朝刊の「編集手帳」においても「科学」が登場する。そして「……科学的物質的な要素が結合しなければダメだということを今度のマナスル登頂は教えた。（中略）単なる「特攻隊精神」だけでは自殺的手段とえらぶところがない。戦後日本がつかんだ合理主義的精神の輝かしい勝利の姿をわたくしはこの成功に見る」（「読売新聞」一九五六年五月一九日朝刊）と、戦前の「精神主義」と対比させつつ、戦後の「合理性」「科学性」を称賛している。

5　戦争用語

マナスル登山隊の報道にも、前節で触れたように、ナンダ・コット登頂報道と同様に、「攻撃」、「征服」といった戦争を連想させる言葉が多用されている。これについては、戦前期から、とりわけスポーツ記事において確立されていて目新しいことではない。

スポーツにおける戦争関連の用語について、有山輝雄は、全国中等学校優勝野球大会を例に、「スポーツの試合は戦争の模擬化」とした上で「初心者にとって分かりやすい説明であることはたしかだが、反面で、戦争が抽象化されてスポーツに転生する過程で、スポーツの属性となった遊戯性という要素を切り落として」しまったと指摘する。[50] もちろん、野球用語が翻訳される中で「遊撃手」や「一死」「封殺」「生還」など、新聞報道以前から使用されてはいるが、大学野球も含めて報道合戦の中で、ますます「戦争」を模した用語が多用され、さらに、オリンピック出場とともに、「健闘」「制覇」「凱旋」などの用語が好んで使用されるようになる。[51] そして、戦前においては他の報道との相互関連によって、大きな文脈の中で読み解かれることになることは前節でふれた。「マナスル登頂」が戦後日本の「平和と科学に生きる日本」の象徴的な業績であったとしても、世界の中で評価されるための闘いであるとすれば、オリンピック報道と同様に、戦前の国家主義的なニュアンスは戦後社会の文脈でも残り続けたのかもしれない。

ただ、「攻撃」の対象が他国や人間ではなく大自然となったとしても、そのアナロジーに反発する声は戦後一一年のこの時代には少なくなかっただろう。毎日新聞も「マナスルには征服を使うな」というタイトルで、「投書欄」において読者のそうした反発を掲載している。

私はマナスル登山隊の成功を心から祈る者ですが、登頂を「征服」という言葉で表現することに疑問を感じています。人類の限りない意思は地上の未到部分に向って努力を進めるのでしょうが、そこに足跡を印することが果して「征服」を意味するでしょうか。数人の人間がその頂上に登ったとしても山の姿は悠久（ゆうきゅう）に変ることなく、人類の生命よりも長くそびえ立っているでしょう。

マナスル登山隊の方々は自然に対する愛情と謙虚な心で目ざす頂上に歩を進めていられると思います。この方々の心をくんで紙上に発表する場合も、いたずらに「征服」という言葉を使わぬように願いたいものです。征服欲だけでは登頂は不可能かと思います。

（横浜市・会社員・US生）

この投書が採用されたということは、毎日新聞内にも、また当時の日本社会にも、戦争用語の使用への嫌悪感があったことの証拠であるが、その反対意見をあえて投書の形で掲載しているのは、まさに「戦後社会」という大きな文脈ゆえなのであろう。

第五節　「メディア・イベント」前夜のマナスル登頂成功

毎日新聞を中心に新聞各紙が「マナスル登頂」をどのように報道したかを前節で明らかにしたが、他のメディアもマナスルに注目することになる。

1　放送メディアのマナスル登頂

ラジオにおいても、登頂成功の新聞報道がなされた五月一八日に大阪の新日本放送（現毎日放送）は、特別番組として「マナスル征服」を放送、別宮貞俊、三田幸夫などの元遠征隊長を交えての座談会を放送している。ニュース番組内での報道を別にすれば、これが放送メディアでの最初のマナスル関連番組と思われる。さらに二〇日には、東京のニッポン放送で「対談マナスルの思い出」（九：四五〜一〇：〇〇）として三田幸夫が出演し、同日夜にはNHK大阪局が「日本の声世界の声」という番組内で「マナスル征服」（NHKラジオ第一、二三：一〇〜二三：二〇）を取り上げている[52]。

先の新日本放送は、一九五三年の第一回の遠征から多くのマナスル関連番組を制作している[53]。まず、一九五三年八月には録音ルポルタージュ「マナスル紀行」（三〇分全二回）、一九五四年八〜九月には「ヒマラヤ録音紀行」（一五分全五回）を放送した。さらに一九五四年四月から六月にかけて、現地録音を使用して、ラジオ東京（KR、現TBS）との共同制作でドラマ「ヒマラヤオリンピック」（三〇分、全一二回）を放送している。そして、一九五六年六月一六日には現地座談会「マナスル登頂に成功して」として現地録音で槇隊長や今西久雄隊員たちに語らせている。さらに、七月八日と一五日には現地録音とドラマを交えた交響楽詩「マナスルの凱歌」（三〇分全二回）を放送している。大阪の朝日新聞を母体とした朝日放送の社史[54]には関連特別番組がないことから見れば、やはり、新日本放送は毎日新聞との資本関係から、マナスル登頂を単なるニュースだけではなく、重点的に報道・制作していたことが推測できる。

放送による報道は、マナスル登山隊の帰国によって急激にヒートアップする。登山隊は、六月二二日の午後にインドから香港を経由して空路羽田空港に到着する。羽田空港には歓迎の人たちがあふれ、毎日新聞東京本社への挨拶や歓迎パーティが続くが、同日二二時からニッポン放送が「録音特集マナスル登山隊を迎えて」を放送する。

さらに、翌二三日には、先ずKRテレビ（現TBS）が「座談会マナスル頂上に立ちて」（一七：四五～一八：三〇）に槇有恒隊長他の隊員が出演、これが最初のテレビ放送であった。続いてNHKテレビ「マナスルを征服して」（一九：一五～一九：四〇）に出演している。この番組は、当時完成しつつあった全国ネットを通して、東名阪に加え、広島、福岡、仙台の六局から流され、「全国」に初めて隊員たちの姿が流されたことになる。ちなみに、この後すぐにラジオ東京で「マナスルから帰りて」（二〇：〇〇～二〇：三〇）にも出演している。隊員たちは、この後、京都から大阪へと移動し、大阪毎日新聞でも盛大なパーティが催され、忙しい日々を送ることになる。深田久弥によれば、「歓迎パーティ、一時間に及ぶテレビ放送（その司会には私が任じられた）、写真展、全国にわたって講演と映画の会。各隊員は引っぱりだこで、『これでは内地で遭難しそうだ』とつぶやくほどであった。[55]」

この放送があった一九五六年六月、テレビ受像機の普及（受信契約数）は全国でわずか約二一万台程度であった。[56]全国六地域のネットワークが完成したとはいえ、関東地区ではNHKの他、日本テレビとKRテレビの三局であり、関西圏ではNHKテレビのみで、民間放送である「大阪テレビ（OTV）」が開局するのはこの年の一二月である。マナスル登頂から三年後の一九五九年四月の「皇太子成婚パレード」が日本初の全国民的なナショナルメディアイベントであり、「戴冠」型の典型とされるが、一方、一九五六年の「マナスル登頂」はテレビ放送の草創期として、ダヤーンとカッツのいうメディア・イベントのインパクトを与えることはまだできなかった。もう少し時代が遅ければ、羽田空港での隊員の凱旋の模様の中継などを通して、「制覇」型の、そして、日本国内のメディア言説に限定すれば「ヒマラヤ・オリンピック」においても金メダルを獲得したのだから、「競争」型のメディア・イベントとして語られることになったのかもしれない。

ちなみに、ヒマラヤ登山の生中継は、それから三〇年余り後、一九八八年に日本テレビが開局三五周年記念としてエベレスト登山と頂上からの生中継を子どもの日に合わせて行っている[57]。この時は放送界としては「快挙」だったのかもしれないが、この時代にはもはや日本社会全体を巻き込むようなインパクトを持つほどの「制覇」とはならなかったし、そうした意味付けも試みられなかった。

2　ドキュメンタリー『マナスルに立つ』

「マナスル登頂」に関しては、テレビはまだ草創期であり、前記のようにほとんど貢献していないが、毎日新聞記者の依田孝喜撮影によるドキュメンタリー記録映画『マナスルに立つ』（映配・毎日映画社制作）、同じく依田による写真集、さらに記念切手にも「国家的な偉業」が図像化されている。

なかでも、『マナスルに立つ』は『標高八一二五メートル・マナスルに立つ』がフルタイトルであったが、登山隊に同行した依田孝喜記者が撮影し、帰国後、当時映画監督として著名であった山本嘉次郎が編集し、またこの時期、映画俳優としての地位を築きつつあった森繁久彌がナレーションを担当した。さらに一九三六年にナンダコットに同行した竹節作太記者が現地録音を担当している。そして、同年の九月に完成、九月二五日、日比谷映画でロードショー封切りされた。

朝日新聞の映画評欄「新映画」には、封切り翌日の九月二六日付で次のような批評が掲載されている。

> 今西、ガルツェンの二人が、世界ではじめてマナスルの頂上に日本とネパールの国旗を立てる。ヒマラヤの山々を見下した画面は短いが、それでも十分に「マナスルに立った」感動が見る者を強く打つ。どんなドラマよりも、この事実の強さなのだ。
>
> 科学的な国産装備がじりじりとマナスルの頂上に迫って行くところは特にすばらしい。見ている者も思わず登山隊員と同じ気持ちになって行くが、それは集団のスポーツの持っている共通な迫力だ。そこを何ら細工を加え

ずに見せているのが効果的だ。

見ていると、ラグビーのスクラム・トライを思い出す。頂上を、そういう力でぐんぐんと押して行っているのだが、その画面が短いのに、豊富な内容を語っているのだ。解説もこの辺はうまい。

マナスルに行くまでが少し長い感じ。もう少し短くしてもよかった。解説者に森繁久彌を使ったのは意表を衝いた形だが、これは疑問だった。少し軽いのだ。ただし、そんなことさえ、登頂の迫力に比べると、取るに足らない。

（「朝日新聞」東京本社一九五六年九月二六日夕刊）


ここでも「科学的な国産装備」と語られるように、マナスル登頂が「国産科学」というキーワードと接合されたことが確認できる。つまり、登山当事者、毎日新聞だけでなく、当時の日本社会にマナスル登頂の価値として喧伝された意義が一定程度共有されていたことが伺われる。そして、この映画評が『マナスルに立つ』を全体として高く評価しているように、その評価は現実に観客動員数にも表れる。「入場者は日本記録」という見出しのもとに、一劇場での一日の入場者一万八千八七六人、興行収入二百一五万三千九六〇円と、日本記録を塗り替えたという記事（「毎日新聞」東京本社朝刊一〇月一日付）、続いて「五八万人が見る」として、その後京浜地区の洋画劇場一四館での公開一週間で日比谷映画劇場と合わせて五八万人の観客を動員したとの

図９　映画広告「マナスルに立つ」
（「毎日新聞」1956年9月24日）

記事を掲載している（「毎日新聞」東京本社夕刊一〇月三一日付）。

『映画年鑑一九五八年版』によれば、共同制作の映配株式会社の一九五六年下期の配給収入は、「『マナスルに立つ』が時宜をえて大ヒットしたため」前期比二六・七％増加したとし[58]、翌年にはイタリア国際スポーツ映画祭で最高賞、さらにモスクワ国際映画祭でも受賞している[59]。

3　メディア・イベントとしての意味

先の映画評にもあるように、依田の頂上間近までの映像と山本の編集によって、当時の日本人が期待した価値、国産科学の成果、そして、日本人が「得意」とするチームワークによる粘り強い達成努力の結果の前人未到の成功が感動的に描かれた。これが戦後の日本の価値、あるいはその価値を信奉し努力するという戦後日本の新たな日本人アイデンティティの要素が確認されたという点では、まさにダヤーンとカッツの論じたメディア・イベントであった。

ダヤーンとカッツの「メディア・イベント」論に従えば、制覇型のメディア・イベントは、前人未到、あるいは隔絶された空間への挑戦であり、そこにメディアがかかわるのは、電波メディアとその中継技術の発達があってこそであり、ダヤーンとカッツが例に挙げた「アポロ一一号の月面着陸」はその典型である。そうした意味では、テレビ以前において、新聞メディアの継続性とともに、記録映画という映像のスペクタクルがつなぎ合わせられることで、テレビの生放送が生み出すメディア・イベントとは位相を異にしながらも、戦後社会の新たに価値観を確認するという社会統合機能をもったと言えよう。

こうして、「マナスル登頂」は、一九五二年の計画発表から二度の失敗と中止を経て、一九五六年五月に登頂に成功、六月の帰国、その後の全国での講演会などの歓迎行事、そしてとりわけ九月の記録映画公開に至って、日本国民に共有できる「達成業績」となって目の前に現れたのである。

おわりに

先に述べたエリートスポーツとしての登山は、マナスル初登頂の後、ヒマラヤ登山は単一大学の山岳会に引き継がれていき、一九五八（昭和三三）年京大のチョゴリザ、一九六〇年慶大のヒマルチュリ、京大のノシャック、同志社大のアピ、一九六二年北大のチャム・ラン、京大のサルトロ・カンリ、一九六三年同志社大のサイパルなどの初登頂が続いていった。ただ、こうした登山の業績達成は登山家の中では高く評価されたものの、マナスル登頂ほどの国民的な注目を集めることはなかった。

しかし、マナスル登頂を契機に少なくとも「登山」にはあらためて注目が集まったことは間違いない。例えば、登頂成功後の夏には、山への登山客の増加を見越した臨時電車編成が行われている。さらに、マナスル初登頂成功の一九五六年一一月から朝日新聞では井上靖の小説「氷壁」の連載が開始された。そして文庫化もされてベストセラーとなり、後に映画化やドラマ化もされている。小説では「登山とは自然との闘い、自己との闘い」「フェアプレーの精神」「登山家は勇敢」という言葉が登場し、主人公の登山家としての純粋さや友情の深さが描かれている。その他、新田次郎「孤高の人」（新潮社、一九六九年）は、のちに連載漫画ともなっている。また、石坂洋次郎「颱風とざくろ」（講談社、一九六六年）も、登山と事故がモチーフとして扱われ、これもテレビドラマ化や映画化がされている。

さらに、「はじめに」で述べた一九五〇年代から六〇年代広く歌われた「雪山賛歌」は、ダークダックスが「発掘」し、一九五八年九月にレコード発売され、翌五九年の第一〇回NHK紅白歌合戦で歌ったことで、広く知られるようになった。さらに、NHKの「みんなのうた」では、放送開始間もない一九六一年一二月から翌年一月に放送され、さらに広く知られ、学校でも歌われるようになった。

前述の松田隊員の言葉のようにマナスル登頂が「登山ブームのきっかけとなった」とする説は多い。確かにマナスル登頂がその後の登山文化の発展に寄与した点は多いだろう。ただ、それは単純な因果関係ではなく、日本人の登山への思い、新聞社の長期的な登山後援事業への関心、戦後の国際社会からの承認願望、そして、新聞報道による高揚を可視化したドキュメンタリー映像のインパクト、こうした社会的、技術的要因が重層的に重なり合った結果、「メディア・イベント」としての「マナスル登頂」が成立したのである。

注

(1)「雪山賛歌」は、一九二七（昭和二）年一月、京都帝國大学山岳部の西堀榮三郎（のち第一次南極観測越冬隊隊長）らが、アメリカ民謡「いとしのクレメンタイン（Oh My Darling, Clementine）」のメロディーに歌詞を当てはめたという。高村泰樹「『雪山賛歌』の歌詞著作権由来記」『ＡＡＣＫ（京都大学学士山岳会）Newsletter』№.一三、一九九九年一月、三頁

(2) 深田久弥『ヒマラヤ登攀史 第二版』岩波新書、一九六九年、一三八頁

(3) 池田常道『現代ヒマラヤ登攀史』山と渓谷社、二〇一五年、一六三～一六四頁

(4) 深田前掲書（一九六九年）一二六～一三八頁、および毎日新聞社一三〇年史刊行委員会『「毎日」の三世紀 新聞が見つめた激流一三〇年』下巻、毎日新聞社、二〇〇二年、一四四～一五〇頁

(5) 松田雄一「マナスル登頂と登山ブーム」日本山岳会『山』二〇〇五年九月号

(6) ダニエル・ダヤーン、ユリヤ・カッツ（浅見克彦訳）『メディア・イベント』青弓社、一九九六年

(7) 吉見俊也『メディア時代の文化社会学』新曜社、一九九四年、一五六～一五七頁

(8) ダニエル・ダヤーン／エリユ・カッツ前掲書（一九九六年）一二〇頁

(9) 梅棹忠夫・山本紀夫編『山の世界』岩波書店、二〇〇四年、八頁

(10) https: //www.stat.go.jp/data/shakai/topics/topi961.html
「登山・ハイキングの状況――「山の日」にちなんで――（社会生活基本調査の結果から）」『統計トピックス№.九六』二頁

(11) 藤田健次郎『中高年、山と出会う』山と渓谷社、『中高年、山と出会う』山と渓谷社、一九九七年一八一～一八六頁
「中高年者の登山の動機に関する研究」「筑波大学体育科学系運動学類運動学研究第五巻」（一九八九年）の三〇歳以上

三九一人に対するアンケートと、「長野県山岳総合センター」の機関紙「所報第四五号」（一九九一年）所収の「中高年登山の実態調査」、五〇歳以上二〇〇人と日本アルプスの山小屋三五箇所に対してのアンケート結果を分析している。
(12) 『山と渓谷』二〇〇七年一月号
(13) 鈴木正嵩『山岳信仰　日本文化の根底を探る』中公新書、二〇一五年、i頁
(14) 同前二三頁
(15) 同前一五二頁
(16) 小泉武栄『登山の誕生』中公新書、二〇〇一年、一五七～一六四頁
(17) 小泉武栄『登山と日本人』角川ソフィア文庫、二〇一五年
(18) ウェストン（Walter Weston, 1861-1940 年）は、イギリス人宣教師として日本に三度長期滞在した。日本各地の山に登り、日本アルプスや当時の日本の風習を世界に紹介した登山家である。
(19) 小泉前掲書（二〇一五年）一四四～一四五頁
(20) ウォルター・ウェストン（水野勉訳）『日本アルプス再訪』平凡社、一九九六年、二二八頁
(21) 小泉前掲書（二〇一五年）一七九頁
(22) 同前、一八一～一八二頁
(23) 田井玲子「六甲山をめぐるスポーツと娯楽」（「阪神間モダニズム」展実行委員会編著『阪神間モダニズム：六甲山麓に花開いた文化、明治末期～昭和一五年の軌跡』淡交社、一九九七年）
(24) 伴錦次「大阪遠足聯盟の誕生」『大大阪』一九三二年、第八巻第六号
(25) 伴錦次「大阪遠足聯盟山野跋渉會市民遠足デー」『大大阪』一九三三年、第九巻第六号、五四～五七頁
(26) 三好善一「協会の組織強化――ジャパン・ツーリスト・ビューローとの合併に就いて」『旅』一九三四年一〇月、高岡裕之「観光・厚生・旅行」（赤澤史郎、北河賢三編『文化とファシズム』日本経済評論社、一九九三年）一九～二〇頁
(27) 高岡前掲書（一九九三年）一九～二〇頁
(28) 日本交通公社社史編纂室『日本交通公社七十年史』日本交通公社、一九八二年、七五～七六頁
(29) 高岡前掲書（一九九三年）二六～二八頁
(30) 同前、二二頁

(31) 小泉前掲書（二〇一五年）一八五～一八六頁
(32) 高山龍三『展望河口慧海論』法藏館、二〇〇二年、二〇四～二三〇頁
(33) 毎日新聞一三〇年史刊行委員会前掲書（二〇〇二年）三一二頁
(34) 同前六四五頁
(35) 大阪毎日新聞一九二五年七月四日
(36) 東京日日新聞一九二五年七月四日
(37) 頂上に残したピッケルについては、のちに友好の物語として語られることになる。一九四八年に登頂した米国登山隊がそのピッケルを頂上で発見し、もち帰る際に一部分が折れ、その一部は一九六五年に長野高校ＯＢ隊が発見していた。
「米国隊が持ち帰った部分は、カナダ・アルバータ州の博物館で保存されていた。残された部分は行方不明だったが、六五年、世界で五番目にアルバータに登った長野高ＯＢ隊が持ち帰って保管していたことがわかり、六日に合体のセレモニーが行われ、カナダ山岳会のマイク・モーティマー会長と日本山岳会の斎藤会長の手によってピッケルが合わせられた。両山岳会は、二〇〇〇年に合同隊を結成。槇氏らが成し遂げた偉業をたたえるため、アルバータの山頂でも合体させる予定だ。」

（「朝日新聞」一九九七年一二月七日付朝刊）

この後、「友好のピッケル」として道徳教科書に掲載されたり、絵本の題材となったりした。
(38) 毎日新聞一三〇年史刊行委員会前掲書（二〇〇二年）八四六頁
(39) 深田前掲書（一九六九年）一八六頁
(40) 同前、一八七～一八八頁
(41) 井川充雄「メディア・イベントとしての南極観測支援事業」『メディア史研究』一四、二〇〇三年、九八～一一四頁
(42) 毎日新聞社一三〇年史刊行委員会前掲書（二〇〇二年）一四四頁
(43) 毎日新聞、一九五二年八月一八日付朝刊
(44) 「ノーベル賞」の比喩も、「オリンピック」と同様に、国際競争、国際的な評価という意味あいでよく用いられるが、とりわけ戦後一九四九年の湯川秀樹のノーベル物理学賞受賞時の新聞報道の大きさ以来、オリンピックとともに世界からの評価の基準になっていった。
(45) 黒田勇（一九九九年）、坂上博（一九九七年）、浜田幸絵（二〇一六年）（二〇一八年）などを参照のこと。現在でも「オリ

ンピック（五輪）」は、世界的な大会を象徴する言葉として好まれている。
(46) Simon Garfield, 'High Society', The Observer, Sunday30March2003, online at https://www.theguardian.com/world/2003/mar/30/everest.features
(47) The Times, 2, June, 1953
(48) The Times, 18, 23, May, 1956
(49) 日本山岳会編『マナスル』毎日新聞社一九五四年、二頁
(50) 有山輝雄『甲子園と日本人』吉川弘文館、一九九七年、九九頁
(51) 浜田幸絵『日本におけるメディア・オリンピックの誕生』ミネルヴァ書房、二〇一六年、一七四〜二〇四頁
(52) 以下ラジオ・テレビ番組については、期間中の朝日新聞東京本社と大阪本社朝刊のラジオ・テレビ欄で確認。
(53) 以下の新日本放送の番組の記述については、毎日放送四十年史編纂室『毎日放送の四〇年』毎日放送、一九九一年、六九〜七〇頁、同上『資料編』七九〜八〇頁
(54) 朝日放送社史編集室『朝日放送の50年』朝日放送、二〇〇〇年
(55) 深田前掲書（一九六九年）一三七頁
(56) 「NHK年鑑　一九五八年版」（一九五八年）四四四頁。一九五六年度末のテレビ契約数は四一九、三六四台である。
(57) 田中元一「『チョモランマがそこにある』の番組政策のために開発した各種機器とエピソード」『テレビジョン学会誌』Vol.43 No.8、一九八九年、七九八〜七九九頁
(58) 『映画年鑑一九五八年版』（一九五八）三一三頁
(59) 同前、一三九頁

引用参考文献

赤澤史郎、北河賢三編『文化とファシズム』日本経済評論社、一九九三年

朝日新聞百年史編修委員会『朝日新聞社史・昭和戦後編』朝日新聞社、一九九四年

朝日新聞社編『国民体位の向上』一九三八年

朝日放送社史編修室『朝日放送の五〇年』朝日放送、二〇〇〇年

遊津孟『日本スポーツ創世記』恒文社、一九七五年

油野利博「人見絹枝考」『鳥取大学教育学部研究報告　教育科学』第一六巻第二号、一九七四年

有山輝雄『甲子園野球と日本人―メディアの作ったイベント―』吉川弘文館、一九九七年

井川充雄「メディア・イベントとしての南極観測支援事業」『メディア史研究』一四、二〇〇三年

池田常道『現代ヒマラヤ登攀史』山と渓谷社、二〇一五年

石坂洋次郎『颱風とざくろ』講談社、一九六六年

石橋武彦『修身教科書に現われた保健体育思想の研究』不昧堂出版、一九七一年

石橋武彦／佐藤友久『日本の体操』不昧堂出版、一九六六年

伊藤喬編『日本保険史』同朋舎、一九七八年

稲垣正浩『身体論――スポーツ学的アプローチ』叢文社、二〇〇四年

稲見悦治・森昌久「六甲山地の観光・休養地化について」『歴史地理学紀要』一〇、一九六八年

井上靖『氷壁』新潮文庫、一九六三年

今泉隆裕・大野哲也編著『スポーツをひらく社会学』嵯峨野書院、二〇一九年

今村嘉雄『日本体育史』不昧堂出版、一九七〇年

入江克己『昭和スポーツ史論』不昧堂、一九九一年

岩原拓『農村の体育運動』日本評論社、一九二九年

上杉孝實／大庭宣尊編著『社会教育の近代』松籟社、一九九六年

ウォルター・ウェストン（水野勉訳）『日本アルプス再訪』平凡社、一九九六年

ウォルター・ウェストン（青木枝朗訳）『日本アルプスの登山と探検』岩波文庫、一九九七年
梅棹忠夫・山本紀夫 編『山の世界』岩波書店、二〇〇四年
老川慶喜『日本鉄道史　幕末・明治篇』中公新書、二〇一四年
大石三四郎編『新体育学講座　五三　明治野球史』逍遥書院、一九六九年
大国寿吉『スポーツ生活半世紀』一九四八年
大久保透『最近之大阪市及某附近』大久保透、一九一一年
大阪朝日新聞社編『運動年鑑 大正一二年度』大阪朝日新聞社、一九二三年
大阪キリスト教青年会『大阪ＹＭＣＡ一〇〇年史』大阪キリスト教青年会、一九八二年
大阪市史編纂所編『明治期大阪市電関係史料：『大阪経済雑誌』にみる』大阪市史料調査会、二〇一五年
大阪時事新報社編『第六回極東選手権競技大會記念寫真帖』十字舘、一九二三年
大阪市社会部編（氏原正治郎解説）『余暇生活の研究』（生活古典叢書八）光生館、一九七〇年
大阪市港区役所編『港区誌』大阪市港区創設三十周年記念事業委員会、一九五六年
大阪市役所編『明治大正大阪市史 第一巻　概説篇』日本評論社、一九三四年
大阪鉄道局『大阪鉄道局史』大阪鉄道局、一九五〇年
大阪毎日新聞社編『大阪毎日新聞五十年史』一九三二年
太田順康、長瀬聡子「明治神宮体育大会に関する研究：明治神宮体育大会と昭和初期のスポーツについて」『大阪教育大学』一九九六年
大山新一・吉村博臣『第十四代当主辰馬吉男会長を偲ぶ』辰馬本家・辰馬章夫、二〇〇〇年
岡田久雄『阪神電車・歴史・車両・運転・タイガース…』ＪＴＢパブリッシング、二〇一三年
岡本静心編『尼崎の戦後史』尼崎市役所、一九六九年
奥村信太郎『新聞に終始して』文芸春秋新社、一九四八年
奥村信太郎伝記刊行会編『奥村信太郎　日本近代新聞の先駆者』奥村信太郎伝記刊行会、一九七六年
小田急電鉄株式会社社史編集事務局編『小田急五十年史』小田急電鉄株式会社、一九八〇年
小野芳朗『〈清潔〉の近代』講談社、一九九七年

小葉田淳編『堺市史続編第六巻』堺市役所、一九七六年
小尾範治『社会教育概論』大日本図書、一九三六年井田泰人編『鉄道と商業』晃洋書房、二〇一九年
柏木博『近代日本の産業デザイン思想』晶文社、一九七九年
片木篤・藤谷陽悦・角野幸博編『近代日本の郊外住宅地』鹿島出版会、二〇〇〇年
片木篤編『私鉄郊外の誕生』柏書房、二〇一七年
加藤秀俊／前田愛『明治メディア考』中央公論新社、一九八〇年
加藤秀俊『文化とコミュニケイション　増補改訂版』思索社、一九七七年
加藤秀俊『生活リズムの文化史』講談社、一九八二年
鹿野正直『健康観に見る近代』朝日新聞社、二〇〇一年
亀山佳明編『スポーツの社会学』世界思想社、一九九〇年
川上武『現代日本医療史』勁草杏房、一九六五年
川上富蔵編『毎日新聞販売史』毎日新聞大阪開発株式会社、一九七九年
川島虎雄『日本体育史研究』黎明苔房、一九八二年
簡易保険局『米国メトロポリタン生命保険会社保健体操ラジオ放送事業概要』、一九二八年
簡易保険局『国民保健体操講演集（一）』一九二八年
簡易保険局『国民保健体操講演集（二）』一九二九年
簡易保険局『国民保健体操を語る』一九三〇年
簡易保険局『ラヂオ体操を語る』一九三六年
簡易保険局『創業五十周年記念　簡易保険郵便年金事業史』一九六六年
関西鉄道協会都市交通研究所編『鉄道沿線と文化』関西鉄道協会都市交通研究所、二〇一一年
関西ラジオ教育研究会連盟『昭和一四年、一五年度ラヂオ教育研究会事業便覧』一九四〇年
菊幸一編著『現代スポーツは嘉納治語数から何を学ぶのか』ミネルヴァ書房、二〇一四年
菊池俊朗『山の社会学』文藝春秋、二〇〇一年
北大阪電気鉄道『大阪の北郊と北大阪電鉄』北大阪電気鉄道、一九二二年

北尾鐐之助『近代大阪』創元社、一九三二年
岸野雄三ほか編『最新スポーツ大事典』大修館書店、一九八七年
北豊吉『学校衛生』横手社会衛生叢苔第十四冊、金原書店、一九二七年
木下東作『六甲山』一九二八年
木下秀明『スポーツの近代日本史』杏林書院、一九七〇年
木下秀明『体操の近代日本史』不昧堂書店、二〇一五年
木下秀明監修『社会体育スポーツ基本史料集成』全二十巻、大空社、一九九二、九三年
京都大学新聞社編『軍靴と口笛』(『天皇制論叢』二)、社会評論社、一九八五年
久保義三『天皇制国家の教育政策』勁草習房、一九七九年
金明秀他『関西私鉄文化を考える』関西学院大学出版会、二〇一二年
木村毅『日本スポーツ文化史』ベースボール・マガジン社、一九七八年
近畿日本鉄道株式会社編『五〇年のあゆみ』近畿日本鉄道株式会社、一九六〇年
近畿日本鉄道株式会社編『一〇〇年のあゆみ』近畿日本鉄道株式会社、二〇一〇年
黒田勇『ラジオ体操の誕生』青弓社、一九九九年
黒田勇編『メディアスポーツへの招待』ミネルヴァ書房、二〇一二年
京阪神急行電鉄株式会社編纂『京阪神急行電鉄五十年史』京阪神急行電鉄、一九五九年
京阪電気鉄道株式会社経営統括室経営政策担当編『京阪百年のあゆみ』京阪電気鉄道、二〇一一年
京阪電気鉄道株式会社史料編纂委員会編『鉄路五十年』京阪電気鉄道、一九六〇年
高津勝『日本近代スポーツ史の底流』創文企画、一九九四年
神戸鉄道大好き会編『阪神国道電車』トンボ出版、二〇一三年
神戸YMCA一〇〇年史編纂室『神戸YMCAの歴史を語る:創立一〇〇年(一九八六)にむけて』神戸YMCA、一九八一年
小泉武栄『登山の誕生』中公新書、二〇〇一年
小泉武栄『登山と日本人』角川ソフィア文庫、二〇一五年
近藤信行編『山の旅 大正・昭和篇』岩波文庫、二〇〇三年

財団法人日本体育協会『日本体育協会七十五年史』財団法人日本体育協会、一九八六年
㈶日本経営史研究所『阪神電気鉄道百年史』阪神電気鉄道株式会社、二〇〇五年
佐伯達夫『佐伯達夫自伝』ベースボール・マガジン社、一九八〇年
酒井敏明『世界の屋根に登った人びと』ナカニシヤ出版、二〇〇五年
坂井康弘「戦前期における電鉄会社系野球場と野球界の変容」『スポーツ社会学研究』第一二巻、二〇〇四年
坂上康博『権力装置としてのスポーツ』講談社、一九九八年
作間芳郎『関西の鉄道史』成山堂書店、二〇〇三年
佐々木毅・鶴見俊輔・富永健一・中村政則・正村公宏・村上陽一郎編集委員『戦後史大辞典　増補新版』三省堂、二〇〇五年
佐々木浩雄『体操の日本近代』青弓社、二〇一六年
佐藤信一『大阪スポーツ史 大正昭和初期』大阪市体育厚生協会、一九五四年
佐藤卓己『現代メディア史』岩波テキストブック、一九九八年
志賀信夫『人物による放送史』源流社、一九七七年
『時事新報』復刻版、龍溪書舎、一八八二年
清水諭『甲子園野球のアルケオロジー』新評論、一九九八年
下村寿一『社会教化運動論』成美堂、一九三六年
修養団運動八十年史編纂委員会編『修養団運動八十年史』全四冊、修養団、一九八五年
W・シュヴェルブシュ（加藤二郎訳）『鉄道旅行の歴史』法政大学出版局、一九八二年
新修神戸市史編集委員会編『新修神戸市史　生活文化編』神戸市、二〇二〇年
新谷尚人『バー「サンボア」の百年』白水社、二〇一七年
吹田市史編纂委員会編『吹田市史　第七巻　史料編四』吹田市、一九七六年
吹田市立博物館編『平成二八年度（二〇一六年度）春季特別展〝田園都市〟千里山』吹田市立博物館、二〇一六年
杉本尚次『ベースボール・シティースタジアムにみる日米比較文化――』福武書店、一九九〇年
鈴木正崇『山岳信仰――日本文化の根底を探る』中公新書、二〇一五年
鈴木勇一郎『電鉄は聖地をめざす』講談社選書メチエ、二〇一九年

生誕一五〇周年記念出版委員会編『嘉納治五郎：気概と行動の教育者』筑波大学出版会、二〇一一年
瀬戸邦弘、杉山千鶴編『近代日本の身体表象：演じる身体・競う身体』森話社、二〇一三年
世良田元『大阪ＹＭＣＡ史：青少年と共に八五年』大阪キリスト教青年会、一九六九年
戦時下日本社会研究会『戦時下の日本』行路社、一九九二年
千田稔編『関西を創造する』国際日本文化研究センター報告書、和泉書院、二〇〇八年
全日本軟式野球連盟編『軟式野球史』ベースボール・マガジン社、一九七六年
大日本体育協会『大日本体育史』下巻、第一書房、一九三七年
田井玲子『外国人居留地と神戸　神戸開港の一五〇年によせて』神戸新聞総合出版センター、二〇一三年
高井昌吏／古橋篤『健康優良児とその時代』青弓社、二〇〇八年
高木應光『神戸スポーツ物語』神戸新聞総合出版センター、二〇〇六年
高嶋航「『満州国』の誕生と極東スポーツ界の再編」『京都大学文学部研究紀要』第四七号、二〇〇八年三月
高嶋航『帝国日本とスポーツ』塙書房、二〇一二年
高田兼吉編『市外居住のすゝめ』阪神電気鉄道、一九〇八年
高橋秀実『素晴らしきラジオ体操』小学館、一九九八年
高村泰樹「『雪山賛歌』の歌詞著作権由来記」『AACK（京都大学学士山岳会）Newsletter』№一三、一九九九年一月
高山龍三『展望河口慧海論』法藏館、二〇〇二年
竹村民郎『大正文化』講談社現代新書、一九八〇年
竹村民郎、鈴木貞美編『関西モダニズム再考』思文閣出版、二〇〇八年
竹村民郎『大正文化　帝国のユートピア』三元社、二〇一〇年
竹村民郎『阪神間モダニズム再考（竹村民郎著作集三）』三元社、二〇一二年
田中聡『衛生展覧会の欲望』青弓社、一九九四年
田中聡『健康法と癒しの社会史』青弓社、一九九六年
棚田真輔・青木積之介『阪神健脚大競争』いせだプロセス、一九八八年
棚田真輔・表孟宏・神吉賢一『プレイランド六甲山史』出版科学総合研究所、一九八四年

ダニエル・ダヤーン、ユリヤ・カッツ（浅見克彦訳）『メディア・イベント』青弓社、一九九六年
田村木国「高校野球を生んだ豊中」『豊嶋文化』No. 2, 18-19. 1955 年
千葉俊二『谷崎潤一郎必携』学燈社、二〇〇二年
陳舜臣『神戸ものがたり』平凡社、一九八一年
津金澤聰廣『宝塚戦略：小林一三の生活文化論』講談社現代新書、一九九一年
津金澤聰廣編『近代日本のメディア・イベント』同文館、一九九六年
津金澤聰廣・有山輝雄編『戦時期日本のメディア・イベント』世界思想社、一九九八年
津金澤聰廣編『戦後日本のメディア・イベント一九四五～一九六〇』世界思想社、二〇〇二年
津金澤聰廣監修『写真でよむ昭和モダンの風景：一九三五年～一九四〇年』柏書房、二〇〇六年
津金澤聰廣『宝塚戦略：小林一三の生活文化論』吉川弘文館、二〇一八年
逓信省『逓信省五十年略史』一九三六年
逓信省編『逓信事業史　第五巻』逓信協会、一九四〇年
東京市『市民体育資料』一九二四年
東京放送『TBS 五〇年史』株式会社東京放送、二〇〇二年
東京放送社史編集室『東京放送のあゆみ』東京放送、一九六五年
富田重義・前川佐雄編『尼崎市現勢史』土井源友堂、一九一六年
豊中市史編さん委員会『新修　豊中市史　第九巻　集落・都市』豊中市、一九九八年
内務省地方局有志編『田園都市と日本人』講談社学術文庫、一九八〇年
永井良和・橋爪紳也『南海ホークスがあったころ――野球ファンとパ・リーグの文化史』紀伊國屋書店、二〇〇三年
永井道明『文明的国民用家庭体操』文昌閣、一九一一年
永井良和『ホークスの七〇年　惜別と再会の球譜』ソフトバンク、二〇〇八年
中谷璽治『各種保健体操の理論と実際』育生社、一九三八年
中西健一『日本私有鉄道史研究』日本評論新社、一九六三年
中山龍次『放送事業と社会』日本放送協会関東支部、一九三一年

名古屋鉄道株式会社社史編纂委員会編『名古屋鉄道社史』名古屋鉄道株式会社、一九六一年
奈良常五郎『日本YMCA史』日本YMCA同盟出版部、一九五九年
成田十次郎先生退官記念会編 体育・スポーツ史研究の展望』不昧堂出版、一九九六年
成田龍一編『近代日本の軌跡九 都市と民衆』吉川弘文堂、一九九三年
鳴尾地区有財産管理委員会編『鳴尾村誌』西宮市鳴尾区有財産管理委員会、二〇〇五年
鳴海邦碩、橋爪紳也編著『商都のコスモロジー 大阪の空間文化』TBSブリタニカ、一九九〇年
『南海鉄道発達史』南海鉄道株式会社、一九三八年
南海電気鉄道株式会社編『南海電気鉄道百年史』一九八五年
『西宮市史』第一巻～第八巻、西宮市役所、一九五九～六七年
西宮市大谷記念美術館『生誕百年津高和一―架空通信展』、二〇一一年
西宮市大谷記念美術館『とら虎トラ』二〇一三年
西宮市史編纂委員会編『西宮市史』第三巻、西宮市、一九六七年
西宮市立郷土資料館『郊外生活のすすめ一九〇〇～一九五〇―電車ポスターにみる西宮の郊外生活文化』、一九九二年
西宮市立郷土資料館編『阪神沿線ごあんない にしのみやの郊外生活』西宮市立郷土資料館、二〇一五年
西原茂樹「東京・大阪両都市の新聞社による野球（スポーツ）イベントの展開過程『立命館産業社会論集 四〇巻第三号』二〇〇四年
新田次郎『孤高の人』新潮社、一九六九年
日本経営史研究所編『阪神電気鉄道八十年史』阪神電気鉄道株式会社、一九八五年
日本体育協会『日本体育協会七十五年史』日本体育協会、一九八六年
日本体育大学体育史研究室監修『運動界 復刻版』大空社、一九八六年
日本中央競馬会阪神競馬場『阪神競馬のあゆみ』、一九九一年
日本ヒマラヤ協会（監修）『ヒマラヤへの挑戦二』アテネ書房、一九九一年
日本放送協会『東京放送局沿革史』日本放送協会、一九二八年
日本放送協会編『放送五十年史 資料編』日本放送出版協会、一九七七年

NHK大阪放送局七十年史編集委員会編『こちらJOBK』日本放送協会大阪放送局、一九九五年
日本放送協会『二〇世紀放送史』NHK出版、二〇〇一年
日本交通公社社史編纂室『日本交通公社七十年史』日本交通公社、一九八二年
日本YMCA同盟出版部編『日本のYMCA：一〇〇年の歩み 一八八〇〜一九八〇』日本YMCA同盟出版部、一九八〇年
野口邦子「明治後期における長距離競走の国際化に関する一考察 大阪毎日新聞の事業に着目して」『東洋大学社会学部紀要』第四二巻一号、二〇〇四年
野田正穂、原田勝正、青木栄一、老川慶喜編著『日本の鉄道 成立と展開』日本経済評論社、一九八六年
野村一夫他『健康ブームを読み解く』青弓社、二〇〇三年
野村雅一『しぐさの世界』NHKブックス、一九八三年
乗杉嘉寿『社会教育の研究』同文館、一九二三年
橋爪紳也『日本の遊園地』講談社現代新書、二〇〇〇年
橋爪紳也『海遊都市 アーバンリゾートの近代』白地社、一九九二年
橋詰良一『生活改造資料』少女世界、一九二〇年
橋本一夫『日本スポーツ放送史』大修館書店、一九九二年
長谷川如是閑『長谷川如是閑集 第六巻』岩波書店、一九九〇年
服部宏治『日本の都市YMCAにおけるスポーツの普及と展開』渓水社、二〇一五年
浜田幸絵『日本におけるメディア・オリンピックの誕生』ミネルヴァ書房、二〇一六年
浜田幸絵『〈東京オリンピック〉の誕生』吉川弘文館、二〇一八年
阪急沿線都市研究会編『ライフスタイルと都市文化：阪神間モダニズムの光と影』東方出版、一九九四年
阪急電鉄株式会社編『七五年のあゆみ』記述編、写真編。阪急電鉄、一九八二
阪神沿線の文化一一〇年展実行委員会編『阪神沿線 まちと文化の一一〇年』神戸新聞総合出版センター、二〇一五年
阪神電気鉄道株式会社 『阪神電気鉄道八十年史』、一九八五年
「阪神間モダニズム」展実行委員会編著『阪神間モダニズム：六甲山麓に花開いた文化、明治末期〜昭和一五年の軌跡』淡交社、一九九七年

阪神タイガース編『阪神タイガース　昭和のあゆみ（プロ野球前史）』一九九一年
阪神電気鉄道株式会社臨時社史編纂室編『輸送奉仕の五十年』阪神電気鉄道、一九五五年
シュテファン・ヒューブナー（高嶋航・冨田幸祐訳）『スポーツがつくったアジア　筋肉的キリスト教の世界的拡張と創造される近代アジア』一色出版、二〇一七年
平沼亮三『スポーツ生活六十年：聖火をかかげて：スポーツ市長・平沼亮三伝』大空社、一九九四年
深田久弥『ヒマラヤ登攀史　第二版』岩波新書、一九六九年
深田久弥『日本百名山』新潮社、一九六四年
布川欣一『明解日本登山史』ヤマケイ新書、二〇一五年
福永健一『声のメディア史―一八七〇年代から一九三〇年代の米国における電気音響メディアの歴史社会学的研究』（関西大学学位審査論文）二〇一九年一一月
藤田健次郎『中高年、山と出会う』山と渓谷社、一九九七年
J・ボイコフ（中島由華訳）『オリンピック秘史：百二十年の覇権と利権』早川書房、二〇一八年
堀田弥一『マナスル初登頂』、一九八六年
舞坂悦治『甲子の歳』ジュンク堂書店、一九八三年
毎日新聞社編『選抜高校野球大会三十年史』毎日新聞社、一九五八年
毎日新聞社一三〇年史刊行委員会『「毎日」の三世紀　新聞が見つめた激流一三〇年』上巻・下巻・別巻、毎日新聞社、二〇〇二年
毎日新聞社史編纂委員会『毎日新聞七十年史』毎日新聞社　一九五二年
毎日新聞百年史刊行委員会『毎日新聞百年史一八七二→一九七二』毎日新聞社、一九七二年
毎日放送四十年史編纂室『毎日放送の四〇年』毎日放送、一九九一年
毎日放送四十年史編纂室『毎日放送の四〇年　資料編』毎日放送、一九九一年
槇有恒編『マナスル登頂記』毎日新聞社、一九五六年
松田雄一「マナスル登頂と登山ブーム」日本山岳会『山』二〇〇五年九月号
松浪稔「日本におけるメディア・スポーツ・イベントの形成過程に関する研究：一九〇一（明治三四）年　時事新報社主催「十二

時間の長距離競走」に着目して」『スポーツ史研究』二〇、二〇〇七年
松浪稔『身体の近代化：スポーツ史からみた国家・メディア・身体』叢文社、二〇一〇年
真屋尚生『保険理論と自由平等』東洋経済新報社、一九九一年
三浦雅士『身体の零度』講談社メチエ、一九九六年
三上敦史「雑誌『中学世界』にみる独学情報」『愛知教育大学研究報告』五八（教育科学編）、二〇〇九年
水野忠文他『体育史概説――西洋・日本――』杏林書院、一九九四年
見田宗介「『立身出世主義』の構造――日本近代の価値体系と信念体系――」『現代日本の心情と論理』筑摩書房、一九七一年
武藤誠・有坂隆道編『西宮市史　第三巻』西宮市役所、一九五九年
森繁久彌『にんげん望艶鏡』朝日新聞出版、一九八三年
文部省『高等小学修身書（第一期国定修身教科書）第二学年用』
文部省『尋常小学修身書（第三期国定修身教科書）巻五』
安井昌孝「木下東作とその周辺」『日本医事新報』No.四一六二、二〇〇四年
安川茂雄『増補近代日本登山史』四季書館、一九七六年
山崎安治『日本登山史』白水社、一九六九年
山崎安治『日本登山史・新稿』白水社、一九八六年
山下ルミコ『阪神電車　ぶらり途中下車』メディアパル、二〇一九年
山本郁夫『陸上競技史（明治編）』道和書院、一九七〇年
山本郁夫『近代陸上競技史』（上・中・下巻）道和書院、一九七四年
山本瀧之助『早起』希望社出版部、一九二六年
山本武利『近代日本の新聞読者層』法政大学出版会、一九八一年
山本悠三『近代日本の思想善導と国民統合』校倉書房、二〇一一年
横田順彌『［天狗倶楽部］快傑伝　元気と正義の男たち』朝日ソノラマ、一九九三年
横田順彌『快絶壮遊「天狗倶楽部」』教育出版一九九九
吉見俊也『メディア時代の文化社会学』新曜社、一九九四年

吉見俊哉・白幡洋三郎ほか『運動界と日本近代』青弓社、一九九九年
渡辺勇一「明治期におけるスポーツジャーナリズムの一断面――官立山口高等学校長距離競走の報道に着目して――」『広島経済大学創立五十周年記念論文集』下巻
綿貫慶徳「〈研究ノート〉黎明期の新聞スポーツジャーナリズムに関する予備的考察：大阪毎日新聞に着目して」『上智大学体育』（四四）、二〇一〇年

新聞・雑誌・インターネットサイト

Simon Garfield, 'High Society,' The Observer, Sunday30March2003, online at https://www.theguardian.com/world/2003/mar/30/everest.features
The Times,(The Times Digital Archive,1785-1985, http://find.galegroup.com/ttda/start.do?prodId=TTDA&userGroupName=kansai）
「大阪朝日新聞」（朝日新聞記事データベース聞蔵Ⅱ、http://database.asahi.com/index.shtml）
「大阪毎日新聞」（毎索、https://dbs.g-search.or.jp/WMAI/IPCU/WMAI_ipcu_menu.html）
「読売新聞」（ヨミダス歴史館、https://database.yomiuri.co.jp/rekishikan/）

雑誌・年鑑

『アサヒスポーツ』
『運動界』
『運動世界』
『NHK 年鑑　一九五八年版』
『映画年鑑　一九五八年版』
『大大阪』
『中学世界』
『野球界』

おわりに

本書は、日本の「メディアスポーツ」の源流をたどりたいという関心から出発しているが、これまでにまとめた論考を修正のうえ掲載したために、ややモザイク的な論集となっている。

本書の当初の構想では、二〇世紀初頭のメディアスポーツの誕生から新聞、ラジオ、映画、テレビとメディアが変遷していく中で、「メディア・イベント」としての視点をもちながら、メディアとスポーツのかかわりの諸相を明らかにしようとするものであった。当初は、テレビに注目が行きがちの一九六四年の東京五輪について、ラジオの実況中継を担当した西澤暲アナウンサーの聞取りを中心に「ラジオで語った東京オリンピック」という論考を掲載する予定で執筆を進めていた。しかし、今般の新型コロナ感染症の拡大により未完成のまま中断しており、本書への掲載を断念した。

さらに、「日本サッカーの世界との出会い・スターリング・アルビオンの初来日とメディア」（関西大学『社会学部紀要』第四八巻第二号、二〇一七年所収）という、一九六六年にプロサッカーチームとして初来日した英国・スコットランドのスターリング・アルビオンの日英での報道のされ方の差異についての論考もまた、コロナ禍のためスコットランド現地での最終的な資料と証言の詰めができず、掲載を見送ることになった。結果として第二次大戦前が三本、大戦後二〇世紀半ばの論考が一本と、タイトルの「二〇世紀の」としてはやや偏りのあるものになってしまった。先の二本の論考については、改めて読者の目に留まるように努力したい。

さて、本書はメディア論の視点からのメディアスポーツの歴史をめざしてはいるが、新聞経営の視点からの考察はしていない。新聞業の発展に結び付けてのメディアスポーツの意義とその発展という研究視点も重要なものと認識しているが、今回はそこに直接触れることはしていない。したがって、スポーツ大会という現象とその報道からの考察にとどまっている点は十分に承知している。ただ、もちろん、日露戦争前後からの新聞の販売競争、そして読者の拡大、そして一九三〇年代にかけて、政治的な曲折も経つつ、新聞が様々な事業を展開する中で、総合情報・娯楽産業となっていく過程を当然の前提として第三章までは書かれている。

その中では、第二次世界大戦後の第五章は、やや趣を異にするものではあるが、戦前からの冒険・登山についての後援事業に触れることで、その連続性を明らかにしたつもりである。

筆者は、もともと「放送文化論」を専門としてきたが、九〇年代にメディアイベントとしての「ラジオ体操」の研究からスポーツにも関心を持ち、さらに生来のサッカー好きが昂じて二〇〇二年の「ワールドカップ日韓共催大会」をきっかけに、「メディアスポーツ」という分野にのめりこむようになった。かつて九〇年代後半、スポーツ社会学会で「スポーツは言説に過ぎない」といった意味のことを発言すると、周囲はかなりの違和感をもったようである。その時改めて、多くのスポーツ研究者は、当然のことながらスポーツそのものを研究していて、スポーツという言説に関心をもつ人は少ないことに改めて気づいた。ただ、筆者も含めて多くのスポーツファンはメディアを通したスポーツの愛好者であり、彼らの多くにとっては、スポーツとは「スポーツ言説」であるということにも、この時改めて気づかされたのである。人々はメディアを通してのスポーツの「スペクタクル」に魅了されてきた。そうした思いが、メディアとスポーツとのかかわりの歴史をたどらせたのである。

もちろん、スポーツの歴史については多くの研究があり、さらに明治期の日本におけるスポーツの歴史研究は十分になされている（と思っていた）。したがって『ラジオ体操の誕生』（青弓社、一九九九年）を発表した時、ラジオ体操以前、つまり一九二〇年代以前の体操やスポーツに関心をもったものの、その時代に研究の目を向けることはなかった。しかし、たまたま十年ほど前に目をし、本論でも紹介した野口邦子氏の論考（「明治後期における長距離競走の国際化に関する一考察　大阪毎日新聞の事業に着目して」）や綿貫慶徳氏の論考（「〈研究ノート〉黎明期の新聞スポーツジャーナリズムに関する予備的考察：大阪毎日新聞に着目して」）を読んで、明治時代の「メディアスポーツ」について新たな知見を得ると同時に、詳しい研究は多くないことを知った。さらに詳しく知りたいと思ったが、所属大学の「行政職」が長く、しばらく研究面は怠惰に任せていた。その後、やはり筆者自身の関心と視点に従った論考も進めてみたくなり、非力を顧みずに調べだした次第である。

もう一つのきっかけは、これもたまたま見つけた佐藤信一『大阪スポーツ史　大正昭和初期』（一九五四年）である。佐藤氏は、東京高等師範を出た後、陸上競技で極東大会にも出場し、戦前から戦後にかけて大阪市の体育行政の仕事をつづけた人物である。戦後間もなくまとめられた彼の著書には、戦前の大阪のスポーツに対する愛情と戦後への期待があふれていた。とりわけ、彼の著書のあとがきに励まされた。

（大阪弁には、）…辛抱強い点がある反対に爆発的に精神を興奮させる欠点がない。単刀直入といった点が少く、言い廻しが巧みなのは永い伝統が大阪人を気質的に固定したものと考えられる。（中略）色々と大阪人を分析してみたが、綜合すると、大阪人は温和しく、理智的であり、経済観が強いが、スポーツの立場から見ると、スポーツの必要とする野性的なヴァイタリティー（活力）と斗志に乏しいのではないかと思われる。

スポーツは多くの場合勝敗が付きものである。勝つか負けるかは紙一重の差であって、もし勝敗の分岐点に立った場合を考えると、強い精神力、強い気質がそれを解決する場合が多い。

この点から大阪人は、そんな場合の精神力を爆発させる気力というかヴァイタリティーが足りないのではないかとも考えられる。（中略）

つまり大阪にスポーツの盛んな大学が少い点が一つ考えられる。指導者の指導の問題もある。大阪が強い選手を作る雰囲気に乏しいとも言えるのではなかろうか。

これらについて少し考えてみると、大阪の大学が早慶のように実力伯仲の対手（ライバル）を持たないのが惜しい。関大と同格に張り合う大学が二つあったらと思うのである。大阪の学生はもっと進んでスポーツに精進することが望まれてならない。

（『大阪スポーツ史』一五三～一五五頁）

この「あとがき」を読んで、改めて関西のスポーツの歴史をメディアとの関係に限ってではあるが調べたくなった。さらに直接スポーツとは関係がないが、関東人の佐藤信一がもつ大阪観にも関心を抱いた。昨今メディアで流布する関西なり大阪なりのイメージとは異なる、筆者自身のイメージと重なるふるさとと大阪人が描写されている。佐藤氏の表現が、本書の中でも、とりわけ第一章から第三章を書かせることになったといってもいいだろう。

これに関係してさらに言えば、本書の「隠れたテーマ」は筆者の個人史でもある。本書で登場する新聞事業の舞台となった阪神間、あるいは「関西」という空間は、幼少のころからなじみの場所である。南海電車、阪神電車、阪急電車、浜寺海水浴場、甲子園球場、阪神パーク、六甲山、宝塚、ラジオ体操などは、関西の人々にはなじみのあるもので、私の幼いころから日常生活の中にあった。さらに言えば、最も早い映画の記憶は、兄に連れられて見に行った大毎地下での「マナスルに立つ」である。そうした意味では、阪神間の人々に「郷土史」としても読んでいただきたいと思う。

先にも記したように、関西以外の人にとっては、前半の三章の舞台はなじみが薄いのかもしれない。そして、すべての章で大阪や関西の立場からの表現が目立ち、違和感を覚える読者もいるかもしれない。ある意味ではその違和感、あるいは、読者へのある種の異化作用を意識してのことかもしれない。というのは、筆者のもともとの専攻でもある放送文化においても、日本社会のあらゆる現象が東京の視点から描かれて、それが当然となっている点に対するある種の「違和感」を私自身がずっと抱えてきたからである。それは、「反東京」とか「反中央」といったものとはまた少し異なるものである。むしろ、日本の近代から現代にいたる物語を、筆者の生まれ育った大阪、ないし阪神間という生活圏からのまなざしのままで研究できないことはない、という問題意識を本書でも貫いたつもりである。ただし、関西「至上主義」を標榜しているわけではなく、資料はできれば地元のものを活用したい、そして地元のまなざしをもって研究したいという程度のものである。さらに言えば、当然のことであるが関西にも文化があり人がいたことを明らかにしようというものである。以上は、蛇足ながら付け加えた。

各章の初出についてであるが、

「第一章　新聞事業としてのマラソン大会の誕生」は、初出「メディアスポーツの誕生～明治後期の大阪毎日新聞のスポーツ事業を中心に～」関西大学『社会学部紀要』第五二巻第一号、二〇二〇年。

「第二章　二つのオリンピックのはざまで」の初出は、研究ノート「『二〇世紀初頭の電鉄事業とメディアスポーツ』のための研究ノート」関西大学『社会学部紀要』第五一巻第二号、二〇二〇年。

「第三章　阪神電鉄開業時の郊外開発とメディアスポーツ」は、初出「二〇世紀初頭の電鉄事業とメディアスポーツ①～阪神電鉄開業時の郊外開発とメディアスポーツ～」関西大学『社会学部紀要』第五一巻第一号、二〇一九年。

「第四章　ラジオ体操の誕生」は、『ラジオ体操の誕生』（青弓社、一九九九年）の第一～三章を修正、再構成したもの。

「第五章　メディアイベントとしてのマナスル初登頂」は初出、研究ノート「メディアイベントとしての『マナスル登頂』(1)」関西大学『社会学部紀要』第四九巻第一号、二〇一七年。とともに、初出原稿から大幅に加筆修正をしている。

本書の執筆過程で、前述のように新型コロナウイルス感染症が拡大したため、二〇二〇年二月以降の資料収集やインタビュー調査ができず、原稿締め切りを延ばしてもらったものの、当初の成果を上げることができなかった。さらに、年齢からくる知力体力の衰えのためか資料の渉猟や分析が遅々として進まず、もう少し時間が欲しいところであったが、本書は、関西大学から二〇二〇年度の出版助成を受けているため、二〇二〇年度中の出版が義務付けられている。資料の分析不足や、思わぬ勘違いが少からずあると思われる。忌憚のない御指摘と御批判をいただきたい。

なお、本書の執筆にあたっては、毎日新聞大阪本社の齊藤善也代表をはじめ、鳴神大平代表室長、中塚祥文情報調査部長には貴重な情報提供、写真提供をいただいた。とりわけ同社元運動部長の玉置通夫氏には、本書において何度も登場する西尾守一について貴重なお話を伺った。また、京都大学山岳部でチョゴリザ初登頂に成功した神戸大学名誉教授の平井一正先生には「マナスル」登頂に関連して、ご自身の体験も含めて登山の貴重なお話を伺った。さらに、京都大学大学院教育学研究科の佐藤卓己教授主宰の研究会でも門下の若手研究者の方々からも貴重なご意見をいただいた。また、関西大学社会学部メディア専攻のスタッフ諸氏にも折に触れアドバイスをいただいた。

最後になったが、関西大学出版部の門脇卓也さんには様々な点でお世話になった。改めて感謝申し上げる。

二〇二〇年　白秋

み

め

も

や

ゆ

よ

ら

り

れ

ろ

わ

は

ひ

ふ

へ

ほ

ま

さ

し

す

せ

そ

た

索　　引

アルファベット

あ

い

う

え

お

著者紹介

黒田 勇（くろだ いさむ）

1951年　大阪市生まれ
1984年　京都大学大学院教育学研究科博士後期課程学修認定退学
1985年　京都大学助手、神戸女子大学、大阪経済大学を経て、1999年より関西大学社会学部教授。専門はメディア文化論。

主要著書

『オンメディア・オフメディア』（編著、法律文化社、1994年）
『ラジオ体操の誕生』（青弓社、1999年）
『ワールドカップのメディア学』（共編著、大修館書店、2003年）
『送り手のメディアリテラシー』（編著、世界思想社、2005年）
『メディアスポーツへの招待』（編著、ミネルヴァ書房、2012年）

メディア スポーツ 20世紀
―スポーツの世紀を築いたのは、スポーツかメディアか―

2021年3月12日　第1刷発行
2021年8月10日　第2刷発行

著　者　黒　田　　　勇

発行所　関 西 大 学 出 版 部
〒564-8680 大阪府吹田市山手町3-3-35
TEL 06-6368-1121／FAX 06-6389-5162

印刷所　石川特殊特急製本株式会社
〒540-0014　大阪府大阪市中央区龍造寺町7-38

ISBN 978-4-87354-730-5　C3036　落丁・乱丁はお取替えいたします。